高职高专电子商务专业系列规划教材

电子商务安全与支付
（第3版）

崔爱国　严春风　主编

电子工业出版社

Publishing House of Electronics Industry

北京·BEIJING

内 容 简 介

随着互联网和电子商务的发展和普及,电子商务安全与支付成了制约电子商务发展的瓶颈。本书较为深入和完整地阐述了电子商务安全与支付的基本理论和相关技术,主要内容包括电子商务安全与支付概述、电子商务安全技术、电子商务加密技术及应用、电子商务认证技术、电子支付与安全交易、电子支付安全保障、基于协议的支付技术、移动电子商务等。本次修订在保持总体框架不变的前提下,对相关案例和数据进行了更新。

未经许可,不得以任何方式复制或抄袭本书之部分或全部内容。
版权所有,侵权必究。

图书在版编目(CIP)数据

电子商务安全与支付 / 崔爱国,严春风主编. —3版. —北京:电子工业出版社,2020.5
ISBN 978-7-121-38251-2

Ⅰ.①电… Ⅱ.①崔… ②严… Ⅲ.①电子商务-安全技术-高等职业教育-教材②电子商务-支付方式-高等职业教育-教材 Ⅳ.①F713.36

中国版本图书馆 CIP 数据核字(2020)第 020142 号

策划编辑:姜淑晶
责任编辑:王凌燕
印　　刷:北京盛通商印快线网络科技有限公司
装　　订:北京盛通商印快线网络科技有限公司
出版发行:电子工业出版社
　　　　　北京市海淀区万寿路 173 信箱　　邮编:100036
开　　本:787×1 092　1/16　　印张:15.75　　字数:352.8 千字
版　　次:2010 年 6 月第 1 版
　　　　　2020 年 5 月第 3 版
印　　次:2021 年 6 月第 2 次印刷
定　　价:56.00 元

凡所购买电子工业出版社图书有缺损问题,请向购买书店调换。若书店售缺,请与本社发行部联系,联系及邮购电话:(010)88254888,88258888。
质量投诉请发邮件至 zlts@phei.com.cn,盗版侵权举报请发邮件至 dbqq@phei.com.cn。
本书咨询联系方式:(010)88254199,sjb@phei.com.cn。

前 言

随着 Internet 和信息技术的发展及普及，当今世界正经历一场以 Internet 为核心的信息技术革命，各个行业和领域正在积极开展形式多样的电子商务活动，如在线采购、在线销售、在线招商、在线广告服务、电子银行等。电子商务正以前所未有的力量冲击着人们千百年来形成的观念与模式，并直接作用于社会经济的方方面面。

虽然电子商务的观念已逐渐深入人心，但是作为一门专业，电子商务仍是个很新的领域。电子商务是在国际化、社会化、开放化和个性化的 Internet 环境中运作的，它的应用可能会导致一定的风险。因此，要在 Internet 这样开放的网络平台上成功地进行相关电子商务交易，必须有效解决交易网络平台的安全问题，并提供相应的保护。为顺应电子商务的发展和人才需求，电子工业出版社在经过广泛的调查并对一线教师进行多轮意见征询后，组织编写了本教材。

本教材较为深入和完整地阐述了电子商务安全与支付的基本理论和相关技术，共有 8 章，包括电子商务安全与支付概述、电子商务安全技术、电子商务加密技术及应用、电子商务认证技术、电子支付与安全交易、电子支付安全保障、基于协议的支付技术、移动电子商务。

本教材由江苏联合职业技术学院苏州建设交通分院崔爱国和江苏联合职业技术学院苏州分院严春风任主编。江苏联合职业技术学院如东分院陈艳红，江苏联合职业技术学院苏州建设交通分院胡骏、丁蕾蕾任副主编。具体分工为：崔爱国编写第 1、2 章，胡骏编写第 3 章，严春风编写第 4、5 章，丁蕾蕾编写第 6 章，陈艳红编写第 7、8 章。

本教材在编写过程中参考了众多著作，未能在参考文献中一一列举，在此对这些著作的作者表示衷心感谢。同时，电子工业出版社对本教材编写给予了许多有益的建议，在此深表谢意。

由于编者水平有限，且电子商务安全技术正处在快速发展之中，本教材的不足之处在所难免，真诚希望广大读者批评指正，以便再版时修订。

编 者

目　录

第 1 章　电子商务安全与支付概述 1

1.1　电子商务安全概述 2
1.1.1　电子商务的概念及发展 2
1.1.2　电子商务安全 5
1.2　电子商务安全体系结构 9
1.3　电子商务网上支付 10
1.3.1　网上支付的定义 11
1.3.2　网上支付的种类 11
1.3.3　网上支付的工具 12
1.3.4　电子商务网上支付存在的问题 13
案例分析题 15
自测题 16
实训题 17

第 2 章　电子商务安全技术 18

2.1　应用系统安全技术 19
2.1.1　电子商务应用系统的实体组成 19
2.1.2　应用系统的分类与逻辑结构 20
2.1.3　电子商务应用系统的安全措施 21
2.2　操作系统安全技术 22
2.2.1　操作系统的安全控制方法 22
2.2.2　操作系统的分级安全管理 24
2.2.3　审计技术 24
2.2.4　安全扫描技术 25
2.2.5　加强操作系统的安全性 26

2.3 数据库安全技术 ... 29
- 2.3.1 数据库安全概述 ... 29
- 2.3.2 数据库系统的安全特性 ... 29
- 2.3.3 数据库系统安全的主要风险 ... 30
- 2.3.4 数据库安全技术研究 ... 31

2.4 网络安全技术 ... 41
- 2.4.1 计算机网络的潜在安全隐患 ... 41
- 2.4.2 计算机网络安全的脆弱性 ... 42
- 2.4.3 计算机网络安全体系 ... 43
- 2.4.4 网络安全的主要技术 ... 44
- 2.4.5 网络安全的相关因素 ... 48

案例分析题 ... 48
自测题 ... 49
实训题 ... 49

第3章 电子商务加密技术及应用 ... 51

3.1 密码技术概述 ... 53
- 3.1.1 密码技术的起源与发展 ... 53
- 3.1.2 加密与解密 ... 53
- 3.1.3 算法与密钥 ... 54
- 3.1.4 密码体制 ... 54

3.2 信息加密技术 ... 56
- 3.2.1 数据加密方式 ... 56
- 3.2.2 加密中常用的数学运算 ... 58
- 3.2.3 加密方法 ... 59
- 3.2.4 密码算法 ... 61
- 3.2.5 密钥管理 ... 69

3.3 密码技术应用 ... 72
- 3.3.1 概述 ... 72
- 3.3.2 密码技术应用于电子商务 ... 73
- 3.3.3 密码技术应用于虚拟专用网 ... 74

3.4 电子商务加密技术综合应用——数字签名 ... 75
- 3.4.1 数字签名技术简介 ... 75
- 3.4.2 数字签名的实现方法 ... 76

    3.4.3 数字签名的算法及数字签名的保密性 ··78
  案例分析题 ··79
  自测题 ···79
  实训题 ···80

第4章 电子商务认证技术 ··84
  4.1 身份认证技术概述 ···86
    4.1.1 口令认证 ··87
    4.1.2 智能卡认证 ··90
    4.1.3 USB Key 认证 ··90
    4.1.4 生物识别认证 ···91
  4.2 数字签名 ··92
    4.2.1 数字签名概述 ···92
    4.2.2 数字签名的原理 ··93
    4.2.3 常用的数字签名方法 ···93
  4.3 数字证书 ··94
    4.3.1 数字证书概述 ···94
    4.3.2 数字证书的功能 ··94
    4.3.3 数字证书的类型 ··95
  4.4 认证机构 ··96
    4.4.1 认证机构概述 ···96
    4.4.2 认证机构的功能 ··98
    4.4.3 认证机构的组成 ··99
  4.5 公钥基础设施 ··99
    4.5.1 公钥基础设施概述 ···99
    4.5.2 PKI 的组成 ···101
    4.5.3 PKI 的使用原理 ··102
    4.5.4 PKI 的标准 ···103
    4.5.5 PKI 的优势及意义 ···105
    4.5.6 PKI 的实际应用 ··106
  案例分析题 ···108
  自测题 ···108
  实训题 ···109

第 5 章　电子支付与安全交易 114

5.1　电子支付的发展 115
- 5.1.1　电子支付概述 116
- 5.1.2　电子支付的发展阶段 117
- 5.1.3　电子支付与传统支付方式的区别 118
- 5.1.4　电子支付的安全要求 119

5.2　安全电子支付方式 121
- 5.2.1　电子货币 121
- 5.2.2　电子信用卡 125
- 5.2.3　电子钱包 128
- 5.2.4　电子现金 130
- 5.2.5　电子支票 131
- 5.2.6　移动支付 132

5.3　网上银行 135
- 5.3.1　网上银行概述 135
- 5.3.2　网上银行的发展 135
- 5.3.3　网上银行的安全需求 137

5.4　第三方支付 138
- 5.4.1　第三方支付概述 138
- 5.4.2　第三方支付平台模式 141
- 5.4.3　第三方支付的优点与问题 143

案例分析题 144
自测题 145
实训题 146

第 6 章　电子支付安全保障 149

6.1　电子支付的风险分析 151
- 6.1.1　电子支付的基本风险 151
- 6.1.2　电子支付的操作风险 152
- 6.1.3　电子支付的法律风险 155
- 6.1.4　电子支付的其他风险 156

6.2　电子支付的安全保障手段 158
- 6.2.1　电子支付安全技术保障 158
- 6.2.2　电子支付安全管理保障 162

6.2.3　电子支付安全法律保障 ································· 166
　案例分析题 ··· 181
　自测题 ··· 181
　实训题 ··· 182

第 7 章　基于协议的支付技术 ································· 184

7.1　安全交易协议概述 ··· 185
7.2　基于 SSL 协议的支付技术 ································· 188
　　7.2.1　SSL 协议的特点 ······································ 189
　　7.2.2　SSL 协议的体系结构 ································· 189
　　7.2.3　SSL 协议的工作过程 ································· 193
　　7.2.4　SSL 协议的安全技术 ································· 195
　　7.2.5　SSL 协议前景展望 ··································· 196
7.3　基于 SET 协议的支付技术 ································· 198
　　7.3.1　SET 协议的特点 ······································ 198
　　7.3.2　SET 协议的体系结构 ································· 199
　　7.3.3　SET 协议的工作过程 ································· 200
　　7.3.4　SET 协议的安全技术 ································· 201
　　7.3.5　SSL 协议与 SET 协议的区别 ························ 202
　　7.3.6　SET 协议前景展望 ··································· 203
7.4　电子商务支付手段及其安全性分析 ······················· 204
7.5　网上安全支付的第三方结算平台 ·························· 208
　案例分析题 ··· 214
　自测题 ··· 214
　实训题 ··· 215

第 8 章　移动电子商务 ··· 216

8.1　移动电子商务概述 ··· 217
　　8.1.1　移动电子商务的发展 ································· 218
　　8.1.2　移动电子商务的技术 ································· 221
　　8.1.3　移动电子商务的应用 ································· 222
8.2　移动电子商务的服务 ······································ 225
8.3　移动电子商务的特点 ······································ 228
8.4　移动电子商务的安全 ······································ 229

8.4.1 移动电子商务安全问题 …………………………………………… 230
8.4.2 移动电子商务安全技术分析 ………………………………………… 231
8.4.3 移动电子商务安全策略 …………………………………………… 234
案例分析题 ………………………………………………………………… 237
自测题 …………………………………………………………………… 237
实训题 …………………………………………………………………… 238

参考文献 ……………………………………………………………………239

第 1 章

电子商务安全与支付概述

 引导案例　电子商务安全事件频繁发生　中国银行网站被仿冒

在邵阳做干燥设备生意的张先生收到一条陌生短信,对方提示"尊敬的中国银行用户:您在我行办理的动态口令将于次日失效,请尽快登录 www.bozoc.net 进行维护。"张先生也没多想,就把短信转发给了公司会计小林,让她帮忙操作。

根据短信,小林登录了该网站。"弹出的网页乍一看很眼熟,和中国银行的官方网站一模一样。"她回忆,"我按照提示输入了公司的银行账号和密码,进行所谓的升级。"随后她发现,公司账户里的几十万元现金被分批转账到一个外地账户。"我赶紧打电话给中国银行客服询问情况,客服回答说最近并没有发送类似的短信,并且中国银行的官网是 www.boc.cn,其他都是骗人的。"意识到上了当,小林赶紧报了警。

安全与支付是电子商务发展中的一个重要环节,电子商务活动中存在或可能存在的安全问题有哪些?什么是电子商务?电子商务基本概念有哪些?其包括哪些分类?通过本章的学习,读者将对以上问题有全面而充分的认识。

 本章学习目标

1. 掌握电子商务的概念及发展;
2. 掌握电子商务的安全体系结构;
3. 了解电子商务和支付系统。

学习导航

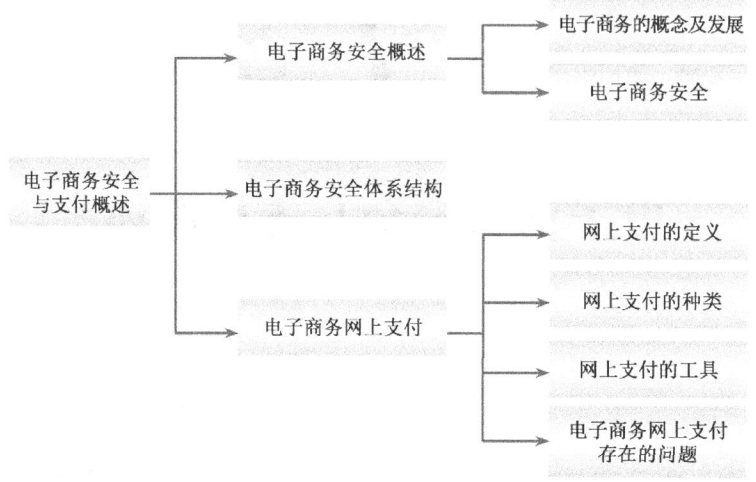

1.1 电子商务安全概述

1.1.1 电子商务的概念及发展

1. 电子商务的基本概念

简单地讲,电子商务是指利用电子网络进行的商务活动。但电子商务至今仍不是一个很清晰的概念。各国政府、学者、企业界人士都根据自己所处的地位和参与电子商务的程度,给出了许多表述不同的定义。

信息技术(IT)行业是电子商务的直接设计者和设备的直接制造者。很多公司都根据自己的技术特点给出了电子商务的定义。虽然差别很大,但总的来说,无论是何种观点都认同电子商务是利用现有的计算机硬件设备、软件设备和网络基础设施,在通过一定的协议连接起来的电子网络环境中进行各种各样商务活动的方式。

我们也可以从多个角度来看待电子商务。

(1)通信的角度。电子商务是指通过电话线、计算机网络或其他电子手段进行的信息、产品/服务或支付的传递过程。

(2)业务流程的角度。电子商务是指信息技术的商业事务和工作流程的自动化应用。

(3)服务的角度。电子商务是要满足企业、消费者和管理者的愿望,如降低服务成本,同时改进商品的质量并提高服务实现的速度。

(4)在线的角度。电子商务提供了通过互联网或其他在线服务方式进行买卖商品或交流信息的能力。

综上所述,电子商务通常是指在全球各地广泛的商业贸易活动中,在互联网开放的网络环境下，基于浏览器/服务器应用方式，买卖双方不谋面地进行各种商贸活动，实现消费者的网上购物、商户之间的网上交易和在线电子支付及各种商务活动、交易活动、金融活动和相关的综合服务活动的一种新型商业运营模式。"中国网络营销网"相关文章指出，电子商务涵盖的范围很广，一般可分为企业对企业（B2B）和企业对消费者（B2C）两种，另外还有消费者对消费者（C2C）这种大幅增长的模式。随着国内互联网使用人数的增加，利用互联网进行网络购物并以银行卡付款的消费方式逐渐流行，市场份额也在快速增长，电子商务网站层出不穷。

2. 电子商务的发展

电子商务的研究与应用始于20世纪70年代末。其发展可分为两个阶段，即始于20世纪80年代中期的基于EDI的电子商务和始于20世纪90年代初期的基于互联网的电子商务。

在我国，计算机应用已有50多年历史，但电子商务仅有20多年。1987年9月20日，中国的第一封电子邮件越过长城，通向世界，揭开了中国使用互联网的序幕。我国20世纪90年代开始开展基于EDI的电子商务应用，1993—1997年政府领导组织开展"三金工程"阶段，为电子商务发展打下了基础。1998年3月，我国第一笔互联网网上交易成功。1998年7月，中国商品交易市场正式宣告成立，被称为"永不闭幕的广交会"。1999年3月，"8848"等B2C网站正式开通，网上购物进入实际应用阶段。1999年，兴起政府上网、企业上网、电子政务（政府上网工程）、网上纳税、网上教育（湖南大学、浙江大学网上大学）、远程诊断（北京、上海的大医院）等广义电子商务开始启动，并已有试点，进入实际试用阶段。2000年，我国电子商务进入了务实发展阶段。

根据中国互联网络信息中心（CNNIC）的调查，截至2018年12月，网民规模达8.29亿人，全年新增网民5 653万人，互联网普及率为59.6%，较2017年年底提升了3.8个百分点。

从CNNIC报告中可以看出，尽管中国网民规模仍然保持增长趋势，但是增长速度已减缓（见图1.1）。互联网模式不断创新、线上线下服务融合加速及公共服务线上化步伐加快，成为网民规模增长的推动力。信息化服务普及、网络扶贫大力开展、公共服务水平的提升，让广大人民群众在共享互联网发展的成果上拥有了更多获得感。

📖 **相关链接**

中国互联网络信息中心（China Internet Network Information Center，CNNIC）是经国家主管部门批准，于1997年6月3日组建的管理和服务机构，行使国家互联网络信息中心的职责。CNNIC承担的主要职责：互联网地址资源注册管理；互联网调查与相关信息服务；目录数据库服务；互联网寻址技术研发；国际交流与政策调研；承担中国互联网协会政策与资源工作委员会秘书处的工作。

（资料来源：中国互联网络信息中心）

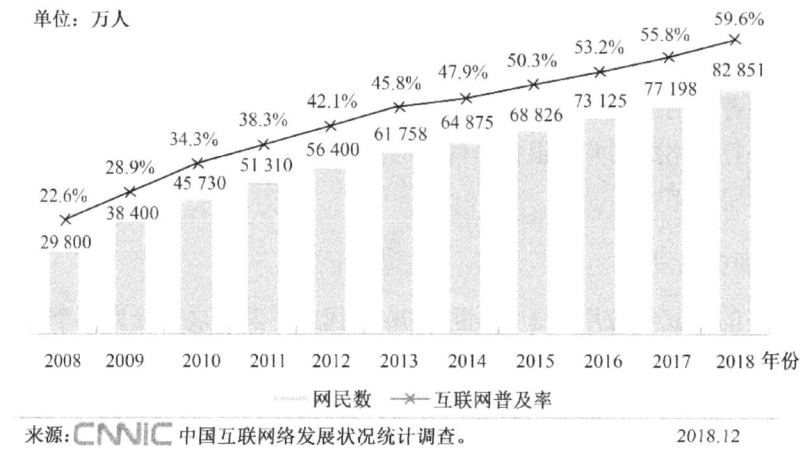

图 1.1　中国网民规模及互联网普及率

非网民人口以农村地区人群为主。截至 2018 年 12 月，我国非网民规模为 5.62 亿，其中城镇地区非网民占比为 36.8%，农村地区非网民占比为 63.2%。使用技能缺乏和文化程度限制是非网民不上网的主要原因。调查显示，不懂计算机或网络技能和文化程度限制导致非网民不上网的占比分别为 54.0% 和 33.4%；年龄因素是导致非网民不上网的另一个原因，因为年龄太大或太小而不上网的非网民占比为 11.2%；因为没有计算机等上网设备而不上网的非网民占比为 10.0%；因为无需求或不感兴趣、缺乏上网时间及无法连接互联网等原因造成非网民不上网的占比均低于 10%。

因此，除了在接入条件和硬件设备上进一步降低门槛外，更需要加强高龄和农村地区人群对计算机和网络的基础知识普及，提升其基本的网络操作技能。

3．电子商务对生活的影响

（1）电子商务改变了交易方式。人们从纸质的货币交易变成了网络上的数据交易。

（2）电子商务改变和正在改变着人们的消费方式。消费者找厂家、跑商场、进银行、排队、交涉、办手续等行为都在被电子商务所改变，"腰酸腿疼"的购物方式，将被轻松的"点击鼠标"所代替。

（3）电子商务改变和正在改变着厂家的营销方式。

① 改变厂商的广告方式。网上广告的传播范围更为广泛，平均费用大为降低。

② 改变品牌的塑造方式。美国广告专家莱利·莱特预言，未来的营销是品牌的战争。实践证明，互联网可以重塑品牌形象，提升品牌的核心竞争力，打造品牌资产，具有其他媒体不可替代的效果和作用。

③ 改变销售的组织方式。从接订单，到资信的确认和收款的确认，到货物的准备和发送等一系列工作流程，都会发生变化。

④ 改变客户的管理方式。客户的消费特征可以在网上直接被记录，并可以由一定的软件统计分析，厂商可以为客户提供更好的服务。

（4）电子商务再造整个流通环节。传统的"厂家—批发—零售—消费者"的方式正在被打破，"厂家—消费者"的方式正在形成，新的物流配送体系正在形成，运输体系、运输的组织方式和相应的存储方式也会因电子商务而再造。

（5）电子商务改变采购方式。电子商务更利于找到合适的合作伙伴，从而降低采购的交易费用。例如，从 2000 年 10 月 11 日起，海尔集团所有的原材料采购都是通过 B2B 系统来进行的。

（6）电子商务改变和正在改变着企业资金筹措的操作手段。资金筹措的部分手段（如股票与债券市场）早已电子化。企业资金筹措的另一个重要来源是商业银行，由于 IT 技术和信息网络的发展，商业银行也发生着巨大的变革。网上银行的出现，完全改变了企业资金操作的手段，降低了操作的成本。

（7）人才的挑选与聘用，正在发生革命性的变化。基于 IT 技术、电子信息网络的人才交易正在依托互联网、多媒体迅速地发展着。

（8）电子商务改变和正在改变着厂家的生产组织和生产过程的管理。电子商务必然导致企业技术单元的细化，导致部分生产的外化，从而导致生产流程的再造。

总而言之，电子商务改变了从开发、生产、流通，到消费、金融运作的整个经济过程，正在变革、刷新着管理观念、理论与方法。

1.1.2　电子商务安全

1. 电子商务安全的现状

伴随电子商务各方面条件的不断成熟，包括信息基础设施、人们的消费观念、各大 IT 公司的努力，电子商务已经深入人心。但不可否认的是，还有三个方面在制约电子商务的飞速发展——电子商务安全、电子支付和电子商务物流。其中，人们对电子商务的安全问题十分关心，但大多数人对安全问题又缺少必要的了解，人们经常在报纸上、电视上看到黑客盗取银行卡的密码，所以对电子商务的网上支付在心理上产生了畏惧感。因此，让更多的人了解电子商务安全的基本体系和原理是电子商务发展过程中最重要的工作。

电子商务应用面临的首要风险是计算机病毒。历史上，第一例计算机病毒出现在美国。1987 年 10 月，一种系统引导型病毒蔓延开来，而世界各地的计算机用户几乎同时发现了形形色色的计算机病毒。1988 年 11 月 3 日，美国康奈尔大学 23 岁的研究生罗伯特·莫里斯将计算机蠕虫病毒投放到网络中，结果使美国 6 000 台计算机被病毒感染，造成互联网不能正常运行。这是一次非常典型的计算机病毒入侵计算机网络的事件，引起了世界范围内的轰动。2003 年 8 月，冲击波和冲击波杀手病毒利用 Windows 2000/XP 操作系统等的远程进程调用（RPC）漏洞，大量连接互联网的计算机被感染，使得计算机系统不断被要求重启，无法进行正常的操作和使用，危害面极广，后果极为严重。2017 年 5 月 12 日，WannaCry勒索病毒在全球大肆爆发，该病毒对 99 个国家实施了超过 75 000 次攻击，全球 20 万台计算机文件被加密为.onion 后缀，用户需缴付约 300 比特币的赎金才能解密恢复被感染的文件。我国也成为此次勒索病毒爆发的重灾区，彼时正值毕业季，勒索病毒在我国校园网内的肆虐导致不少毕业生的毕业设计论文被锁。有关法律专家称，"WannaCry 勒索病毒"的制造者是典型的故意制作、传播计算机病毒等破坏性程序，影响计算机系统正常运行的行为。可以想象，在这些被病毒感染的计算机网络和计算机上进行电子商务操作是很难保证其安全性的。

电子商务应用的另一个风险是有效性和实用性问题。对于一个将互联网作为交易手段的商业组织来说，它需要投资数十亿美元进行信息基础建设。据有关公司发布的市场调查报告估计，黑客的攻击使得一些诸如雅虎和易趣这样的热门网站出现暂时性"死机"，从而使其损失超过了 12 亿美元，严重影响了互联网上电子商务的应用和发展。电子商务网站的访问无效或者网络瘫痪，将会促使顾客另找新的供应商，或者回到更传统的老办法——逛实体商店来进行交易。

所以，为了保证基于互联网的电子商务的安全性，就必须解决相应的问题。

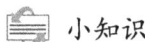 小知识

"黑客"最早源自英文 Hacker，早期在美国的计算机界是带有褒义的。它原指热心于计算机技术、水平高超的计算机专家，尤其是程序设计人员。但到了今天，"黑客"一词已被用于泛指那些专门利用计算机网络搞破坏或恶作剧的人。对这些人的英文叫法正确的是Cracker，有人将其翻译成"骇客"。

（资料来源：中国互联网络信息中心）

2. 电子商务安全必须解决的问题

电子商务安全问题伴随着电子商务的诞生而产生，伴随电子商务的应用而发展。为了保证基于互联网的电子商务的安全性，必须解决如下问题。

1）信息的机密性

电子商务作为贸易的一种手段，其信息直接代表着个人、企业或国家商业信息，有些可能已经是商业机密。这就要求系统存储的信息（用户个人资料、企业或部门商业机密等）不泄露给非授权的人或实体，并且保证这些加密信息在网络传输过程中只有合法接收者才能获取和读懂，防止攻击者通过在电磁波辐射范围内安装接收装置，或者在数据包经过的网关和路由器上截获数据以获取用户的银行账号、密码及企业商业机密等信息。

2）信息的真实性

电子商务交易是在虚拟的网络环境中进行的，交易双方可能互不相识，也可能来自不同的地区或国家，如何才能保证交易双方身份的真实可靠呢？双方交换信息之前通过数字签名、身份认证及数字证书来辨别参与者身份的真伪，防止伪装攻击。交易时，对提供的交易信息也要保证其真实性，防止欺骗交易行为。

3）信息的完整性

在输入电子数据时的意外差错或欺诈行为，可能导致贸易各方信息的差异。要确保在电子交易过程中，信息既不被修改和删除，也不会丢失和重复。

4）信息的可靠性

可靠性是指防止由计算机出错、自然灾害等引起的计算机信息丢失或失误，保证存储在介质上信息的正确性，要求贸易数据在确定的时刻和确定的地点都是有效的。

5）信息的不可抵赖性

在传统的贸易中，双方通过在合同、契约或贸易单据等书面文件上手写签名或印章来鉴别贸易伙伴，防止抵赖行为的发生。在电子交易过程中，系统要确保发送方事后不能否认已经发送的数据和所执行的操作，接收方同样不能事后否认已经接收的数据和执行的相应操作。

由于传统的贸易双方是面对面交易，因此比较容易保证交易过程的安全性和可信性。而对于电子商务交易而言，贸易双方互不谋面，很难建立安全和信任的关系。除了上述要解决的问题外，电子商务还将面临更多的安全威胁。

3．电子商务的安全风险来源

以上从交易双方分析了电子商务交易的安全威胁。如果从整个电子商务系统着手分析，可以将电子商务的安全问题归为四类风险，即信息传输风险、信用风险、管理风险及法律方面的风险。

1）信息传输风险

信息传输风险是指进行网上交易时，可能因传输的信息失真或者信息被非法地窃取、篡改和丢失，而导致网上交易的不必要损失。从技术上看，网上交易的信息传输风险主要来自五个方面：冒名偷窃，篡改数据，信息丢失，信息传递过程中的破坏，虚假信息。

与传统交易不同的是，网上交易的信息传输风险更为严重，因此进行网上交易时面临的信息传输风险比传统交易更为严重。

2）信用风险

信用风险主要来自三个方面。

（1）来自买方的信用风险。对于个人消费者来说，在网络上使用信用卡进行支付时可能恶意透支，或使用伪造的信用卡骗取卖方货物；对于集团购买者来说，存在拖延货款的可能，卖方需要为此承担风险。

（2）来自卖方的信用风险。卖方不能按质、按量、按时寄送消费者购买的货物，或者不能完全履行与集团购买者签订的合同，造成买方的风险。

（3）买卖双方都存在抵赖的情况。传统交易时，交易双方可以直接面对面进行交易，信用风险比较容易控制。进行网上交易时，物流与资金流在空间上和时间上是分离的，因此如果没有信用保证，那么交易是很难进行的。再加上网上交易一般是跨越时空的，交易双方很难面对面交流，信用风险就很难控制。这就要求网上交易双方必须有良好的信用，而且具备一套有效的信用机制以降低信用风险。

3）管理风险

网上交易管理风险是指由于交易流程管理、人员管理、交易技术管理的漏洞带来的风险。

（1）交易流程管理风险。在网络商品中介交易的过程中，客户进入交易中心，买卖双方签订合同，交易中心不仅要监督买方按时付款，还要监督卖方按时提供符合合同要求的货物。在这些环节上，都存在着大量的管理问题，如果管理不善，势必造成巨大的潜在风险。为防止此类风险需要有完善的制度设计，形成一套相互关联、相互制约的制度群。

（2）人员管理风险。人员管理常常是网上交易安全管理上最薄弱的环节。近年来，我国计算机犯罪大多为内部犯罪，其原因主要是工作人员职业道德修养不高，安全教育和管理松懈。一些竞争对手还利用对方企业招募新人的方式潜入该企业，或利用不正当的方式收买对方企业网上交易管理人员，窃取其用户识别码、密码、传递方式及相关的机密文件资料。

（3）交易技术管理的漏洞带来的风险。有些操作系统中的某些用户是无口令的，如匿名文件传输协议（FTP），利用远程登录（Telnet）命令登录这些无口令用户，被信任用户不需要口令就可以进入系统，然后把自己升级为超级用户。

传统交易经过多年发展，在交易时有比较完善的控制机制，而且管理比较规范。而网上交易只经历了很短时间，还存在许多漏洞，这就要求对其加强管理和规范交易。

4）法律方面的风险

网上交易信息系统的技术设计是先进的、超前的，具有强大的生命力。但必须清楚地认识到：一方面，在网上交易可能会承担由于法律滞后而无法保证合法交易的权益所造成的风险。例如，通过网络达成交易合同，可能因为法律条文还没有承认数字化合同的法律效力而面临失去法律保护的危险。另一方面，在网上交易可能承担由于法律的事后完善所带来的风险，即在原来法律条文没有明确规定下而进行的网上交易，在后来颁布新的法律条文下属于违法经营所造成的损失。例如，一些电子商务公司在开通网上证券交易服务的一段时间后，国家颁布新的法律条文规定只有证券公司才可以从事证券交易服务，从而剥夺了电子商务服务公司提供网上证券交易服务的资格，给这些电子中间商经营造成巨大的损失。

1.2 电子商务安全体系结构

电子商务安全既是计算机和网络安全技术问题，又是安全管理问题，涉及安全路由选择、追踪和监控交易过程、控制资金流和物流、敏感信息保密、信息完整性、通信可靠性、身份和实体认证、交易公证和仲裁等问题，是一个综合性的电子商务信息系统安全工程。

一个实用的安全电子商务系统必须集成现代计算机密码学、信息安全技术、网络安全技术和电子商务安全支付技术等，电子商务安全技术是电子商务技术体系的重要组成部分。

电子商务的安全技术体系结构是保证电子商务中数据安全的一个完整的逻辑结构，同时它为交易过程的安全提供了基本保障。电子商务的安全体系结构如图 1.2 所示。

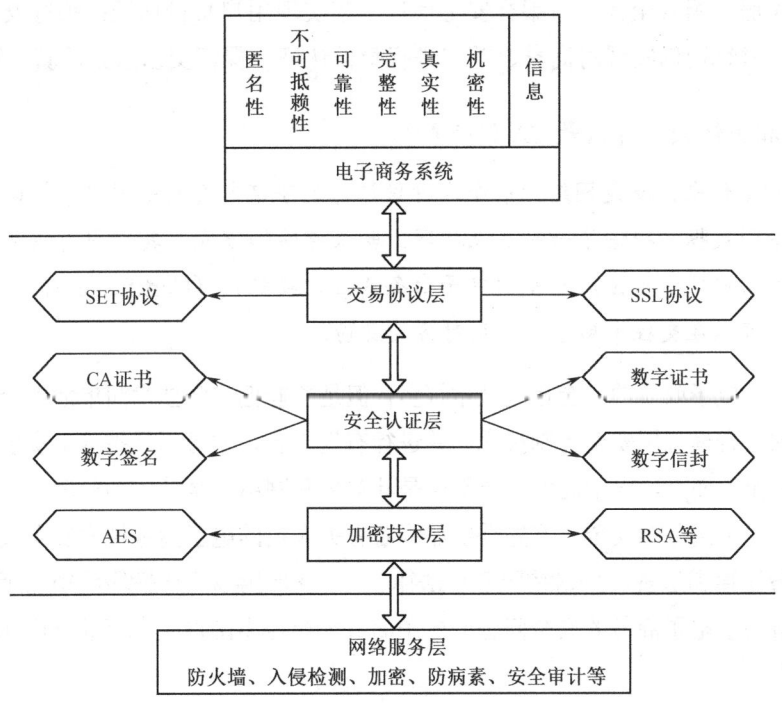

图 1.2 电子商务的安全体系结构

电子商务安全体系由网络服务层、加密技术层、安全认证层、交易协议层、应用系统层组成。其中，下层是上层的基础，为上层提供技术支持；上层是下层的扩展与递进。各层次之间相互依赖、相互关联构成统一整体。通过不同的安全控制技术，实现各层的安全策略，保证电子商务系统的安全。

为确保电子商务系统全面安全，必须建立完善的加密技术和认证机制。在图 1.2 所示的电子商务安全体系结构中，加密技术层、安全认证层和交易协议层，即为电子交易数据的安全而构筑，其中，交易协议层是加密技术层和安全认证层的安全控制技术的综合运用和完善。网络服务层保护信息的传送，包括防火墙、入侵检测、加密、防病毒、安全审计等；加密技术层对信息进行加密，包括各种对称和非对称加密算法，以及哈希（Hash）函数等；安全认证层，包括以基本加密算法为基础的 CA 体系及数字信封、数字签名、报文摘要等安全技术；交易协议层，包括以基本加密算法、安全技术、CA 体系为基础的各种安全协议层，如 SSL 协议和 SET 协议等。

安全的电子商务系统通过互联网将商家、客户和银行三方面连接起来，使用安全代理服务器和 CA 体系等实现电子商务交易数据的机密性、完整性等安全功能。其中，商家这一方由服务器安全代理、数据库管理系统、审计信息系统和 Web 服务器等部分组成，客户方的计算机安装 Internet Explorer（IE）和客户安全代理软件。客户安全代理的主要任务是负责对敏感信息进行加密、解密和数字签名，与商家或银行服务器进行通信，并通过 CA 体系和商家服务器安全代理或银行安全代理一起实现用户身份认证；银行安全代理通过与商家或客户进行通信实现对商家、客户进行身份认证，保证交易双方的真实性。

> **相关链接** 什么是 CA 证书？
>
> 所谓 CA 证书，就是网络上的个人身份证。数字证书是网络通信中标识通信各方身份信息的一系列数据，提供了一种在互联网上验证身份的方式，其作用类似于司机的驾驶执照或日常生活中的身份证。它是由电子商务认证授权机构（Certificate Authority，CA）发行的，人们可以在交往中用它来识别对方的身份。

用于保护电子商务的安全控制技术很多，但是并非把这些技术简单地组合就可以实现安全。只有通过合理应用安全控制技术，并进行有机结合，才可以从技术上实现系统、有效的电子商务安全。而且，电子商务安全不仅是计算机和网络安全技术的问题，还是安全管理问题。要保证电子商务的安全，首先需要加强对有关人员的电子商务技术安全教育，建立和完善电子商务法律和法规，严格按照各种法律、法规和制度来管理和运作电子商务。可以说，只有真正解决了电子商务的安全问题，电子商务才会在中国得到真正的推广和普及。

1.3　电子商务网上支付

随着 20 世纪中后期信息网络技术在各行各业中的应用，互联网已进入社会生活的各个领域和各个环节，无论是机关、单位还是家庭、个人，都可以通过互联网获取资源，共享信息。全新的电子商务是在互联网的广阔联系与传统信息技术系统的丰富资源相互结合的背景下应运而生的一种相互关联的动态商务活动，基于互联网的电子商务已经成为现代国际商业的最新模式，越来越多的商家计划对其企业进行扩展，支付问题也显得越来越突出：如何配套世界范围内的电子商务活动的支付问题？如何处理每日通过信息技术网络产生的成千上万个交易流的支付问题？答案只有一个——利用网上支付。

截至 2018 年 12 月，我国网络支付用户规模达 6 亿人，较 2017 年年底增加 6 930 万人，年增长率为 13.0%，使用比例由 68.8%提高至 72.5%。与此同时，我国购买互联网理财产品的网民规模达 1.51 亿人，同比增长 17.5%，网民使用率为 18.3%。

网上支付是整个电子商务存在和不断发展的基础，没有高速、安全的网上支付，就没有电子商务的迅猛发展，网上支付系统在整个电子商务系统中占有极其重要的作用，甚至影响着电子商务未来的发展。

1.3.1 网上支付的定义

网上支付是指电子交易的当事人（包括消费者、厂商和金融机构），使用安全电子支付手段通过网络进行的货币支付或资金流转，主要包括电子货币类、电子信用卡类、电子支票类。

1.3.2 网上支付的种类

现在世界通用的支付系统有几十种，根据在线传输数据的种类（加密、分发类型），粗略可以分为三类。

1. 使用"信任第三方"（Trusted Third Party）

客户和商家的信息，如银行账号、信用卡号都被信任的第三方托管和维护。当要实施一个交易的时候，网络上只传送订单信息和支付确认、清除信息，而没有任何敏感信息。实际上，通过这样的支付系统没有任何实际的金融交易是在线实施的。First Virtual 是典型的信任第三方系统。在这种系统中，网络上的传送信息甚至可以不加密，因为真正金融交易是离线实施的。但是不加密信息，同样可以看成系统的一个缺陷，而且客户和商家必须到第三方注册才可以交易。

2. 传统银行转账结算的扩充

在利用信用卡和支票的交易中，敏感信息被交换。例如，如果客户要从商家购买产品，客户可以通过电话告知信用卡号及接收确认信息；银行同时接收同样的信息，并且相应地核对用户和商家的账号。如果这样的信息在线传送，必须经过加密处理。著名的 Cyber Cash 和维萨/万事达的 SET 就是典型的基于数字信用卡（Digital Credit Cards）的支付系统。这种支付系统，对于 B2C（企业对消费者）在线交易是主流，因为现在大部分人更习惯于传统的交易方式。通过合适的加密和认证处理，这种交易形式应该比传统的电话交易更安全可靠，因为电话交易缺少必要的认证和信息加密处理。

3. 各种数字现金、电子货币

和前面的系统不一样，这种支付形式传送的是真正的"价值"和"金钱"本身。前面两种交易中，丢失的信息往往是信用卡号码，被伪造的信息也只是信用卡号等。而这种交易的信息被窃取，不仅仅是信息丢失，往往也是财产的真正丢失。

1.3.3 网上支付的工具

现在世界通用的支付系统不下几十种，比较常见的支付系统有以下几种。

1. 银行卡

银行卡支付是由网上银行提供的，而网上银行就是利用互联网或企业内部网技术，为客户提供综合、统一、安全、实时的银行服务，包括提供对私对公的各种零售或批发的全方位银行业务，还可以为客户提供跨国的支付与清算等其他的贸易、非贸易的银行业务服务。

银行卡网上支付必须具备两个重要的条件：一是发卡银行的授权和结算环节必须通畅；二是要实现全国银行卡业务的联网通用。

2. 电子信用卡

电子商务活动中使用的信用卡是电子信用卡，电子信用卡通过网络直接支付。电子信用卡具有快捷、方便的特点，买方可以及时通过发卡机构了解持卡人的信用度，从而避免欺诈行为的发生。由于使用电子信用卡需要通过互联网的公共网络进行信息传输，因此在技术上需要保证传输的安全性和可靠性。利用 SET 安全电子交易协议保证电子信用卡卡号和密码的安全传输，在信用卡进行支付的过程中，也需要认证客户、商家及信用卡发放机构的身份，防止抵赖行为的发生。

在基于互联网的电子商务迅速发展的今天，应用型电子信用卡作为不受地域限制而采用的电子与网上支付工具，受到人们的普遍关注。

3. 电子支票

电子支票和传统的支票形式几乎有着同样的功能，它是纸质支票的电子替代物，与纸质支票一样是用于支付的一种合法方式。它使用数字签名和自动验证技术来确定其合法性。

电子支票和传统支票工作方式相同，易于理解和接受。尽管电子支票可以大大节省交易处理的费用，但是对于在线支票的兑现，人们仍持谨慎的态度。电子支票的广泛普及还需要有一个过程。

4. 电子现金

电子现金（E-cash），又称电子货币（E-money）或数字货币（Digital Cash），是一种非常重要的电子支付系统。它可以被看作现实货币的电子或数字模拟。电子现金以数字信息形式存在，通过互联网流通。

电子现金系统希望在多方面为在线交易复制现金的特性，如方便、费用低（或者没有交易费用）、不记名及其他性质，但不是所有的电子现金系统都满足这些特性。

电子现金在经济领域起着与普通现金同样的作用，对正常的经济运行至关重要。电子现金应具备以下性质：不可重复花费，独立性，不可伪造性，可传递性，可分性。

虽然电子现金非常适用于小量的交易，并具有现金特点，可以存、取、转让，而且安全性比较好，但是缺点也非常明显，和普通的货币一样，硬盘发生故障时，如果没有备份，现金就丢失了。

1.3.4 电子商务网上支付存在的问题

对于电子商务，解决网上支付存在的问题是最关键因素之一。如果没有网上支付的参与，电子商务就停留在网络信息搜索和协议草签的阶段，无法进入实质性的交易阶段，同样无法形成完整的电子商务。网络商务活动中支付所存在的主要问题是：消费者和商家并不是面对面的交易，他们的联系是通过虚拟的网络世界而进行的，这就带来了身份、资金、商品、行为等方面真实性确认的问题，也带来了网上各种信息传递是否真实和可靠的一系列问题。网上支付的安全、社会性、体系状况及网上支付相关的法规等，都是制约网上支付发展的重要因素。因此网上支付成为电子商务发展的瓶颈问题。

在电子商务支付系统中，消费者和商家面临的问题有六种。

1. 安全问题

网上支付使用情况的调查显示，网民不使用网上支付的原因，最主要的是担心安全问题，其次是个人隐私，以及注册麻烦和不太习惯使用这些工具等。影响安全的主要因素有木马病毒、黑客攻击等。木马潜伏在计算机中时刻监视用户的一举一动，盗取账户密码和信息。而黑客则利用系统漏洞、用户薄弱的安全意识入侵用户的计算机，盗取用户的相关信息和密码，导致用户在网上支付时遭受损失。安全问题已经成为影响网上支付发展的主要因素。

2. 金融监管问题

网上支付虽然给网民带来很多方便，解决了电子商务的支付瓶颈。例如，电子货币的发行合法性还有待确定；买卖双方通过制造虚假交易，利用网上支付平台顺利完成资金的转移，从而达到非法交易的目的（如洗钱、贿赂、非法回扣等）。

3. 交易问题

交易问题主要有以下几种。

（1）虚假订单：假冒者以客户名义订购商品，而要求客户付款或返还商品。

（2）付款后收不到商品。

（3）商家发货后，得不到付款。

（4）机密性丧失：PIN 或口令在传输过程中丢失，商家的订单确认信息被篡改。

（5）电子货币丢失：物理破坏或者被偷窃，通常给用户带来不可挽回的损失。

4．支付方式的统一问题

电子支付中存在着多种支付方式，每种方式都有其自身的特点，且有时两种支付方式之间不能做到互相兼容。因此，当电子交易中当事人采用不同的支付方式且这些支付方式又互不兼容时，双方就不可能通过电子支付的手段来支付款项，从而就不能实现互联网上的交易。因此，从推动电子商务的角度出发，有必要将各种不同的支付方式统一起来，相互结合，融会贯通，取长补短，形成一种较为完善的支付方式。

5．跨国交易中的货币兑换问题

不同货币之间的汇率是在不断变化着的，因此在跨国电子交易中就存在着这样一个问题，即一个国家的网上消费者如何了解另一个国家的网上销售者的产品报价若折合成本国货币是多少。这个问题至关重要，因为它直接影响着人们潜在的购买欲望。最好的解决方案就是将货币自动兑换软件集成于电子商务服务器中，实现全球性电子商务处理服务。这样，任何人就可不受限制地通过互联网在全球任何地方购物消费。

6．法律问题

近年来，随着互联网的普及，人们已开始尝试跨国界的电子支付新方法。鉴于技术环境的迅速变化，很难制定符合实际又简便易行的法律法规，因为过于严格或缺乏灵活性的法律法规是不合适的。

（1）电子支付的定义和特征。电子支付是通过网络而实施的一种支付行为。与传统的支付方式类似，它也要引起涉及资金转换方面的法律关系的发生、变更和消灭。

（2）电子支付权利。电子支付的当事人包括付款人、收款人和银行，有时还包括中介机构。各当事人在支付活动中的地位问题必须明确，进而确定各当事人的权利的取得和消灭。这方面的问题相当复杂。

（3）涉及电子支付的伪造、变造、更改与涂销问题。在电子支付活动中，由于网络黑客的猖獗破坏，支付数据伪造、变造、更改与涂销问题越来越突出，对社会的影响越来越大。

（4）刑事侦查技术的发展问题。由于计算机技术的飞速发展，新的电子支付方式层出不穷，每种方式都有自己的技术特点，都会产生新的法律纠纷。

要使电子商务网上支付良好的发展，可以采取以下六种措施。

（1）加强新技术的开发和运用。为了防止各类不安全事件的发生，必须采取更先进的技术手段，如防火墙、资讯加密、支付网关、支付协议等技术，必须制定网络安全技术规范标准。

（2）建立认证技术和体系。为了保证网上电子交易的安全性，防范交易及支付过程中的欺诈行为，除了资讯传输过程中采用更强的加密算法等措施外，还必须在网上建立一种信任验证机制，对其资讯的准确性和合法性进行验证。电子商务的安全认证的核心是加密技术，因此，建立一个能够发放和管理数字证书的权威性认证机构，是实现电子商务和网上支付的重要保证之一。

（3）建立一套技术规范。建立一套技术标准，支持电子商务基础设施和电子商务业务的专门需求。这些标准以及任何补充或相关标准，都应有利于贸易和竞争以及鼓励创新。这些技术解决方案也必须同政策和法律框架相互合作，促进消费者信赖的电子商务市场的形成。

（4）保护个人隐私权、消费者权益。就个人隐私权而言，现代资讯技术的发展使得未经许可采集、分析、使用个人资讯变得十分容易，从而存在较高的个人隐私被侵犯的潜在风险。因此，无论是在技术产品的设计上，还是在软环境的建设上都要注重保护消费者的隐私和个人权益。

（5）健全用户安全机制。第一个方面主要是用户自我保护，如不随便浏览网站、收发邮件或下载数据，注意保护自己的密码并定期修改、强化保密资讯处理与保管等；第二个方面是通过技术措施完善认证机制，如常用数字摘要算法认证、基于 PKI 的认证等。

（6）建立一个统一的网络资讯安全平台。构造网络资讯安全平台旨在为互联网和内部网中千差万别的各种应用提供统一的安全接口界面，为用户提供简捷、安全的应用支持，使各种应用都能调用安全服务，以满足不同领域的各种不同应用的安全需要。

案例分析题

2016 年"双 12"期间，苏州警方接报多起支付宝被盗刷案件。不少受害人一早收到了消费短信，但自己根本没有购物。据警方介绍，大部分短信显示，受害人在 11 日晚连续有多笔交易记录，而且每笔消费金额大多为 1 999 元。受害人打开支付宝时，发现原先的账号都已经退出。再次登录后发现，这些莫名其妙的消费都是在广东东莞产生的。苏州警方称，用户可能因为手机中了木马、接入了黑 WiFi 等原因造成关键信息泄露，账号被不法分子盗取。随后通过支付宝付款码 1 999 元免密机制，在线下进行扫码支付，将资金盗走。

2017年春节期间，在家过年的霍女士被朋友拉进了一个微信群，虽然群里很多人都没有实名也不确定是谁，但看到有人发红包，霍女士就习惯性地"抢"了，打开后发现中了500元代金券。接下来，她按照指示在领奖网站中输入了自己的身份证、手机号、微信账户等个人信息后，网站要求霍女士扫描一个二维码，扫完后没过几分钟霍女士就收到一条银行转账短信，短信显示，她卡里的1万元现金被转走了。

问题：

根据以上实例，试分析电子商务现在需要解决哪些问题。

自测题

一、判断题

1．中国互联网络信息中心简称为CNAIC。（　　）

2．电子商务涵盖的范围很广，一般可分为B2B和B2C两种。（　　）

3．如果从整个电子商务系统着手分析，可以将电子商务的安全问题，归类为信息传输风险、信用风险、管理风险。（　　）

4．信息传输风险是指进行网上交易时，因传输的信息失真或者信息被非法地窃取、篡改和丢失，而导致网上交易不必要的损失。（　　）

5．对于电子商务，解决网上支付是最关键的问题之一。（　　）

二、单选题

1．就目前世界通用的支付系统不下几十种，根据在线传输数据的种类（加密、分发类型），粗略可以被分为（　　）类。

　　A．一　　　　　　B．二　　　　　　C．三　　　　　　D．四

2．电子商务的安全技术体系结构是保证电子商务中数据安全的一个（　　）。

　　A．完整的物理结构　　　　　　B．完整的数据结构

　　C．完整的扩展结构　　　　　　D．完整的逻辑结构

3．一直困扰电子支付发展的关键性问题是（　　）。

　　A．安全性　　　B．便捷性　　　C．效率　　　D．经济性

4．春节到了，远在异国的小李想给在国内的母亲送一束鲜花，小李在某一专业电子商务网站上完成了自己的心愿，这类网上购物类型属于（　　）。

　　A．一般计划性购物

　　B．提醒性购物

　　C．完全无计划购物

　　D．专门计划性购物

三、简答题

1．简述电子商务的发展。

2．电子商务面临哪些安全威胁？

3．试述电子商务安全体系结构。

4．电子商务支付系统有哪些？

实训题

1．通过互联网，了解电子商务的内涵与发展动态。

2．访问中国互联网络信息中心（http://www.cnnic.net.cn），查看 CNNIC 历年来的互联网调查报告，分析我国电子商务的发展现状。

第 2 章

电子商务安全技术

 引导案例　电子商务安全技术

在互联网上从来不乏标价 1 元的商品。国内某一网站上曾有大量商品标价 1 元，引发网民争先恐后哄抢，但是之后许多订单被网站取消。随后，网站发布公告称，此次事件为第三方软件交易异常所致。部分网民和商户询问客服得到的自动回复称："服务器可能被攻击，已联系技术紧急处理。"这起"错价门"事件的发生，暴露出来的我国电子商务安全问题不容小觑。我们在进行电子商务交易时，需要注意哪些方面的安全呢？应该学会使用哪些防范措施来解决电子商务安全隐患？通过本章的学习，读者将能够掌握电子商务安全技术相关知识。

 本章学习目标

1. 了解电子商务安全需求和安全威胁；
2. 掌握电子商务应用系统的组成、分类、逻辑结构和安全措施；
3. 掌握操作系统安全控制方法、分级安全管理、审计技术和安全扫描技术；
4. 掌握数据库的存取管理技术、备份与恢复技术和数据库的审计；
5. 了解数据库加密技术和计算机网络安全的脆弱性；
6. 掌握网络防火墙的基本知识。

学习导航

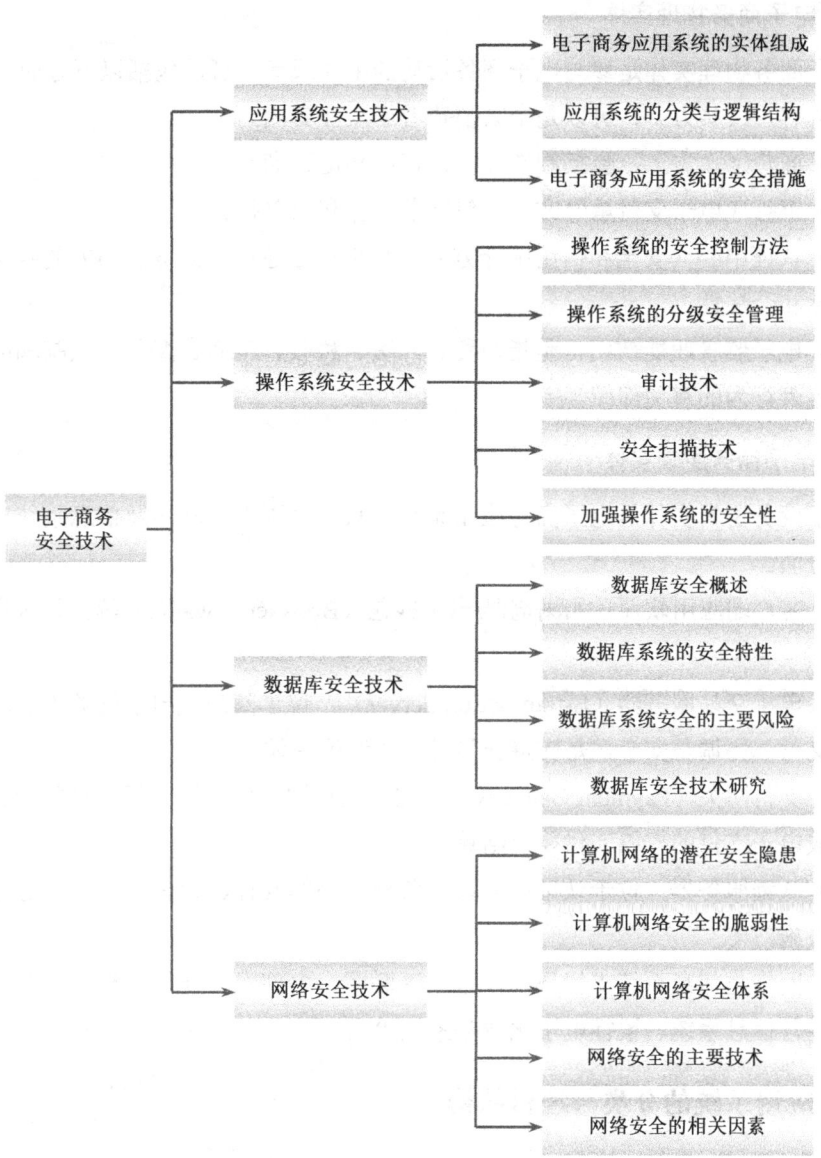

2.1 应用系统安全技术

2.1.1 电子商务应用系统的实体组成

电子商务应用系统位于电子商务一般宏观框架的最高层，即应用层，是建立在企业内部网和外部网基础上的应用信息系统，即电子商务信息系统。电子商务应用系统实体包括物理实体和逻辑实体两类。

1. 电子商务物理实体

电子商务物理实体是参与电子商务活动的主体或参与者，包括以下方面。

（1）客户（买方），可以是个人消费者或企业集团。

（2）商户（卖方），包括制造商、销售商和储运商等。

（3）银行（电子支付承办方），包括发卡行和收单行。

（4）认证中心（安全和信用中介方），承担对上述电子商务参与方的身份认证，保障其真实性和合法性。

（5）电子监管职能部门，是指内贸、外贸、税收、工商、海关、法制和财政等执行政府电子监管行为的有关部门。

2. 电子商务逻辑实体

电子商务逻辑实体是电子商务应用系统的软件、硬件、网络及信息系统支撑环境，包括以下方面。

（1）客户端应用软件，如浏览器/电子钱包（Browser/E-wallet）等，是客户端的电子工具包。

（2）电子交易服务器（E-transaction Server），位于商户或电子商务中心端，支持电子交易的支付、协调与安全，是支持交易过程的逻辑主体。

（3）支付网关（Payment Gateway），位于银行端，包括发卡行、收单行、卡交换中心等，完成电子支付的授权、付款及结算。

（4）认证服务器，位于认证中心端，负责证书的发行、管理和认证，是电子商务的安全基础设施。

（5）网络与信息系统支撑环境，包括互联网、内部网、外部网和银行专用网，还涉及商户的经营信息系统、银行电子化业务系统等。

2.1.2 应用系统的分类与逻辑结构

1. 应用系统的分类

按照参与电子商务活动的主体或服务对象，可将电子商务应用系统划分为以下基本类型。

（1）企业内部的电子商务，企业内部（如生产、供销、市场部门）之间的信息与业务处理。

（2）企业与企业之间的电子商务（B2B 模式），企业之间的交易活动。

（3）企业与消费者之间的电子商务（B2C 模式），消费者的购物等活动。

（4）电子政务，政府系统的电子业务系统。

2. 应用系统的逻辑结构

电子商务应用系统的逻辑结构是当代信息系统的一般逻辑结构，如图 2.1 所示。

应用层
表示层
会话层
传输层
网络层
数据链路层
物理层

图 2.1　电子商务应用系统的一般逻辑结构

这一概念上的逻辑结构，系统地刻画了电子商务应用系统的工作机制和系统应用体系结构，有助于在总体和具体应用上把握系统的安全机制与模式。

2.1.3　电子商务应用系统的安全措施

应用系统安全是指在特定的应用服务中所建立的安全防护体系，独立于任何网络的安全措施。有些应用安全措施可能是网络安全措施的一种重叠或代替。例如，Web 浏览器和服务器在应用层上对经流它们的所有消息加密，也可以通过网络层加密，以实现同样的效果。但是许多应用服务都有特定的安全需求，不可能由网络安全措施来满足。例如，E-mail 消息可能通过一串不同的网络会话传递，其间在多种未知的系统中存储时都要考虑对干扰的防护，很难相信在消息的传递过程中没有攻击者穿透系统的某个部分，而且 E-mail 的保护是按个人而不是按系统来考虑的，采用端到端加密保护就更为可靠。电子交易中涉及的电子支付协议更加复杂，它涉及特约商店、客户和银行之间的相互转账，不同的参与者之间的通信需要不同水平的保护，这需要在应用层上进行处理。

因为应用层服务的多样性，在现代应用中，人们更倾向于在应用层而不是在网络层上采取安全措施。应用系统千差万别，安全措施也不尽相同，但归纳起来，大致包括以下三个方面。

1. 应用系统的可用性管理

网络是一个多应用的平台，上面运行着多种应用系统，包括网站系统、办公自动化系统、邮件系统等。由于网络用户众多，很可能发生用户运行其他应用程序的情况，这样做的后果一方面可能影响网络的正常工作，降低系统的工作效率，另一方面可能破坏系统的可用性，对系统的正常运行造成威胁。因此，应拥有有效的工具，及时发现错误，关闭非法应用，保证系统的可用性。

2. 应用系统的配置文件管理

对于应用系统来说，配置文件记录了应用启动和运行的重要参数，这些参数直接影响应用进程的启动和执行。如果这些参数文件遭到删除或被恶意篡改，应用系统势必不能正常地启动和运行。因此，必须对这些文件进行保护，设置这些文件的访问权限，使无关的用户无法拥有合适的使用文件权限。

3. 应用系统的运行安全管理

一般应用系统在运行中都要记日志，把系统的运行状态记录在日志中。日志文件是应用系统运行状态的反映，也是对其进行安全管理的依据之一。通过分析日志文件，就可以对应用系统运行安全进行监控，当出现预先定义的模式时，便触发相应的动作或通知系统管理员进行处理。

应用系统的多样性决定应用系统安全管理的针对性，因此，应用安全只有紧密结合具体的应用服务才具有有效性。

2.2 操作系统安全技术

操作系统是最重要的系统软件，任何主机系统都必须安装和运行操作系统，才能供人们使用。操作系统是一个共享资源系统，支持多用户同时共享一套计算机系统的资源。有资源共享就需要有资源保护，涉及种种安全性问题。保证操作系统安全是系统安全的最基本的要求。由于所有文件都储存于计算机的共享设备上，这就意味着某人的文件存在着被别人读写的潜在可能性。有时这恰是人们所想达到的：把信息存于共享文件中让用户共用。但在其他情况下，用户又希望私有某些信息。那么，操作系统如何建立一个用户可选择性地把信息保存在私有的或公有的环境呢？这就是操作系统中的保护和安全性功能要承担的任务。

2.2.1 操作系统的安全控制方法

操作系统常用的安全控制方法主要有隔离控制和访问控制两种。

1. 隔离控制

（1）物理隔离：使用不同的进程达到不同的物理目标，例如，用不同的打印机输出不同安全级别的数据。

（2）时间隔离：具有不同安全级别要求的进程在不同的时间被执行。

（3）加密隔离：进程隐蔽其数据和技术活动，使得对外部进程来说它们是不可理解的。

（4）逻辑隔离：使用户感到似乎没有其他进程的存在，因为操作系统限制程序的访问，不允许程序访问其被允许区域之外的目标。

2．访问控制

操作系统安全控制最核心的问题是访问控制。访问控制是确定谁能访问系统、能访问系统何种资源，以及在何种程度上使用这些资源。

访问控制包括对系统各种资源的存取控制。存取控制解决两个基本问题：一是访问控制策略，二是访问控制机构。访问控制策略是根据系统安全保密需求及实际可能而提出的一系列安全控制方法和策略，如"最小特权"策略。访问控制策略有多种，最常用的是对用户进行授权。访问控制机构则是系统具体实施访问控制策略的硬件、软件或固件。访问控制的三项基本任务为：授权，确定访问权限，实施访问控制的权限。

从访问控制方式来说，访问控制可分为以下四种。

（1）自主访问控制。自主访问控制是一种普遍采用的访问控制手段。它使用户可以按自己的意愿对系统参数做适当修改，以决定哪些用户可以访问系统资源。

（2）强制访问控制。强制访问控制是一种强有力的访问控制手段。它使用户与文件都有一个固定的安全属性，系统利用安全属性来决定一个用户是否可以访问某种资源。

（3）有限型访问控制。它对用户和资源进一步区分，只有授权的用户才能访问指定的资源。

（4）共享/独占型访问控制。它把资源分成"共享"和"独占"两种。"共享"可以使资源为所有用户使用，"独占"只能被资源所有者使用。

访问控制的重要内容之一是用户身份识别。口令字验证又是用户身份识别的主要内容，口令字验证应注意以下几点。

（1）在系统的问答题中尽量少透露系统、用户和口令字的信息。

（2）用户可以加上附加的约束，如限制使用的时间和地点。

（3）对口令字文件加密。

（4）口令字要有一定的范围和长度，并由操作系统随机产生。

（5）应定期改变口令字。

（6）使用动态口令字。

（7）要选择容易记忆，但又难猜的口令。

（8）不要使用常用单词或名字，不要选用有特殊意义的口令，如生日、电话号码、银行账号等。

（9）不要在不同的机器上使用相同的口令。

（10）不要将口令告诉他人或随便将口令手写在终端上。

2.2.2 操作系统的分级安全管理

1. 系统级安全管理

系统级安全管理的任务是不允许未经核准的用户进入系统，从而防止他人非法使用系统的资源。其主要采用的手段有两种。

（1）注册。系统设置一张注册表，登录注册用户名和口令等信息，使系统管理员能掌握进入系统的用户的情况，并保证用户在系统中的唯一性。

（2）登录。用户每次使用时，都要进行登录，通过核对用户名和口令，核查该用户的合法性。同时也可根据用户占用资源情况进行收费。口令很容易泄密，可要求用户定期修改口令，以进一步保证系统的安全性。

2. 用户级安全管理

用户级安全管理是为了给用户文件分配文件"访问权限"而设计的。用户对文件访问权限的大小，是根据用户分类、需求和文件属性来分配的。例如，UNIX 中将用户分成三类：文件主、授权用户和一般用户。已经在系统中登录过的用户都具有指定的文件访问权限，该访问权限决定了用户对哪些文件能执行哪些操作。当对某用户赋予其访问指定目录的权限时，他便具有对该目录下的所有子目录和文件的访问权。通常，对文件可以定义的访问权限有建立、删除、打开、读、写、查询和修改。

> **小资料**
>
> UNIX 是一个强大的多用户、多任务操作系统，支持多种处理器架构，按照操作系统的分类，属于分时操作系统。UNIX 最早由 Ken Thompson、Dennis Ritchie 和 Douglas McIlroy 于 1969 年在 AT&T 的贝尔实验室开发。经过长期的发展和完善，UNIX 已成长为一种主流的操作系统技术，形成了基于这种技术的产品大家族。由于 UNIX 具有技术成熟、可靠性高、网络和数据库功能强、伸缩性突出和开放性好等特点，可满足各行各业的实际需要，特别能够满足企业重要业务的需要，已经成为主要的工作站平台和重要的企业操作平台。

3. 文件级安全管理

文件级安全管理是通过系统管理员或文件主对文件属性的设置，来控制用户对文件的访问。通常可对文件设置执行、隐含、修改、索引、只读、写、共享等属性。

2.2.3 审计技术

根据审计的要求，必须对操作系统中有关安全的活动进行记录、检查及审核，出现安全事件时及时报警，而且必须保证能够独立地生成、维护和保护审计过程免遭非法访问、篡改和毁坏，以备事后追查。

1．安全审计的作用

（1）根据审计信息追查执行事件的当事人，明确事故责任。

（2）通过对审计信息的分析，可以发现系统设计或配置管理存在的不足，有利于改进系统安全性。

（3）把审计功能与报警功能结合起来，可以实现安全管理员对系统状态的实时监控。

2．安全审计的加强

1）审计信息的结构化和可视化

把记录下来的原始底层的信息抽象成高层的事件提供给系统管理员。Sun 公司开发的 BSM 在审计信息结构化方面受到较多的重视，很多与审计相关的研究工作都是基于 BSM 的。审计信息浏览方面的研究主要体现在非简单文本模式，如进程事件轨迹图、用户事件状态图和超文本等。

2）自动化分析

随着操作系统的复杂化，海量的审计信息不可能交给用户手工分析，需要进行审计信息的自动化分析或半自动化分析以协助用户发现外界入侵和违背系统安全的操作。因此审计分析引起了人们足够的重视，甚至出现了一些基于审计信息的入侵检测系统。

3）审计信息的保护

如何在受侵害的系统上保证数据不被非法删除和篡改是审计功能发挥作用的基础，受到了广泛的重视。这方面的审计增强主要体现在两个方面：把审计功能和系统其他功能隔离，防止系统其他安全机制被攻破危害到审计的完整性，单独设置审计管理员负责审计就是审计增强的一个具体实例；通过密码技术或分布存储技术保证审计信息的保密性和完整性。

2.2.4　安全扫描技术

扫描程序（Scanner）是自动检测本地或远程主机安全缺陷的程序。通过使用扫描程序，一个用户可以方便地发现远程服务器的安全脆弱点或安全漏洞。漏洞是硬件、软件或策略上的缺陷，从而使得攻击者能够在未授权的情况下访问系统。漏洞可能出现在路由器、客户和服务器软件、操作系统、防火墙之中。

扫描程序查询 TCP/IP 端口并记录目标的响应。扫描程序通过确定下列项目，收集关于目标主机的有用信息：

（1）当前正在进行什么服务？

（2）哪些用户拥有这些服务？

（3）是否支持匿名登录？

（4）是否有某些网络服务需要鉴别？

扫描程序之所以重要，是因为它能发现网络的脆弱点。在负责的人手里，扫描程序可以使一些烦琐的安全审计工作得到简化；在不负责的人手中，扫描程序会对网络的安全造成威胁。

通过扫描发现系统安全漏洞后，可以通过补丁程序来弥补这些漏洞。许多系统提供商都会在其网站上发布补丁，用户必须及时利用补丁程序保护操作系统安全。

2.2.5 加强操作系统的安全性

在实际操作中，通常会有一些方法来阻止未经授权的访问和灾难的发生。以下预防措施在一定程度上对保障操作系统的安全性大有裨益。

1. 使用安全系数高的密码

提高安全性最简单有效的方法之一是使用一个不会轻易被暴力攻击所猜到的密码。

暴力攻击就是暴力破解密码。攻击者使用一个自动化系统，一个接一个地试，直到试验出正确的密码。如果密码包含特殊字符和空格，同时使用大小写字母，那么这种密码破解起来非常困难。

另外，密码长度增加一位，就会以倍数级别增加密码字符所构成的组合。一般来说，小于 8 个字符的密码被认为是很容易被破解的。可以用 10 个、12 个字符作为密码，16 个字符当然更好了。在不会因为过长而难于输入的情况下，让密码尽可能地更长会更加安全。

2. 做好边界防护

不是所有的安全问题都发生在系统桌面上，可以使用外部防火墙路由器来帮助计算机。

如果从低端考虑，可以购买一个宽带路由器设备，如从网上可以购买到的 Linksys、D-link 和 Netgear 路由器等。如果从高端考虑，可以使用来自诸如思科、Foundry 等企业级厂商的网管交换机、路由器和防火墙等安全设备。当然，也可以使用预先封装的防火墙/路由器安装程序，自己动手打造自己的防护设备，如使用 m0n0wall 和 IPCoP。代理服务器、防病毒网关和垃圾邮件过滤网关也都有助于实现强大的边界安全。

通常来说，在安全性方面，网管交换机比集线器强，而具有地址转换的路由器要比交换机强，而硬件防火墙是第一选择。

3. 升级软件

在很多情况下，在安装部署生产性应用软件之前，对系统进行补丁测试工作是至关重要的，最终安全补丁必须安装到系统中。如果很长时间没有进行安全升级，可能会导致所使用的计算机非常容易地成为不道德黑客的攻击目标。因此，不要把软件安装在长期没有进行安全补丁更新的计算机上。

同样的情况适用于任何基于特征码的恶意软件保护工具，诸如防病毒应用程序，如果不进行及时更新，就不能得到当前的恶意软件特征定义，防护效果会大打折扣。

4．关闭没有使用的服务

多数情况下，很多计算机用户甚至不知道他们的系统上运行着哪些可以通过网络访问的服务，这是一个非常危险的情况。

Telnet 和 FTP 是两个常见的问题服务，如果计算机不需要运行它们，请立即关闭它们。关闭没有使用的服务需要确保了解运行在计算机上的每个服务究竟是做什么的，并且知道它为什么要运行。

5．使用数据加密

对于那些有安全意识的计算机用户或系统管理员来说，有不同级别的数据加密范围可以使用，根据需要选择正确级别的加密通常是根据具体情况来决定的。

数据加密的范围很广，从使用密码工具来逐一对文件进行加密，到文件系统加密，最后到整个磁盘加密。通常来说，这些加密级别都不会包括对 Boot 分区进行加密，因为那样需要来自专门硬件的解密帮助，但是如果秘密足够重要而值得花费这部分钱的话，也可以实现这种对整个系统的加密。除了 Boot 分区加密，还有许多种解决方案可以满足每一个加密级别的需要，这其中既包括商业化的专有系统，也包括可以在每个主流桌面操作系统上进行整盘加密的开源系统。

6．通过备份保护数据

备份数据是在面对灾难的时候可以把损失降到最低的重要方法之一。数据冗余策略既可以包括简单、基本的定期拷贝数据到光盘上，也包括复杂的定期自动备份到一个服务器上。

> 📎 小资料　数据冗余
>
> 冗余是多余的意思。在一个数据集合中重复的数据称为数据冗余。可以说，增加数据的独立性和减少数据冗余是企业范围信息资源管理和大规模信息系统获得成功的前提条件。

对于那些必须保持连续在线服务不宕机的系统来说，RAID 可提供自动出错冗余，以防其中一个磁盘出现故障。

例如，Rsync 和 Bacula 等免费备份工具可以把任意复杂级别的自动备份方案整合在一起。Subversion 之类的版本控制工具可以提供灵活的数据管理，不仅能够在另一台计算机上进行备份工作，而且能够不费事地让多台计算机的系统对同一个数据进行同步。

7．加密敏感通信

加密用于保护通信免遭窃听的密码系统是非常常见的。针对电子邮件的支持 OpenPGP 协议的软件，针对即时通信客户端的 OffTheRecord 插件，还有使用诸如 SSH 和 SSL 等安全协议维持通信的加密通道软件,以及许多其他工具,都可以被用来轻松地确保数据在传输过程中不会被威胁。

当然,在个人对个人的通信中,有时候很难说服另一方来使用加密软件来保护通信,但是有的时候,这种保护是非常重要的。

8. 不要信任外部网络

在一个开放的无线网络中,如在具有无线网络的咖啡店中,这个理念是非常重要的。如果对安全非常谨慎和足够警惕的话,在一个咖啡店或一些其他非信任的外部网络中,就不能使用这个无线网络。关键是必须通过系统来确保安全,不要相信外部网络和私有网络一样安全。

举例来说,在一个开放的无线网络中,使用加密措施来保护你的敏感通信是非常必要的,包括在连接到一个网站时,可能会使用一个登录会话 Cookie 来自动进行认证,或者输入一个用户名和密码进行认证。还有,确保不运行那些不是必需的网络服务,因为如果存在未修补的漏洞的话,它们就可以被用来威胁系统。这个原则适用于诸如 NFS 或微软的 CIFS 之类的网络文件、系统软件、SSH 服务器、活动目录服务和其他许多可能的服务。

从内部和外部两方面入手检查你的系统,判断有什么机会可以被恶意安全破坏者用来威胁你的计算机安全,确保这些切入点要尽可能地被关闭。在某些方面,这只是关闭不需要的服务和加密敏感通信这两种安全建议的延伸,在使用外部网络的时候,需要变得更加谨慎。很多时候,要想在一个外部非信任网络中保护自己,实际上会要求对系统的安全配置重新进行设定。

9. 使用不间断电源支持

如果仅仅是为了在停电的时候不丢失文件,可能不需要选择购买 UPS,之所以使用 UPS,还有更重要的原因,如功率调节和避免文件系统损坏。

10. 监控系统的安全是否被威胁

永远不要认为,因为已经采取了一系列安全防护措施,系统就一定不会遭到安全破坏者的入侵。应该搭建起一些类型的监控程序来确保可疑事件及时被监控,并能够允许跟踪判断是安全入侵还是安全威胁。不仅要监控本地网络,还要进行完整性审核,以及使用一些其他本地系统安全监视技术。

根据使用的操作系统不同,还有很多其他的安全预防措施。有的操作系统因为设计原因,存在的安全问题要大一些;而有的操作系统安全性较高一些。不过,无论使用的是微软的 Windows 或苹果的 MacOSX,还是使用 Linux、FreeBSD 等开源操作系统,在加固它们安全的时候,以上建议都是必须牢记的。

2.3 数据库安全技术

2.3.1 数据库安全概述

1．数据库安全的定义

数据库安全是指保护数据库以防止非法用户对数据的越权使用、窃取、更改或破坏。数据库安全涉及很多层面，必须在以下几个层面做好安全措施。

（1）物理层。重要的计算机系统必须在物理层上受到保护，以防止入侵者强行进入或暗中潜入。

（2）人员层。数据库系统的建立、应用和维护等工作，一定要由政治思想上过硬的合法用户来管理。

（3）操作系统层。要进入数据库系统，首先要经过操作系统，如果操作系统的安全性差，数据库将面临着重大的威胁。

（4）网络层。由于几乎所有网络上的数据库系统都允许通过终端或网络进行远程访问，所以网络的安全和操作系统的安全一样重要，网络安全了，无疑为数据的安全提供了保障。

（5）数据库系统层。数据库系统应该有完善的访问控制机制，以防止非法用户的非法操作。

为了保证数据库的安全，必须在以上所有层次上进行安全性控制。

2．数据库安全的目标

（1）提供数据共享，集中统一管理数据。

（2）简化应用程序对数据的访问，应用程序得以在更为逻辑的层次上访问数据。

（3）解决数据有效性问题，保证数据的逻辑一致性。

（4）保证数据独立性问题，降低程序对数据及数据结构的依赖。

（5）保证数据的安全性，在共享环境下保证数据所有者的利益。

以上仅是数据库安全的几个最重要的目标，应用的发展变化对数据库提出了更多的要求。为达到上述目的，数据的集中存放和管理永远是必要的。除功能和性能方面的技术问题，最重要的问题就是数据的安全问题。如何既提供充分的服务，又保证关键信息不被泄露，是数据库信息管理系统的主要任务之一。

2.3.2 数据库系统的安全特性

数据库系统的安全特性主要是针对数据而言的，包括数据独立性、数据安全性、数据完整性、并发控制、故障恢复等方面。下面分别对其进行介绍。

1．数据独立性

数据独立性包括物理独立性和逻辑独立性两个方面。物理独立性是指用户的应用程序与存储在磁盘上的数据库中的数据是相互独立的；逻辑独立性是指用户的应用程序与数据库的逻辑结构是相互独立的。

2．数据安全性

操作系统中的对象一般情况下是文件，而数据库支持的应用要求更为精细。通常比较完整的数据库对数据安全性采取以下措施：

（1）将数据库中需要保护的部分与其他部分相隔。
（2）采用授权规则，如账户、口令和权限控制等访问控制方法。
（3）对数据进行加密后存储于数据库。

3．数据完整性

数据完整性包括数据的正确性、有效性和一致性。正确性是指数据的输入值与数据表对应域的类型一样；有效性是指数据库中的理论数值满足现实应用中对该数值段的约束；一致性是指不同用户使用的同一数据应该是一样的。保证数据的完整性，需要防止合法用户使用数据库时向数据库中加入不合语义的数据。

4．并发控制

如果数据库应用要实现多用户共享数据，就可能在同一时刻多个用户要存取数据，这种事件叫作并发事件。当一个用户取出数据进行修改时，在修改存入数据库之前如有其他用户再取此数据，那么读出的数据就是不正确的。这时就需要对这种并发操作施行控制，排除和避免这种错误的发生，以保证数据的正确性。

5．故障恢复

由数据库管理系统提供一套方法，可及时发现故障和修复故障，从而防止数据被破坏。数据库系统应能尽快恢复数据库系统运行时出现的故障，这种故障可能是物理上或逻辑上的错误，如对系统的误操作造成的数据错误等。

2.3.3 数据库系统安全的主要风险

数据库系统在实际应用中存在来自各方面的安全风险，安全风险最终引起安全问题。下面从四个方面讲述数据库系统的安全风险。

1．来自操作系统的风险

来自操作系统的风险主要集中在病毒、后门、数据库系统和操作系统的关联性方面。首先，在病毒方面，操作系统中可能存在的特洛伊木马程序对数据库系统构成极大的威胁，数据库管理员尤其需要注意特洛伊木马程序带给系统入驻程序的威胁,一个特洛伊木马程序能够修改入驻程序的密码,并且当更新密码时,使入侵者得到新的密码。其次,在操作系统的后门方面,尽管许多数据库系统的特征参数方便了数据库管理员,但也为数据库服务器主机操作系统留下了后门,这使得黑客可以通过后门访问数据库。最后,数据库系统和操作系统之间带有很强的关联性。操作系统具有文件管理功能,能够利用存取控制矩阵,实现对各类文件包括数据库文件进行读写和执行等,而且操作系统的监控程序能进行用户登录和口令鉴别的控制,因此数据库系统的安全性最终要依赖于操作系统和硬件设备所提供的环境,如果操作系统允许用户直接存取数据库文件,那么即使在数据库系统中采取最可靠的安全措施也没有用。

2．来自管理的风险

用户安全意识薄弱,对信息网络安全重视不够,安全管理措施不落实,导致安全事件的发生,这些都是当前安全管理工作存在的主要问题。在已发生安全事件的原因中,占前两位的分别是"未修补软件安全漏洞"和"登录密码过于简单或未修改",表明了用户缺乏相关的安全防范意识和基本的安全防范常识。其他原因包括数据库系统可用但并未正确使用的安全选项、危险的默认设置、给用户更多的不适当的权限、对系统配置的未经授权的改动等。

3．来自用户的风险

用户的风险主要表现在用户账号和对特定数据库目标的操作许可,如对表单和存储步骤的访问。因此,必须对数据库系统做范围更广的彻底的安全分析,找出所有可能领域内的潜在漏洞,包括与销售商提供的软件相关的风险软件的漏洞、缺少操作系统补丁、脆弱的服务和选择不安全的默认配置等。另外,密码长度不够、对重要数据的非法访问及窃取数据库内容等恶意行动也潜在地存在。以上这些都表现为来自用户的风险。

4．来自数据库系统内部的风险

虽然绝大多数常用的关系数据库系统已经存在十多年,并且具有强大的功能,产品非常成熟,但许多应该具有的特征,在操作系统和现在普遍使用的数据库系统中,并没有提供。特别是那些重要的安全特征,在绝大多数关系数据库系统中并不够成熟。

2.3.4 数据库安全技术研究

1．数据库加密技术

1）加密技术

一些重要的机密的数据,如一些金融数据、商业秘密、游戏网站玩家的虚拟财产,都必须存储在数据库中,防止对它们进行未授权的访问。哪怕整个系统都被破坏了,加密技术还可以保护数据的安全。对数据库安全的威胁有时来自网络内部，一些内部用户可能非法获取用户名和密码，也可能利用其他方法越权使用数据库，甚至可能直接打开数据库文件来窃取或篡改信息。因此，有必要对数据库中存储的重要数据进行加密处理，以实现数据存储的安全保护。

数据加密是将称为明文的敏感信息，通过算法和密钥，转换为一种难以直接辨认的密文。解密是加密的逆向过程，即将密文转换成可识别的明文。数据库密码系统要求把明文数据加密成密文，数据库存储密文，查询时将密文取出解密后得到明文。数据库加密系统能够有效地保证数据的安全，即使黑客窃取了关键数据，仍然难以得到所需的信息。另外，数据库加密以后，不需要了解数据内容的系统管理员不能见到明文，从而大大提高了关键数据的安全性。

加密技术能够对数据库数据的增加、删除访问加以控制，防止不合法用户读写数据。但由于数据库文件采用的是 ASCII 明文存储，如果非法用户不使用程序读取数据，而是直接使用 WinHex、UltraEdit 等工具，甚至 DOS 下的除错程序（DEBUG）来打开数据库文件，都可以直接阅读到数据库中的内容。因此，为了使数据库文件可以更加安全，必须对数据的载体数据库文件进行加密保护，主要目的是把 ASCII 码的信息变成不可直接阅读的数据。在文件型数据库中，记录的长度一般比较短，数据存储的时间长，相应的密钥保存时间也随数据生命周期而定。如果在库内使用同一密钥，则保密性差；如果不同记录使用不同的密钥，则密钥太多，管理相当复杂。因此，应该针对数据库的特点，研究相应的加密方法和密钥管理方法。

根据文件型数据库的特点，数据库的加密一般可以有三种方式。

（1）库外加密。考虑到文件型数据库系统是基于文件系统的，因此库外加密的办法，应该是针对文件 I/O 操作或操作系统而言的。因为数据库管理系统与操作系统的接口方式有三种：一是直接利用文件系统的功能；二是利用操作系统的 I/O 模块；三是直接调用存储管理。所以在采用库外加密的方法时，可以先将数据在内存中使用 DES、RSA 等方法进行加密，然后文件系统把每次加密后的内存数据写入数据库文件中（注意是把整个数据库当成普通的文件看待，而不是按数据关系写入），读入时再逆方向进行解密就可以正常使用了。

（2）库内加密。对于数据库的描述一般分为三层：存储模式描述数据的物理结构；模式描述数据的全局逻辑结构；子模式描述数据的局部逻辑结构。根据数据的结构，要对数据加密，可增设数据加密模式来实现数据的加解密。该加密模式所处的位置就在模式与存储模式之间，如图 2.2 所示。加密的单位可以是域、字段、行和数据元素。基本上可以针对这几方面形成一种加密的方法。

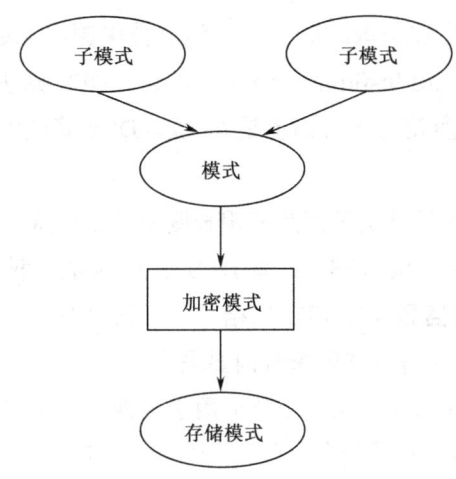

图 2.2　含加密层的数据库模式

① 以记录（元组）为单位加密。通常情况下，我们访问数据库时都是以二维表方式进行的，二维表的每一行就是数据库的一条记录。如果以记录为单位进行加密，那么每读写一条记录只需进行一次加解密的操作，对于不需要访问到的记录，完全不需要进行任何操作，所以使用起来效率会高一些。但是由于每个记录都必须有一个密钥与之匹配，因此产生和管理记录密钥比较复杂。以字段为单位的加密分析与以记录为单位的加密情况相似。

② 以域（属性）为单位加密。如果用户常以域方式访问数据库，那么应以数据项为单位进行加密。这种加密方式和记录或字段加密方式是同一级的，一个是对数据库的行进行加密，另一个是对数据库的列进行加密。它的缺点和记录或字段加密一样，密钥产生和管理较为复杂。

③ 以数据元素为单位加密。由于数据元素是数据库库内加密的最小单位，因而这种加密方式是最彻底的但也是效率最低的。它把每个数据元素看作一个文件进行加解密，每个被加密的元素会有一个相应的加密密钥，所以密钥的产生和管理比记录加密方式还要复杂。

（3）硬件加密。硬件加密主要是相对于软件加密而言的，是指在物理存储器与数据库系统之间加上一层硬件作为中间层，加密和解密的工作都由添加的硬件完成。不过，由于添加的硬件与原计算机硬件之间可能存在着兼容问题，在进行控制读写的时候存在着烦琐的设置，因此这种加密方式应用起来不会太广泛。

2）数据加密的算法

加密算法是一些公式和法则，规定了明文和密文之间的变换方法。密钥是控制加密算法和解密算法的关键信息，它的产生、传输、存储等工作是十分重要的。

数据加密的基本过程包括对明文（可读信息）进行翻译，译成密文或密码的代码形式。该过程的逆过程为解密，即将该编码信息转化为其原来形式的过程。

（1）DES 算法。DES（Data Encryption Standard）是由 IBM 公司在 1970 年以后发展起

来的，于 1976 年 11 月被美国政府采用，随后被美国国家标准局和美国国家标准协会（American National Standard Institute，ANSI）承认。DES 算法把 64 位的明文输入块变为 64 位的密文输出块，它所使用的密钥也是 64 位。DES 算法中只用到 64 位密钥中的其中 56 位。

（2）三重 DES。DES 算法的缺点是密钥长度相对比较短，因此，人们又想出了一个解决其长度的方法，即采用三重 DES。三重 DES 是 DES 的一种变形。这种方法使用两个独立的 56 位密钥对交换的信息（如 EDI 数据）进行三次加密，从而使其有效密钥长度达到 112 位或 168 位，对安全性有特殊要求时则要采用它。

（3）RSA 算法。RSA 算法是第一个既能用于数据加密也能用于数字签名的算法。它易于理解和操作，也很流行。算法的名字就是发明者的名字（Rivest、Shamir 和 Adleman）的组合，但 RSA 的安全性一直未能得到理论上的证明，RSA 的安全性依赖于大数的因子分解，但并没有从理论上证明破译 RSA 的难度与大数分解难度等价，即 RSA 的重大缺陷是无法从理论上把握它的保密性能如何。RSA 算法是被研究得最广泛的公钥算法，从提出到现在已 40 多年，经历了各种攻击的考验，逐渐为人们接受，普遍认为是最优秀的公钥方案之一。

（4）AES 算法。AES 算法是美国高级加密标准算法，将在未来几十年里代替 DES 在各个领域中广泛应用。尽管人们对 AES 还有不同的看法，但总体来说，AES 作为新一代的数据加密标准汇聚了强安全性、高性能、高效率、易用和灵活等优点。AES 设计有三个密钥长度：128 位、192 位、256 位。相对而言，AES 的 128 位密钥比 DES 的 56 位密钥强 1 021 倍。AES 算法主要包括三个方面：轮变化、圈数和密钥扩展。在理论上，此加密方法需要国家军事量级的破解设备运算 10 年以上时间才可能破译。

3）数据库数据加密的实现

使用数据库安全保密中间件对数据库进行加密是最简便直接的方法，主要包括系统中加密、DBMS 内核层（服务器端）加密和 DBMS 外层（客户端）加密。

📄 小资料　中间件

中间件是一种计算机软件，连接了软件部件或应用程序。这种软件由一组服务构成，这些服务包括允许多进程运行在一个或多个机器上以达到在网络中互相交互的目的。

（1）在系统中加密。系统无法辨认数据库文件中的数据关系，将数据先在内存中进行加密，然后文件系统把每次加密后的内存数据写入数据库文件中，读入时再逆方向进行解密。这种加密方法相对简单，只要妥善管理密钥就可以了；缺点是对数据库的读写都比较麻烦，每次都要进行加解密的工作，对程序的编写和数据库的读写速度都会有影响。

（2）在 DBMS 内核层加密。它需要对数据库管理系统本身进行操作，这种加密是指数据在物理存取之前完成加解密工作。这种加密方式的优点是加密功能强，并且加密功能几乎不会影响 DBMS 的功能，可以实现加密功能与数据库管理系统之间的无缝耦合；其缺点是加密运算在服务器端进行，加重了服务器的负载，而且 DBMS 和加密器之间的接口需要 DBMS 开发商的支持。

(3) 在 DBMS 外层加密。它的好处是不会加重数据库服务器的负载，并且可实现网上的传输。加密比较实际的做法是将数据库加密系统做成 DBMS 的一个外层工具，根据加密要求自动完成对数据库数据的加解密处理。采用这种加密方式进行加密，加解密运算可在客户端进行，它的优点是不会加重数据库服务器的负载并且可以实现网上传输的加密；缺点是加密功能会受到一些限制，与数据库管理系统之间的耦合性稍差。

数据库加密系统分成两个功能独立的主要部件：一个是加密字典管理程序，另一个是数据库加解密引擎。数据库加密系统将用户对数据库信息具体的加密要求及基础信息保存在加密字典中，通过调用数据加解密引擎实现对数据库表的加密、解密及数据转换等功能。数据库信息的加解密处理是在后台完成的，对数据库服务器是透明的。

按以上方式实现的数据库加密系统具有很多优点：首先，系统对数据库的最终用户是完全透明的，管理员可以根据需要进行明文和密文的转换工作；其次，加密系统完全独立于数据库应用系统，无须改动数据库应用系统就能实现数据加密功能；最后，加解密处理在客户端进行，不会影响数据库服务器的效率。

数据库加解密引擎是数据库加密系统的核心部件，位于应用程序与数据库服务器之间，负责在后台完成数据库信息的加解密处理，对应用开发人员和操作人员来说是透明的。数据加解密引擎没有操作界面，在需要时由操作系统自动加载并驻留在内存中，通过内部接口与加密字典管理程序和用户应用程序进行通信。数据库加解密引擎由三大模块组成：加解密处理模块、用户接口模块和数据库接口模块。

上面的论述还远远没达到数据库安全需要。例如，现在的数据库基本上都基于网络架构，网际的安全传输等也是要重点考虑的方面。一个好的安全系统必须综合考虑运用这些技术，以保证数据的安全。

2．存取管理技术

数据库管理员采用一定的措施和技术来对数据库的访问进行控制，这是数据库安全的第一道屏障，特别重要。存取管理技术主要包括用户认证技术和访问控制技术两方面。用户认证技术包括用户身份验证技术和用户身份识别技术。访问控制技术包括数据的浏览控制技术和修改控制技术。浏览控制是为了保护数据的保密性，而修改控制是为了保护数据的正确性和提高数据的可信性。在一个数据资源共享的环境中，访问控制显得非常重要。

1) 用户认证技术

用户认证技术是系统提供的最外层安全保护措施。通过用户身份验证，可以阻止未授权用户的访问。

（1）用户身份验证。该方法由系统提供一定的方式让用户标识自己的身份。每次用户请求进入系统时，系统必须对用户身份的合法性进行鉴别认证。用户要登录系统时，必须向系统提供用户标识和鉴别信息，以供安全系统识别认证。身份验证最常用、最方便的方法是设置口令法。但近年来，一些更加有效的身份验证技术迅速发展起来，如智能卡技术、物理特征（指纹、虹膜等）认证技术等具有高强度的身份验证技术日益成熟，并取得了不少应用成果，为将来达到更高的安全强度要求打下了坚实的基础。

（2）用户身份识别。用户身份识别以数据库授权为基础，只有经过数据库授权和验证的用户才是合法的用户。数据库授权技术包括授权用户表、用户授权表、系统的读出／写入规则和自动查询修改技术。

2）访问控制技术

访问控制技术是从计算机系统的处理功能方面对数据提供保护，是数据库系统内部对已经进入系统的用户的访问控制，是安全数据保护的前沿屏障。它是数据库安全系统中的核心技术，也是最有效的安全手段，限制了访问者和执行程序可以进行的操作，这样通过访问控制就可防止安全漏洞隐患。DBMS 中对数据库的访问控制是建立在操作系统和网络的安全机制基础之上的。只有被识别、被授权的用户才有对数据库中的数据进行输入、删除、修改和查询等权限。通常采用下面两种方法进行访问控制。

（1）按功能模块对用户授权。每个功能模块对不同用户设置不同权限，如无权进入本模块、仅可查询、可更新可查询、全部功能可使用等，而且功能模块名、用户名与权限编码可保存在同一数据库。

（2）将数据库系统权限赋予用户。通常为了提高数据库的信息安全访问，用户在进行正常的访问前，服务器往往都需要认证用户的身份、确认用户是否被授权。为了加强身份认证和访问控制，适应对大规模用户和海量数据资源的管理，通常 DBMS 主要使用的是基于角色的访问控制（Role Based Access Control，RBAC）。

3. 备份与恢复

备份，又称转储，是指将计算机系统硬盘上的数据通过适当的形式转录到可脱机保存的介质（如磁带、磁盘等）上，以便需要时再读入计算机系统中使用。恢复，又称重载或重入，是指当磁盘损坏或数据崩溃时，通过转储或备份重新安装数据库，使其恢复到原来状态的过程。

1）数据库备份的必要性

在数据库运行过程当中，难免会遇到诸如人为错误、硬盘损坏、计算机病毒、断电或其他灾难，这些都会影响数据库的正常使用和数据的正确性，甚至破坏数据库，导致部分数据或全部数据的丢失。因此，数据库的备份技术在于建立冗余数据，也就是备份数据。

一般数据库的故障可分为以下四类。

（1）事务内部故障。有些是可以通过事务程序处理的，如银行转账中的事务一致性，但还有一些是不能由事务程序处理的，如运算过程中的溢出、并发控制中发生的死锁等故障。

（2）系统故障。通常称为软故障，是指造成系统停止运行的任何事件，如系统重启、操作系统故障、突然停电等。

（3）介质故障。也称硬故障，如硬盘损坏、强磁场干扰等，发生概率较小，但是破坏最大。

（4）人为故障。一种人为的故障或破坏方式，如病毒感染、用户操作失误等。

2）数据库备份的原理和方式

恢复故障的原理是建立数据冗余。建立冗余数据的方式是进行数据转储和登记日志文件。一般来说，数据库备份常用的备份方法有静态备份、动态备份和逻辑备份等。

（1）静态备份。静态备份是在备份期间不允许数据库进行任何存取和修改操作，这是保持数据完整性的最好办法。但如果数据库太大，无法在备份窗口中完成对它的备份，该方法就无效。

（2）动态备份。动态备份在数据库正在被写入或更新数据时进行，因此转储和用户事务可以并发进行。动态备份严重依赖日志文件。在进行时，日志文件将业务指令"堆起来"，而不是真正地将任何数据值写入数据库记录，数据库表并没有被更新，因此数据库被完整地备份。

（3）逻辑备份。逻辑备份使用软件技术从数据库提取数据并将结果写入一个输出文件。该输出文件不是一个数据库的表，但是表中的所有数据都有一个映像。逻辑备份不能对此输出文件进行任何真正的数据库操作。在大多数客户机/服务器数据库中，SQL 语言就是用来创建输出文件的。

此外，备份可以分为海量备份和增量备份。海量备份是指每次转储全部的数据；增量备份是指只转储自上次转储以来更新过的数据。如果数据库很大，事务处理又十分频繁，则增量备份方式就相当有效。

3）数据库恢复的条件

数据库恢复是指通过技术手段，将原本保存在数据库中但被丢失的电子数据进行抢救和恢复的技术。通常在以下两种情况下可对数据库进行恢复。

（1）当数据库出现损伤或由于人员误操作、操作系统本身故障造成数据看不见、无法读取，甚至丢失时。工程师通过技术手段将不可读的数据都恢复为可以读的数据。数据恢复不是靠一两种软件就可以完成的，往往需要数个工程师靠不同的方式才能恢复数据。当然数据库恢复还包括各种操作系统，除 Windows 外，还有 UNIX、Linux、Apple 机，而以 UNIX 居多。

（2）数据库数据已经存在，但是无法正常使用，提示错误，都可进行数据修复。

4）数据库恢复分类

（1）实例故障的一致性恢复。当实例意外地（如掉电、后台进程故障等）或预料地中止时出现实例故障，此时需要实例恢复。实例恢复将数据库恢复到故障之前的事务一致状态。如果在线后发现实例故障，则需介质恢复。在下次数据库启动时（对新实例装配和打开），自动地执行实例恢复。如果需要，从装配状态变为打开状态，自动激发实例恢复，进行下列处理。

① 为了解恢复数据文件中没有记录的数据，进行前滚，该数据记录在在线日志中，包括对回滚段的内容恢复。

② 回滚未提交的事务，按第一步重新生成回滚段所指定的操作。

③ 释放故障时正在处理事务所持有的资源。

④ 解决故障时正经历阶段提交的任何悬而未决的分布事务。

（2）介质故障或文件错误的不一致恢复。介质故障是当一个文件、一个文件的部分或磁盘不能读或不能写时出现的故障。文件错误一般指意外的错误导致文件被删除或意外事故导致的文件不一致。这种状态下的数据库都是不一致的，需要数据库管理员手工来进行数据库的恢复。这种恢复有两种形式，取决于数据库运行的归档方式和备份方式。

第一，完全介质恢复可恢复全部丢失的修改。一般情况下需要有数据库的备份且数据库运行在归档状态下并且有可用归档日志时才可能。对于不同类型的错误，有不同类型的完全恢复可使用，其取决于毁坏文件和数据库的可用性。

第二，不完全介质恢复是在完全介质恢复不可能或不要求时进行的介质恢复。重构受损的数据库，使其恢复介质故障前或用户出错之前的一个事务一致性状态。不完全介质恢复有不同类型的使用，取决于需不完全介质恢复的情况，有基于撤销、基于时间和基于修改的不完全介质恢复。

① 基于撤销的不完全介质恢复。在某种情况，不完全介质恢复必须被控制，数据库管理员可撤销在指定点的操作。基于撤销的恢复在一个或多个日志组（在线的或归档的）已被介质故障破坏，不能用于恢复过程时使用，所以介质恢复必须控制，以在使用最近的、未损的日志组与数据文件后中止恢复操作。

② 基于时间和基于修改的不完全介质恢复。如果数据库管理员希望恢复到过去的某个指定点，是一种理想的不完全介质恢复，一般发生在恢复到某个特定操作之前，如意外删除某个数据表之前。

5）数据库的恢复功能

（1）日志恢复。日志恢复是恢复数据最全面的方法，它记录着每个维护动作，如动作前信息的复制和动作后信息的复制等。

（2）保存点。保存点是在一次事务中用户定义的位置。在保存点，事务的状态被保存，以便出现故障后从保存点重新恢复。保存点避免了当故障发生时不去完成一次事务的情况。

(3) 映像副本。建立映像副本是把数据库中的数据备份到一个后援副本上，是对数据库恢复的一种较好的方法。

(4) 系统检查点。系统允许用户在适当的位置上设立检查点，以保证事务撤销后再运行时不必从头开始。

(5) 差分文件。其功能类似于日志恢复，对数据库的维护操作不直接在主文件上进行，而是记载在差分文件上，此时主文件不发生变化，等待某适当时刻再把差分文件并入主文件。

(6) 备份。这种技术与差分文件不同，它是在提交点将当前的版本复制成一个备份版本。

(7) 完整性验证。其功能是在操作前和操作后的某一时刻，检查数据库的完整性有无破坏，有则通知撤销或回送有关信息。

4．建立安全的审计机制

审计是对指定用户在数据库中的操作进行监控和记录的一种数据库功能。这里主要以 Oracle 数据库为例。Oracle 数据库没有为审计数据提供独立的导出、备份和恢复机制，用户每导出和删除一条审计记录都需要自己来书写程序，并且审计记录所需要的存储空间也由 Oracle 数据库提供。如果审计数据是保存在操作系统的文件中，那么审计记录的保护完全依赖于操作系统的安全性和对文件的加密措施。显然，现有数据库管理系统的审计保护功能存在不足，应从以下两方面改进：建立单独的审计系统和审计员；审计数据需要存放在单独的审计文件中，而不像 Oracle 那样存放在数据库中，只有审计员才能访问这些审计数据。可以把用户大致分为审计员、数据库用户、系统安全员三类，这三者相互牵制，各司其职，分别在三个地方进行审计控制。为了保证数据库系统的安全审计功能，还要考虑到系统能够对安全侵害事件做出自动响应，提供审计自动报警功能。当系统检测到有危害系统安全的事件发生并达到预定的阈值时，要给出报警信息，同时会自动断开用户的连接，终止服务器端的相应线程，并阻止该用户再次登录系统。

📄 小资料

Oracle 是世界领先的信息管理软件开发商，成立于 1977 年，总部位于美国加州 Redwood Shore，因其复杂的关系数据库产品而闻名。Oracle 数据库产品被财富排行榜上的前 1 000 家公司所采用，许多大型网站也选用了 Oracle 系统。Oracle 的目标定位于高端工作站及作为服务器的小型计算机。整个产品线包括数据库、服务器、企业商务应用程序及应用程序开发和决策支持工具。

1) 数据库审计的客观需求

数据库审计与风险控制的目的主要有三个方面：一是确保数据的完整性；二是让管理

者全面了解数据库实际发生的情况；三是在可疑行为发生时可以自动启动预先设置的告警流程，防范数据库风险的发生。因此，如何采取一种可信赖的综合途径，确保数据库活动记录的 100%捕获是极为重要的。任何一种遗漏关键活动的行为，都会导致数据库安全上的错误判断，并且干扰数据库运行时的性能。只有充分理解企业对数据库安全审计的客观需求，才能够给出行之有效的解决方案。这些客观需求表现在以下方面。

（1）捕捉数据访问。不论在什么时间、以什么方式，只要数据被修改或被查看就需要自动对其进行追踪。

（2）捕捉数据库配置变化。当数据库表结构、控制数据访问的权限和数据库配置模式等发生变化时，需要进行自动追踪。

（3）自动防御。当探测到值得注意的情况时，需要自动启动事先设置的告警策略，以便数据库安全管理员及时采取有效应对措施，对于严重影响业务运行的高风险行为甚至可以立即阻断。

（4）审计策略的灵活配置和管理。提供一种直截了当的方法来配置所有目标服务器的审计形式、具体说明关注的活动及风险来临时采取的动作。

（5）审计记录的管理。将从多个层面追踪到的信息自动整合到一个便于管理的、长期通用的数据存储中，且这些数据需要独立于被审计数据库本身。

（6）灵活的报告生成。临时和周期性地以各种格式输出审计分析结果，用于显示、打印和传输。

2）审计的类型与基本对象

审计的类型主要有以下几种。

（1）设备安全审计。主要是针对计算机资源，包括硬件、软件和数据进行审计，同时也包括对介质库的访问、事故保险和灾难恢复计划的审计等。

（2）操作审计。对计算机设备操作的审计。

（3）应用程序的审计。计算机应用程序的审计是信息系统运行审计的重要内容。审计的对象包括整个应用系统、控制程序逻辑和数据。

（4）欺诈审计。对已发生的欺诈操作和危害系统安全的事件进行检测和审计。

审计主要包括以下三个基本对象。

（1）用户：谁初始化了一个事务？从哪个终端？什么时候？

（2）事务：被初始化的确切事务是什么？

（3）数据：事务的结果是什么？在事务初始化之前与之后的数据库状态是什么？

3）审计的注意事项

（1）除了记录发生在数据库系统中的所有事件以外，审计跟踪还必须提供审计的查询支持。由于审计系统记录了数据库中全部行为的信息，所以，应限制用户对数据库的访问。有两种方法限制用户访问：给事务分配安全标记；根据用户等级对数据库进行过滤。

（2）原则上，应该尽可能地审计数据库中的每个事件，但是，审计会消耗一定的系统资源。实际上，被审计的事件应该取决于所涉及事件的敏感性及对风险的仔细分析，应允许用户按照各自的需要选择开启不同的审计。

（3）如果将审计功能与警告功能结合起来，那么，每当发生违反数据库系统安全的事件或者涉及系统安全的重要操作时，就可以向安全操作员终端发送警告信息。

2.4 网络安全技术

计算机网络安全的内容包括计算机网络设备安全、计算机网络系统安全、数据库安全等。其特征是针对计算机网络本身可能存在的安全问题，实施网络安全增强方案，以保证计算机网络自身的安全性。

电子商务交易安全是紧紧围绕传统商务在互联网上应用时产生的各种安全问题，在计算机网络安全的基础上，研究如何保障电子商务过程的顺利进行，即实现电子商务的保密性、完整性、可鉴别性、不可伪造性和不可抵赖性。

2.4.1 计算机网络的潜在安全隐患

1. 未进行操作系统相关安全配置

不论采用什么操作系统，在默认安装的条件下都会存在一些安全问题。只有专门针对操作系统安全性进行严格的安全配置，才能达到一定的安全程度。千万不要以为操作系统默认安装后，再配上很强的密码系统就算安全了。网络软件的漏洞和"后门"是进行网络攻击的首选目标。

2. 未进行 CGI 程序代码审计

公共网关接口（Common Gateway Interface，CGI）是 HTTP 服务器与主机上的程序进行"交谈"的一种工具。现在的个人主页上大部分都有一个留言本，留言本的工作流程是：先由用户在客户端输入一些信息，如名字之类的东西；接着用户单击一下"留言"，浏览器把这些信息传送到服务器的 CGI 目录下特定的 CGI 程序中，于是 CGI 程序在服务器上按照预定的方法进行处理，在本例中就是把用户提交的信息存入指定的文件中；然后 CGI 程序给客户端发送一个信息，表示请求的任务已经结束，此时用户在浏览器里将看到"留言结束"的字样，整个过程结束。这样看来，如果是通用的 CGI 问题，防范起来还稍微容易一些，但是对于网站或软件供应商专门开发的一些 CGI 程序，很多存在严重的 CGI 问题，对于电子商务站点来说，会出现恶意攻击者冒用他人账号进行网上购物等严重后果。

3. 拒绝服务攻击

随着电子商务的兴起，对网站的实时性要求越来越高，拒绝服务（Denial of Service，

DoS）对网站的威胁越来越大。以网络瘫痪为目标的袭击效果比任何传统的恐怖主义和战争方式都来得更强烈，破坏性更大，造成危害的速度更快，范围也更广，而袭击者本身的风险却非常小，甚至可以在袭击开始前就已经消失得无影无踪，使对方没有实行报复打击的可能。美国的"雅虎""亚马逊"受攻击事件就证明了这一点。

4．安全产品使用不当

虽然不少网站采用了一些网络安全设备，但由于安全产品本身的问题或使用问题，这些产品并没有起到应有的作用。很多安全厂商的产品对配置人员的技术背景要求很高，超出对普通网管人员的技术要求，即使厂家在最初给用户做了正确的安装、配置，但一旦系统改动，需要改动相关安全产品的设置时，很容易产生许多安全问题。

5．缺少严格的网络安全管理制度

网络安全最重要的还是要思想上高度重视，网站或局域网内部的安全需要用完备的安全制度来保障。建立和实施严密的计算机网络安全制度与策略是真正实现网络安全的基础。

2.4.2 计算机网络安全的脆弱性

互联网的体系结构和 TCP/IP 在创建之时并没有适当地考虑安全的需要，因此存在着许多安全漏洞和根本性的缺陷，给攻击者留下了可乘之机。计算机网络安全的脆弱性主要表现在三个方面。

1．很容易被窃听和欺骗

数据包在互联网上传输的时候，往往要经过多个节点的重发；而在局域网内，通常采用的以太网或令牌网技术都是广播类型的。这样，无论是在互联网内还是在局域网内，窃听者都可以轻而易举地得到用户的数据包。如果数据包没有强有力的加密措施，就等于把信息拱手送给了窃听者。比较陈旧的 DNS 服务软件易受虚假的 IP 地址信息的欺骗，一种 IP 地址的欺骗方式是在阻塞了受害的某台主机后再用受害者的 IP 地址在网络上冒充行骗。

2．脆弱的 TCP/IP 服务

基于 TCP/IP 的服务有很多，最常用的有 WWW、FTP、E-mail，还有 TFTP、NFS、Finger 等，它们都存在着各种各样的安全问题。WWW 服务所使用的 CGI 程序、Java Applet 小程序和 SSI 都有可能成为黑客的得力工具；FTP 的匿名服务有可能浪费甚至耗尽系统的资源；TFTP 则无安全性可言，它常被用来窃取口令文件；E-mail 的安全漏洞曾经导致蠕虫在互联网上的蔓延，E-mail 的电子炸弹和附件里经常携带的病毒，严重地威胁着互联网的安全；至于 X Windows 服务、基于 RPC 的 NFS 服务、BSD UNIX 的"R"族服务（如 Rlogin、Rsh、Rexec）等，如果在配置防火墙时忘记了关闭它们（正在互联网上的使用），那么内部网络就等于裸露在黑客的面前。

3．配置的错误和疏忽

由于网络系统本身的复杂性，配置防火墙是一件相当复杂的事情。在没有更好的辅助工具出现之前，缺乏训练的网络管理员很有可能发生配置错误，给黑客造成可乘之机。在系统配置时过于宽容，或者由于对某些服务的安全性了解不够而没有限制或禁止这些不安全的服务，或者对于某些节点的访问要求给予太多的权力，都会给安全带来危害。

2.4.3 计算机网络安全体系

一个全方位的计算机网络安全体系结构包含网络的物理安全、访问控制安全、系统安全、用户安全、信息加密、安全传输和管理安全等。充分利用各种先进的主机安全技术、身份认证技术、访问控制技术、密码技术、防火墙技术、安全审计技术、安全管理技术、系统漏洞检测技术、黑客跟踪技术，在攻击者和受保护的资源间建立多道严密的安全防线，能够极大地增加恶意攻击的难度，并增加审核信息的数量，同时利用这些审核信息也可以跟踪入侵者。

在实施网络安全防范措施时要注意做到以下几方面。

（1）要加强主机本身的安全，做好安全配置，及时安装安全补丁程序，减少漏洞。

（2）要用各种系统漏洞检测软件定期对网络系统进行扫描分析，找出可能存在的安全隐患，并及时加以修补。

（3）从路由器到用户各级建立完善的访问控制措施，安装防火墙，加强授权管理和认证。

（4）利用 RAID 5 等数据存储技术加强数据备份和恢复措施。

（5）对敏感的设备和数据要建立必要的物理或逻辑隔离措施。

（6）对在公共网络上传输的敏感信息要进行高强度的数据加密。

（7）安装防病毒软件，加强内部网的整体防病毒措施。

（8）建立详细的安全审计日志，以便检测并跟踪入侵攻击等。

网络安全技术是伴随着网络的诞生而出现的，但直到 20 世纪 80 年代末才引起关注，90 年代在国外获得了飞速发展。近几年频繁出现的安全事故引起了各国计算机安全界的高度重视，计算机网络安全技术也因此出现了日新月异的变化。安全核心系统、VPN 安全隧道、身份认证、网络底层数据加密和网络入侵主动监测等越来越复杂的安全技术从不同层次极大地加强了计算机网络的整体安全性。其中，安全核心系统在实现一个完整或较完整的安全体系的同时能与传统网络协议保持一致，它以密码核心系统为基础，支持不同类型的安全硬件产品，通过屏蔽安全硬件以改变对上层应用的影响，实现多种网络安全协议，在此之上提供各种安全的计算机网络应用。

互联网已经日渐融入人类社会的各个方面中，网络防护与网络攻击之间的斗争也将更加激烈，这就对网络安全技术提出了更高的要求。未来的网络安全技术将会涉及计算机网络的各个层次中,但围绕电子商务安全的防护技术将在未来几年中成为重点,如身份认证、授权检查、数据安全、通信安全等将对电子商务安全产生决定性影响。

网络安全产品有以下几大特点:

第一,网络安全来源于安全策略与技术的多样化,如果采用一种统一的技术和策略也就不安全了。

第二,网络的安全机制与技术要不断地变化。

第三,随着网络在社会各方面的延伸,进入网络的手段也越来越多,因此,网络安全技术将是一个十分复杂的系统工程。

信息安全是国家发展所面临的一个重要问题。建立有中国特色的网络安全体系,需要国家政策和法规的支持及集团联合研究开发。对于这个问题,我们还没有从系统的规划上去考虑它,没有从技术上、产业上、政策上来发展它。政府不仅应该看到信息安全的发展是我国高科技产业的一部分,更应该看到,发展安全产业的政策是信息安全保障系统的一个重要组成部分,甚至应该看到它对我国未来电子化、信息化的发展将起到非常重要的作用。

2.4.4 网络安全的主要技术

1. 网络防火墙技术

网络防火墙技术是一种用来加强网络之间访问控制,防止外部网络用户以非法手段通过外部网络进入内部网络访问内部网络资源,保护内部网络操作环境的特殊网络互联设备。它对两个或多个网络之间传输的数据包按照一定的安全策略来实施检查,以决定网络之间的通信是否被允许,并监视网络运行状态。

目前,防火墙产品主要有堡垒主机、包过滤路由器、应用层网关(代理服务器)及电路层网关、屏蔽主机防火墙、双宿主机等类型。

防火墙虽然是目前保护网络免遭黑客袭击的有效手段,但也有明显不足:它无法防范通过防火墙以外的其他途径的攻击,不能防止来自内部变节者和不经心的用户带来的威胁,也不能完全防止传送已感染病毒的软件或文件,以及无法防范数据驱动型的攻击。

自从1986年美国Digital公司在互联网上安装了全球第一个商用防火墙系统,提出了防火墙概念后,防火墙技术得到了飞速的发展。目前,国内外已有数十家公司推出了功能各不相同的防火墙产品系列。

防火墙处于五层网络安全体系中的最低层,属于网络层安全技术范畴。在这一层上,企业对安全系统提出的问题是:所有的IP是否都能访问到企业的内部网络系统?如果答案是"是",则说明企业内部网还没有在网络层采取相应的防范措施。

作为内部网络与外部公共网络之间的第一道屏障,防火墙是最先受到人们重视的网络安全产品之一。虽然从理论上看，防火墙处于网络安全的底层，负责网络间的安全认证与传输，但随着网络安全技术的整体发展和网络应用的不断变化，现代防火墙技术已经逐步走向网络层之外的其他安全层次，不仅要完成传统防火墙的过滤任务，同时还能为各种网络应用提供相应的安全服务。另外，还有多种防火墙产品正朝着数据安全与用户认证、防止病毒与黑客入侵等方向发展。

根据防火墙所采用的技术不同，可以将它分为四种基本类型：包过滤型、网络地址转换型（NAT）、代理型和监测型。

1）包过滤型

包过滤型产品是防火墙的初级产品，其技术依据是网络中的分包传输技术。网络上的数据都是以"包"为单位进行传输的，数据被分割为一定大小的数据包，每个数据包中都会包含一些特定信息，如数据的源地址、目标地址、TCP/UDP 源端口和目标端口等。防火墙通过读取数据包中的地址信息来判断这些"包"是否来自可信任的安全站点，一旦发现来自危险站点的数据包，防火墙便会将这些数据拒之门外。系统管理员也可以根据实际情况灵活制定判断规则。

包过滤技术的优点是简单实用，实现成本较低，在应用环境比较简单的情况下，能够以较小的代价在一定程度上保证系统的安全。

但包过滤技术的缺陷也是明显的。包过滤技术是一种完全基于网络层的安全技术，只能根据数据包的来源、目标和端口等网络信息进行判断，无法识别基于应用层的恶意入侵，如恶意的 Java 小程序及电子邮件中附带的病毒。有经验的黑客很容易伪造 IP 地址，骗过包过滤型防火墙。

2）网络地址转换型（NAT）

网络地址转换是一种用于把 IP 地址转换成临时的、外部的、注册的 IP 地址标准。它允许具有私有 IP 地址的内部网络访问互联网，它还意味着用户不需要为其网络中每台机器取得注册的 IP 地址。

在内部网络通过安全网卡访问外部网络时，将产生一个映射记录。系统将外出的源地址和源端口映射为一个伪装的地址和端口，让这个伪装的地址和端口通过非安全网卡与外部网络连接，这样对外就隐藏了真实的内部网络地址。在外部网络通过非安全网卡访问内部网络时，它并不知道内部网络的连接情况，而只是通过一个开放的 IP 地址和端口来请求访问。防火墙根据预先定义好的映射规则来判断这个访问是否安全。当符合规则时，防火墙认为访问是安全的，可以接受访问请求，也可以将连接请求映射到不同的内部计算机中。当不符合规则时，防火墙认为该访问是不安全的，不能被接受，防火墙将屏蔽外部的连接请求。网络地址转换的过程对于用户来说是透明的，不需要用户进行设置，用户只要进行常规操作即可。

3）代理型

代理型防火墙也称代理服务器。它的安全性要高于包过滤型产品，并已经开始向应用层发展。代理服务器位于客户机与服务器之间，完全阻挡了二者间的数据交流。从客户机来看，代理服务器相当于一台真正的服务器；而从服务器来看，代理服务器又是一台真正的客户机。当客户机需要使用服务器上的数据时，首先将数据请求发给代理服务器，代理服务器再根据这一请求向服务器索取数据，然后再由代理服务器将数据传输给客户机。由于外部系统与内部服务器之间没有直接的数据通道，外部的恶意侵害也就很难伤害到企业内部网络系统。

代理型防火墙的优点是安全性较高，可以针对应用层进行侦测和扫描，对付基于应用层的入侵和病毒都十分有效；其缺点是对系统的整体性能有较大的影响，而且代理服务器必须针对客户机可能产生的所有应用类型逐一进行设置，大大增加了系统管理的复杂性。

4）监测型

监测型防火墙是新一代的产品，这一技术实际已经超越了最初的防火墙定义。监测型防火墙能够对各层的数据进行主动的、实时的监测，在对这些数据加以分析的基础上，监测型防火墙能够有效地判断出各层中的非法入侵。同时，这种检测型防火墙产品一般还带有分布式探测器，这些探测器安置在各种应用服务器和其他网络的节点之中，不仅能够检测来自网络外部的攻击，同时对来自内部的恶意破坏也有极强的防范作用。据权威机构统计，在针对网络系统的攻击中，有相当比例的攻击来自网络内部。因此，监测型防火墙不仅超越了传统防火墙的定义，而且在安全性上也超越了前两代产品。

虽然监测型防火墙在安全性上已超越了包过滤型和代理型防火墙，但由于监测型防火墙技术的实现成本较高，也不易管理，但在某些领域也已经开始使用监测型防火墙。基于对系统成本与安全技术成本的综合考虑，用户可以选择性地使用某些监测型技术。这样既能够保证网络系统的安全性需求，同时也能有效地控制安全系统的总拥有成本。

实际上，作为当前防火墙产品的主流趋势，大多数代理服务器（也称应用网关）也集成了包过滤技术，这两种技术的混合应用显然比单独使用具有更大的优势。由于这种产品是基于应用的，应用网关能提供对协议的过滤。例如，它可以过滤掉 FTP 连接中的 PUT 命令，而且通过代理应用，应用网关能够有效地避免内部网络的信息外泄。正是由于应用网关的这些特点，使得应用过程中的矛盾主要集中在对多种网络应用协议的有效支持和对网络整体性能的影响上。

2．虚拟专用网

虚拟专用网（VPN）是一种特殊的网络。它采用一种叫作"IP 通道"或"数据封装"的系统，用公共网络及其协议向贸易伙伴、顾客、供应商和雇员发送敏感的数据。这种通道是互联网上的一种专用通道，可保证数据在外部网上的企业之间安全地传输。由于最敏感的数据处于最严格的控制之下，VPN 也就提供了安全的保护。VPN 就像高速公路（互联网）上的一条单独的密封的公共汽车通道，公共汽车通道外的车辆看不到通道内的乘客。利用建立在互联网上的 VPN 专用通道，处于异地的企业员工可以向企业的计算机发送敏感的信息。

外部网合作伙伴间的这种受保护的通道方案发展很快，而且成本很低。大部分的外部网都是"局域网—局域网"型的外部网或"客户机—服务器"型的外部网。早期的系统是"局域网—局域网"型的代表，现在流行的是"客户机—服务器"型的外部网。

如果一个企业想和其供应商或贸易伙伴建立更为密切的联系，就可以用 VPN 把它们连接在一起。建立 VPN 不需要专线，除了每个公司的内部网外，所需的唯一设施就是互联网。同使用专线的网络不一样，VPN 建立了一种临时的逻辑连接，一旦通信结束，连接就断开了，这种方式降低了成本，这也是虚拟专用网的由来。

3．数字签名技术

数字签名是附加在信息上并随着信息一起传送的一串代码，与普通手写的签名作用类似，数字签名可以保证信息传输过程中的信息完整性，以及提供信息发送者的身份认证和不可抵赖性。

数字签名的实现是利用哈希函数（Hash）和 RSA 公开密钥算法来完成的，具体实现的步骤如下。

（1）通过散列算法将数据分解成只有很少几行的消息摘要。

（2）使用信息发送人自己的私钥对摘要进行加密，得到数字签名。

（3）再将数字签名添加到原始信息，并传送给接收方。

（4）接收方收到签名的信息之后，使用发送方的公钥对数字签名进行解密，恢复出信息摘要。

（5）接收人对收到的信息进行散列处理，得到一个新的摘要，如果该摘要与解密得到的摘要相同，表示信息在传送途中没有被篡改。

4．认证技术

数字签名技术是利用公开密钥加密技术来保障网上传送信息的真实性。但是，它存在一个问题，就是任何人都可以生成一对密钥。为保证一对密钥只属于一个人，就需要一个权威机构对密钥进行管理。颁发证书证明密钥的有效性，将公开密钥同某一个实体联系在一起，这种机构就称为认证中心（Certificate Authority，CA）。CA 在电子商务中起着举足轻重的作用。

用户想获得证书时，首先要向认证机构提出申请，说明自己的身份，认证机构在证实用户身份后，向用户发出相应的数字证书。认证中心主要功能有证书的颁发、更新、查询、作废、归档等。

关于数字签名技术和认证技术,本书将在第 4 章详细阐述。

2.4.5　网络安全的相关因素

网络安全从本质上讲就是网络上信息的安全,包括信息的静态存储安全和传输安全。从广义上讲,凡是涉及网络上信息的保密性、完整性、可用性、真实性和可控性的相关技术和理论都是网络安全的研究领域。因此为保证网络的安全,必须保证以下四个方面的安全。

（1）运行系统的安全。
（2）网络上系统信息的安全。
（3）网络上信息传播的安全。
（4）网络上信息内容的安全。

为了保证这些方面的安全,大家通常会使用一些网络安全产品和技术,如防火墙、VPN、数字签名等。这些安全产品和技术的使用从一定程度上满足网络安全需求,但不能满足整体的安全需求。因为它们只能保护特定的某一方面的安全,而对于网络系统来讲,它需要的是一个整体的安全策略。这个策略不仅包括安全保护,还包括安全管理、实时监控、响应和恢复措施。因为目前没有绝对的安全,无论你的网络系统部署得如何周密,总会有被攻击和攻破的可能,因此在构筑网络安全解决方案中一定要注重一个整体的策略。

案例分析题

某假公司网站为 http://www.1enovo.com,而真正网站为 http://www.lenovo.com,诈骗者利用了小写字母 l 和数字 1 很相近的障眼法。诈骗者通过 QQ 散布"××集团和××公司联合赠送 QQ 币"的虚假消息,引诱用户访问。一旦访问该网站,首先生成一个弹出窗口,上面显示"免费赠送 QQ 币"的虚假消息。而就在该弹出窗口出现的同时,恶意网站主页面在后台即通过多种 IE 漏洞下载病毒程序 lenovo.exe（TrojanDownloader.Rlay）,并在 2 秒钟后自动转到真正网站主页,用户在毫无觉察的情况下就感染了病毒。病毒程序执行后,将下载该网站上的另一个病毒程序 bbs5.exe,用来窃取用户的传奇账号、密码和游戏装备。当用户通过 QQ 聊天时,还会自动发送包含恶意网址的消息。

问题:

1．试说明案例中该网站是利用了哪种方法来盗取账号的。
2．我们可以采用哪种安全防范措施来防止这样的盗号行为发生呢?

自测题

一、判断题

1. 操作系统是最重要的硬件,任何主机系统都必须安装和运行操作系统。（ ）
2. 备份数据是保护计算机在面对灾难时把损失降到最低的方法之一。（ ）
3. 数据库安全是指保护数据库不受到自然灾害。（ ）
4. 数据加密就是将称为明文的敏感信息,通过算法和密钥,转换为一种难于直接辨认的密文。（ ）
5. AES算法是美国高级加密标准算法,在理论上,此加密方法需要国家军事量级的破解设备运算10年以上时间才可能破译。（ ）

二、单选题

1. 操作系统常用的安全控制方式主要有（   ）和访问控制两种。
   A．权限控制　　　B．隔离控制　　　C．加密控制　　　D．共享控制
2. 操作系统的风险主要集中在病毒、（   ）、数据库系统和操作系统的关联性方面。
   A．硬盘损坏　　　B．突然断电　　　C．后门　　　　　D．软件
3. 一般数据库的故障可分为四类：事务内部故障、系统故障、（   ）和人为故障。
   A．介质故障　　　B．内存故障　　　C．软件故障　　　D．数据故障
4. 下列不属于防火墙技术的类型是（   ）。
   A．包过滤型　　　B．代理型　　　　C．监测　　　　　D．IP地址转换型

三、简答题

1. 简述电子商务安全技术的概念。
2. 电子商务的安全需求有哪些？
3. 简述电子商务安全包括的安全问题。
4. 简述数据库的备份和恢复技术。

实训题

为自己的计算机装上防火墙及其他网络防护软件,以防止病毒感染。

本书以360杀毒软件5.0为例。

步骤一：双击360杀毒软件安装程序。

步骤二：选择软件路径及许可（见图2.3）。

图 2.3　选择路径和许可

步骤三：进行安装（见图 2.4）。

图 2.4　安装过程中

步骤四：安装完成（见图 2.5）。

图 2.5　安装完成

步骤五：360 杀毒软件全盘扫描计算机中是否存在病毒，到这里，360 杀毒软件已经安装到计算机了。

第 3 章

电子商务加密技术及应用

 引导案例　网络病毒与网络犯罪

　　2017 年 5 月 12 日，WannaCry 勒索病毒在全球大肆爆发，该病毒对 99 个国家实施了超过 75 000 次攻击，全球 20 万台计算机文件被加密为.onion 后缀，用户需缴付约 300 比特币的赎金才能解密恢复被感染的文件。我国也成为此次勒索病毒爆发的重灾区，在它的影响下，我国多地的出入境、派出所等公安网疑似遭遇了病毒袭击，不得不一度暂时停办出入境业务；勒索病毒也侵袭到生产网络中，中石油旗下不少加油站也因遭受病毒袭击一度"断网"，使在线支付业务一度中断；彼时正值毕业季，勒索病毒在我国校园网内的肆虐，甚至还导致不少毕业生的毕业设计论文被锁。有关法律专家称，"WannaCry 勒索病毒"的制造者是典型的故意制作、传播计算机病毒等破坏性程序，影响计算机系统正常运行的行为。

　　随着互联网和电子商务的快速发展，利用网络犯罪的行为会大量出现，为了保证电子商务的顺利发展，法律保障是必不可少的。2017 年《中华人民共和国网络安全法》实施，是我国网络安全的重要里程碑。在本章中，我们就重点讨论如何使自己的密码不被盗取，如何加密才更安全。

 本章学习目标

1. 了解密码技术的发展史；
2. 了解加密与解密的过程；
3. 掌握 DES 算法；

4. 掌握 RSA 算法；
5. 掌握 DES 算法与 RSA 算法的比较；
6. 了解电子商务加密技术综合应用。

 学习导航

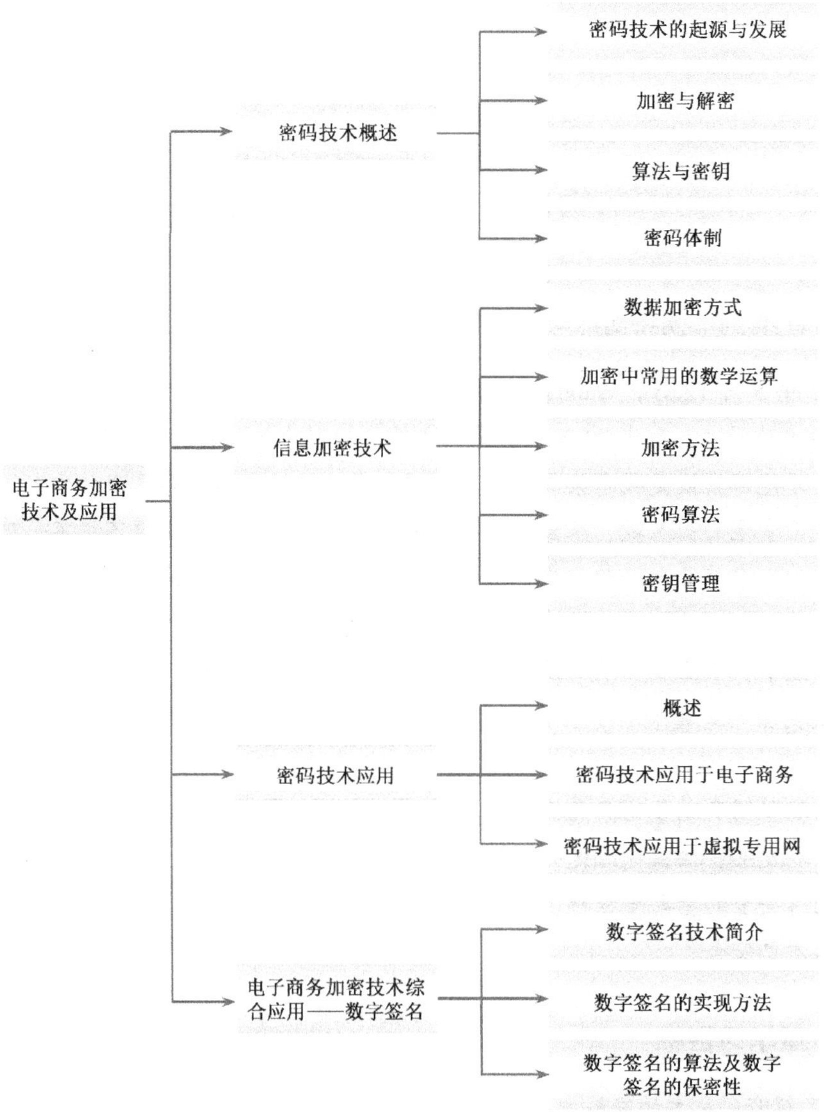

```
                                              ┌─→ 密码技术的起源与发展
                              ┌─→ 密码技术概述 ├─→ 加密与解密
                              │               ├─→ 算法与密钥
                              │               └─→ 密码体制
                              │
                              │               ┌─→ 数据加密方式
                              │               ├─→ 加密中常用的数学运算
                              ├─→ 信息加密技术 ├─→ 加密方法
  电子商务加密                 │               ├─→ 密码算法
  技术及应用 ────┤             │               └─→ 密钥管理
                              │
                              │               ┌─→ 概述
                              ├─→ 密码技术应用 ├─→ 密码技术应用于电子商务
                              │               └─→ 密码技术应用于虚拟专用网
                              │
                              │  电子商务加密技术综 ┌─→ 数字签名技术简介
                              └─→ 合应用——数字签名 ├─→ 数字签名的实现方法
                                                   └─→ 数字签名的算法及数字
                                                       签名的保密性
```

3.1 密码技术概述

3.1.1 密码技术的起源与发展

作为保障数据安全的一种方式,数据加密起源于公元前 2000 年。埃及人最早使用特别的象形文字作为信息编码来给文字加密。随着时间的推移,巴比伦、美索不达米亚和希腊都开始用密码的方法来保护它们的书面信息不被泄露。

研究消息保密技术的科学叫作密码编码学(Cryptography),而研究在不知道密钥的情况下破译密文、还原明文的科学叫作密码分析学(Cryptanalysis),二者合称密码学(Cryptology)。密码编码学与密码分析学看起来是互相冲突的,事实上两者是相辅相成的,正是密码分析学的发展促进了密码编码学的进步。现代密码学是依赖理论数学而创建和发展的,所以,现代的密码学家通常也是理论数学家。

在密码学中,密码是实现秘密通信的主要手段,是隐蔽语言、文字、图像的特殊符号。凡是用特种符号按照通信双方约定的方法把电文的原型隐蔽起来、不为第三者所识别的通信方式,都称为密码通信。

密码学的发展分为两个阶段:第一个阶段是计算机出现以前,称为传统密码学阶段,基本是靠人工对消息加密、传输和防破译;第二个阶段是计算机密码学阶段,在计算机通信过程中采用密码技术将信息隐蔽起来,再将隐蔽的信息传输出去,信息在传输过程中即使被窃取或被截获也不会泄露信息的内容,从而保证了信息传输的安全。

3.1.2 加密与解密

数据加密是一种限制对网络上传输数据的访问权的技术。它的基本过程就是对原来为明文的文件或数据按某种算法进行处理,使其成为不可读的一段代码(通常被称为"密文","密文"只能在输入相应的密钥之后才能显示出本来内容),通过这样的方法来达到保护数据不被非法窃取、阅读的目的。该过程的逆过程为解密,即将该编码信息转化为原来数据的过程。它是加密的反向处理,但解密者必须利用相同类型的加密设备和密钥对密文进行解密。

1. 加密的基本功能

(1)防止不速之客查看机密的数据文件。

(2)防止机密数据被泄露或篡改。

(3)防止特权用户(如系统管理员)查看私人数据文件。

(4)使入侵者不能轻易地查找一个系统的文件。

2．对加密信息进行解密的条件

（1）必须知道解密规则或算法。

（2）必须知道解密的密钥。

3．加密与解密的过程

加密与解密的过程如图 3.1 所示。

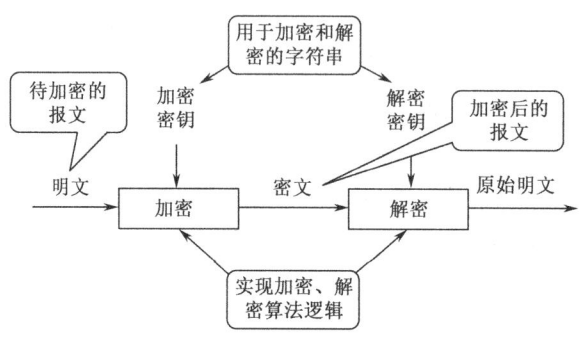

图 3.1　加密与解密的过程

3.1.3　算法与密钥

密码算法是用于加密和解密的数学函数。通常情况下，有两个相关函数，一个用作加密，另一个用作解密。

如果算法的保密性是基于保持算法的秘密，这种算法称为受限制的算法。受限制的算法具有历史意义，但按现在的标准，它的保密性已远远不够。大的或经常变换的用户组织不能使用它们，因为只要有一个用户离开这个组织，其他的用户就必须改换为另外不同的算法。

更糟的是，受限制的密码算法不可能进行质量控制或标准化。在受限制的算法中，每个用户组织必须有他们自己的唯一算法，这样的组织不可能采用流行的硬件或软件产品，但窃听者却可以买到这些流行产品并学习算法，于是用户不得不自己编写算法并予以实现，如果这个组织中没有好的密码学家，那么他们就无法知道他们是否拥有安全的算法。

尽管存在以上缺陷，受限制的算法对低密级的应用来说还是很流行的，使用该算法的用户或者是没有认识到系统中内在的问题，或者是不在乎这些问题。

3.1.4　密码体制

根据密钥类型不同，现代密码技术可分为两类：一类是对称密码体制；另一类是非对称密码体制。

密码算法中的密钥是一种参数，是由使用密码体制的用户随机选取的。密钥成为唯一能控制明文与密文之间变换的关键。它通常是一个随机的字符串，分为两种：对称密钥与非对称密钥。

1．对称密码体制

对称密码体制也称单钥密码体制或常规密钥密码体制。对称密码已被人们使用了数千年，它有各种形式，从简单的替换密码到复杂的建构方式密码。对称密码系统运行起来通常非常快速，却易受攻击，因为其用于加密的密钥必须与需要对信息进行解密的所有人一起共用，这带来了极大的安全隐患。

对称密码系统是加密和解密均采用同一个密钥，而且通信双方都必须获得密钥，并保持密钥不被他人所获取。

对称密码系统的安全性依赖于两个因素：第一，加密算法必须是足够强的，仅仅基于密文本身去解密信息在实践上是不可能的；第二，加密方法的安全性依赖于密钥的秘密性，而不是算法的秘密性，因此，我们没有必要确保算法的秘密性，而需要保证密钥的秘密性。对称密码系统的算法实现速度极快，从 AES 候选算法的测试结果看，软件实现的速度都达到了每秒数兆或数十兆比特。对称密码系统的这些特点使其有着广泛的应用。因为算法不需要保密，所以制造商可以开发出低成本的芯片以实现数据加密。这些芯片有着广泛的应用，适合于大规模生产。

对称密码系统最大的问题是密钥的分发和管理非常复杂、价格高昂。例如，对于具有 n 个用户的网络，需要 $n(n-1)/2$ 个密钥，在用户群不是很大的情况下，对称密码系统是有效的。但是对于大型网络，当用户群很大、分布很广时，密钥的分配和保存就成了大问题。对称加密算法的另一个缺点是不能实现数字签名。

2．非对称密码体制

非对称密码体制又称双钥密码体制或公钥密码体制。非对称密码系统使用两个密钥：一个是公开密钥，用来加密纯文字；另一个是私有密钥，只能用来解密。也可以使用私有密钥加密某些信息，然后用公开密钥来解密。公开密钥是大家都可以知道的，这样拿这个公开密钥能够解密的人就知道此信息是来自持有相应私有密钥的人，从而达到认证作用。如有黑客想利用用户的公开密钥找出用户的私有密钥，必须做许多尝试，以现在的计算机技术，要在合理时间内将密码计算出来并不可行。因此，非对称加密技术适合应用在高安全性要求的作业上，它能够确保信息在传输过程中不会被泄露。

非对称密码系统采用的加密钥匙（公钥）和解密钥匙（私钥）是不同的。由于加密钥匙是公开的，密钥的分配和管理就很简单，如对于具有 n 个用户的网络，仅需要 $2n$ 个密钥。非对称密码系统还能够很容易地实现数字签名，因此最适合电子商务应用需要。在实际应用中，非对称密码系统并没有完全取代对称密码系统，这是因为非对称密码系统基于尖端的数学难题，计算非常复杂，它的安全性虽然更高，但它的实现速度却远赶不上对称密码系统。在实际应用中可利用二者各自的优点，采用对称密码系统加密文件，采用非对称密码系统加密"加密文件"的密钥（会话密钥），这就是混合密码系统，它较好地解决了运算速度问题和密钥分配管理问题。因此，非对称密码体制通常被用来加密关键性的、核心的机密数据，而对称密码体制通常被用来加密大量的数据。

3.2 信息加密技术

3.2.1 数据加密方式

目前主要流行三种数据加密方式：链路加密、节点加密和端到端加密。

1. 链路加密

链路加密是目前最常用的一种加密方法，通常在网络层以下的物理层或数据链路层实现。链路加密只需要把一对密码设备安装在两个节点之间的线路上，即把密码设备安装在节点主机和调制解调器之间，使用相同的密钥即可实现。对于链路加密，所有信息在被传输之前进行加密，每个节点对接收到的信息进行解密，然后使用下一个链路的密钥对信息进行加密，最后进行传输。

由于在每个中间传输节点信息均被解密后重新进行加密，因此包括路由信息在内的链路上的所有数据均以密文形式出现。一条信息可能要经过许多通信链路的传输才能到达目的地。因此，一旦在一条线路上采用链路加密，往往需要在整个网络内部都采用链路加密，如图 3.2 所示。这样，链路加密就掩盖了被传输信息的源点与终点之间的线路。

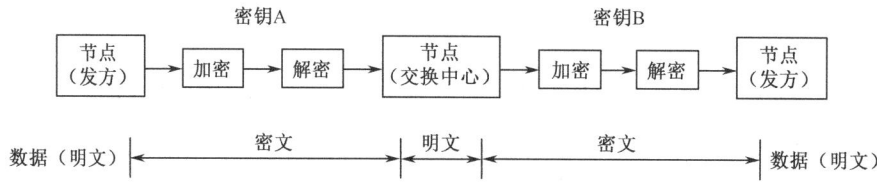

图 3.2 链路加密

尽管链路加密在计算机网络环境中使用相当普遍，但它并非没有问题。链路加密的不足表现为以下三个方面。

（1）通常用在点对点的同步或异步线路上。它要求先对链路两端的加密设备进行同步，这种频繁的同步，带来的后果是数据的丢失或重传。

（2）链路加密仅在通信链路上提供安全性。在一个网络节点上，信息以明文形式存在，因此信息在所有节点上的安全性是薄弱环节。所以，要求在每个中间节点上提供加密硬件设备和一个安全的物理环境，这需要较高的费用。

（3）在传统的加密算法中，用于解密信息的密钥与用于加密的密钥是相同的。该密钥必须被秘密保存，并按一定规则进行变化。这样，密钥分配在链路加密系统中就成了一个问题。因为每个节点都必须存储与其相连接的所有链路的加密密钥，这就需要对密钥进行物理传送或建立专用网络设施，而网络节点地理分布的广阔性使得这一过程变得复杂，同时增加了密钥连续分配时的费用。

2．节点加密

节点加密是链路加密的改进，一般在传输层进行。为了克服在节点中数据以明文显示的缺点，在中间节点里装有用于加密、解密的装置，由这个装置来完成一个密钥向另一个密钥的变换。

尽管节点加密能给网络数据提供较高的安全性，但它在操作方式上与链路加密是类似的。两者均在通信链路上为传输的信息提供安全性，都在中间节点先对信息进行解密，然后进行加密。与链路加密不同的是，节点加密不允许信息在网络节点以明文形式存在。它首先把收到的信息通过节点上的一个安全模块进行解密，然后在同一个安全模块中采用另一个不同的密钥进行加密。节点对节点的加密除了在保护装置里，在节点的其他地方都是以密文的形式出现的。节点加密过程如图 3.3 所示。

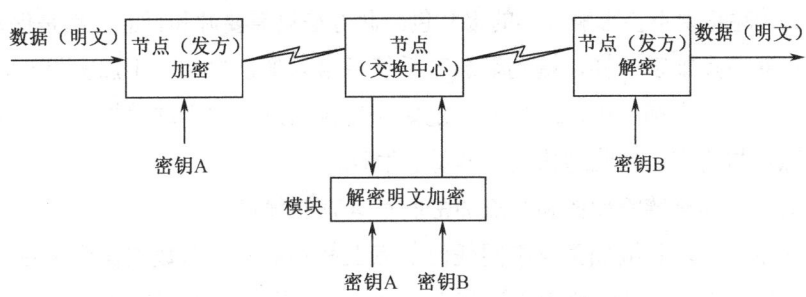

图 3.3 节点加密过程

节点加密要求报头和路由信息以明文形式传输，以便中间节点能得到如何处理节点的信息，因此这种方法给网络攻击者提供了可乘之机。

3．端到端加密

端到端加密也称面向协议加密、脱线加密或包加密，通常在应用层或表示层完成。端到端加密一般由软件来完成，允许数据在从源点到终点的传输过程中始终以密文形式存在。端到端加密过程如图 3.4 所示。采用端到端加密，在信息到达终点之前不进行解密，因为信息在整个传输过程中均受到保护，所以即使有节点被损坏也不会使信息泄露。端到端加密实际上是对整个网络系统采取保护措施。

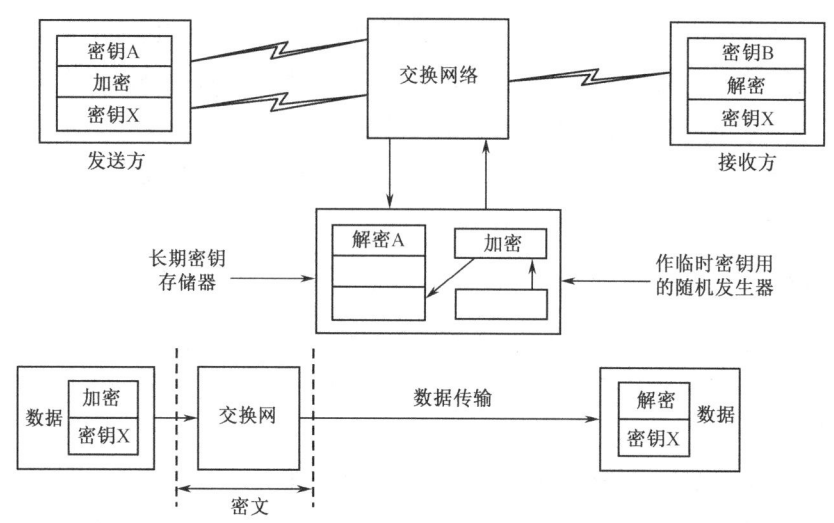

图 3.4 端到端加密过程

由于不需要在中间节点加密和解密，因此端到端加密系统的传输速度更快一些，价格便宜些，并且与链路加密和节点加密相比，更可靠，更容易设计、实现和维护。端到端加密还避免了其他加密系统所固有的同步问题，因为每个报文包均是独立被加密的，所以一个报文包所发生的传输错误不会影响后续的报文包。此方法只需要源和目的节点是保密的即可。

如节点对节点加密一样，端到端加密系统通常只加密报文，不加密报头，这是因为每个信息所经过的节点都要用此地址来确定如何传输信息。由于这种加密方法不能掩盖被传输信息的源点与终点，因此通信业务容易被发现。

端到端加密具有链路加密和节点加密所不具有的优点。

（1）成本低。端到端加密在中间任何节点上都不解密，即数据在到达目的地之前始终用密钥加密保护着，所以仅要求发送节点和最终的目标节点具有加密/解密设备，而链路加密则要求处理加密信息的每条链路均配有分立式密钥装置。

（2）端到端加密比链路加密更安全。

（3）端到端加密可以由用户提供，因此对用户来说该加密方式比较灵活。

3.2.2 加密中常用的数学运算

对称密码中有几种常用的数学运算，这些运算的共同目的就是把被加密的明文尽可能地打乱，从而加大破译的难度。

1. 移位和循环移位

移位是指将一段数码按照规定的位数整体性地左移或右移。循环右移是指当右移时，把数码的最后的位移到数码的最前头，循环左移正相反。例如，对十进制数码 12345678 循环右移 1 位（十进制）的结果为 81234567，而循环左移 1 位的结果则为 23456781。

2. 置换

置换是指将数码中的某一位的值根据置换表的规定，用另一位代替。它不像移位操作那样整齐有序，看上去杂乱无章。这正是加密所需要的，经常被应用。

3. 扩展

扩展是指将一段数码扩展成比原来位数更长的数码。扩展方法有多种，如可以用置换的方法，以扩展置换表来规定扩展后的数码每位的替代值。

4. 压缩

压缩是指将一段数码压缩成比原来位数更短的数码。压缩方法有多种，如可以用置换的方法，来规定压缩后的数码每位的替代值。

5. 异或

异或是一种二进制布尔代数运算。异或的数学符号为 ⊕，它的运算法则如下：

$$1 \oplus 1 = 0$$
$$0 \oplus 0 = 0$$
$$1 \oplus 0 = 1$$
$$0 \oplus 1 = 1$$

也可以简单地理解为，参与异或运算的两数位如相等，则结果为 0，不等则为 1。

6. 迭代

迭代是指多次重复相同的运算，这在密码算法中经常使用，以使得形成的密文更加难以破解。

3.2.3 加密方法

1. 替换密码法

替换密码法是用一组密文字母代替一组明文字母以隐蔽明文，但保持明文字母的位置不变的方法。在替换法加密体制中，使用了密钥字母表。常见的方法是恺撒密码法。

（1）恺撒密码。恺撒密码是最古老的替换密码。它是公元前 50 年罗马大将恺撒（Gaius Julius Caesar）使用过的密码。其加密方法是，把 A 换成 D，B 换成 E，C 换成 F……Z 换成 C，也称循环移位密码。这样，明文和密文的字母就建立了一对一的映射关系。恺撒密码的映射关系如下：

明文：ABC DEF GHI JKL MNO PQR STU VWX YZ
密文：DEF GHI JKL MNO PQR STU VWX YZA BC

用恺撒密码进行加密,如果明文是 CAESAR,则密文是 FDHVDU。恺撒密码加密举例如图 3.5 所示。

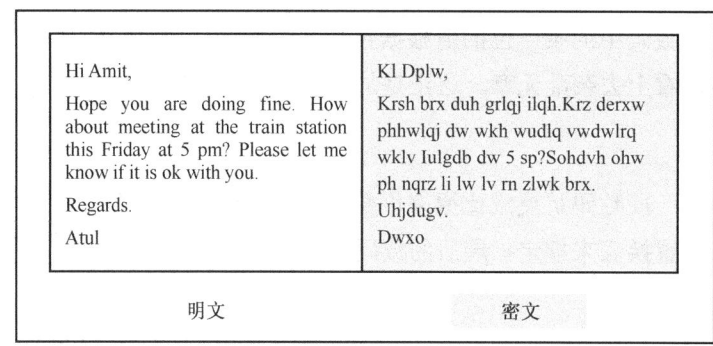

图 3.5　恺撒密码加密举例

(2)恺撒密码的简单改进。用数字 0,1,2,…,25 分别和字母 A,B,C,…,Z 相对应,则明文字母 *P* 和密文字母 *C* 的对应关系是 *C*=(*P*+3) mod 26。这个公式可以推广为 *C*=(*P*+*K*) mod 26。这里 $K \in S$, $S=\{1,2,\cdots,25\}$,*K* 是密钥集合,或称密钥空间。

在恺撒密码中,上式中的 *K* 为 3,因此它的密钥是 3。那么对于明文 *P* =COM,则密文的第一个字母为(2+3) mod 26=5=F,第二个字母为(14+3) mod 26=17=R,第三个字母为(12+3) mod 26=15=P,所以密文 *C* =FRP。

2. 易位密码法

易位密码法的思想是重新排列明文字母,而排列序列由加密密钥确定。最简单的易位密码是将明文中的字母按顺序颠倒过来重新书写,如 THE CAR 变成 RAC EHT。

假设明文为:密码学的知识对于提高网络数据传输的安全性有着不可估量的作用。

采用易位密码的方法对明文加密,如图 3.6 所示。

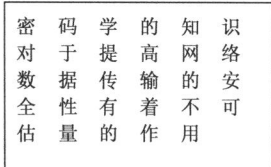

图 3.6　易位加密方法(例)

从左到右,按照列的顺序输出密文为:密对数全估码于据性量学提传有的的高输着作知网的不用识络安可。

上例中的加密方法也就是要介绍的另一种易位密码——列换位密码。该密码的密钥是一个单词或短语,其中不能包括重复字母。

假设,密钥为 HEARTILY,明文为 PLEASETRANSFERDOLLARSTOMYBANKA-

CCOUNTFOUR。

列换位密码方法的思想是首先将密钥转换为列的易位编号,选最小的字母作为第一列,次小的字母为第二列,以此类推。将明文按行水平书写,不全的行可用不常用的字母填满,如表 3.1 所示。

表 3.1 密钥-明文表

密钥	H	E	A	R	T	I	L	Y
列编号	3	2	1	6	7	4	5	8
明文序列	P	L	E	A	S	E	T	R
	A	N	S	F	E	R	D	O
	L	L	A	R	S	T	O	M
	Y	B	A	N	K	A	C	C
	O	U	N	T	F	O	U	R

对于表中的排列顺序,密文按列的编号顺序由小到大输出,先输出第一列的所有字母(ESAAN),再输出第二列的字母(LNLBU),直到所有列的字母输出完为止,最后得到密文。

明文:PLEASETRANSFERDOLLARSTOMYBANKACCOUNTFOUR

密文:ESAANLNLBUPALYOERTAOTDOCUAFRNTSESKFROMCR

3. 一次性加密法

所有密码体制中最值得注意的是一次性加密密码体制。在这种体制中,选择一个随机位串作为密钥,然后把明文信息转换为位串。将明文位串与密钥位串进行异或运算就得到密文位串。所有的密钥($k_1,k_2,\cdots,k_n$)都是用随机的方法独立产生的,密钥的长度等于明文的长度,每个密钥只使用一次。解密过程为密文与密钥异或,得到明文。

例如,明文为 1101001100110001,密钥为 1110100101011010,进行异或后密文为 0011101001101011。

虽然这种密码看起来非常简单,但迄今为止,这是唯一达到理论不可破译的密码体制。但是,利用这种加密方法,大量的密钥必须通过安全通道在通信双方之间传递。密钥的安全存放及网络状态下密钥的建立和同步都比较困难。

3.2.4 密码算法

1. 对称密码算法

对称密码算法又叫传统密码算法,是指加密密钥能够从解密密钥中推算出来,反过来也成立。在大多数对称算法中,加密和解密密钥是相同的。这些算法也叫私有密钥算法或单密钥算法,它要求发送者和接收者在安全通信之前,确定一个密钥。对称算法的安全性依赖于密钥,泄露密钥就意味着任何人都能对消息进行加密、解密。只要通信需要保密,密钥就必须保密。

对称算法的加密和解密表示为:

$$E_K(M)=C$$
$$D_K(C)=M$$

此公式中,明文用 M 表示,密文用 C 表示,密钥用 K 表示。加密函数 E 使用密钥 K 作用于 M 得到密文 C;相反,解密函数 D 使用密钥 K 作用于 C 产生 M。

对称算法可分为两类:一类是一次只对明文中的单个比特(有时对字节)运算,这种算法称为序列算法或序列密码;另一类是对明文的一组比特进行运算,这些比特组称为分组,相应的算法称为分组算法或分组密码。计算机密码算法的典型分组长度为 64 比特——这个长度大到足以防止分析破译,但又小到足以方便使用(在计算机出现前,算法普遍地每次只对明文的一个字符运算,可认为是序列密码对字符序列的运算)。后来,随着破译能力的发展,分组长度又提高到 128 位或更长。

常用的采用对称密码技术的加密方案有五个组成部分。

(1)明文:原始信息。

(2)加密算法:以密钥为参数,对明文进行多种置换和转换的规则和步骤,变换结果为密文。

(3)密钥:加密与解密算法的参数,直接影响对明文进行变换的结果。

(4)密文:对明文进行变换的结果。

(5)解密算法:加密算法的逆变换,以密文为输入、密钥为参数,变换结果为明文。

图 3.7 是对称密码技术加密、解密的示意图。

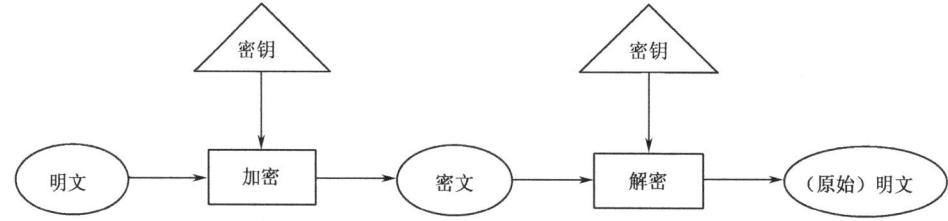

图 3.7 对称密码技术加密、解密示意图

典型的对称加密算法主要包括以下五种。

1)DES 算法

数据加密标准(Data Encryption Standard,DES)是由 IBM 公司研制的一种对称密码算法,美国国家标准局于 1977 年公布,并把它作为非机要部门使用的数据加密标准,四十年来,它一直活跃在国际保密通信的舞台上,扮演了十分重要的角色。

DES 是一个分组加密算法,典型的 DES 以 64 位为分组对数据加密,加密和解密用的是同一个算法。它的密钥长度是 56 位（因为每个第 8 位都用作奇偶校验），密钥可以是任意的 56 位数，而且可以在任何时候改变。其中有极少数被认为是易破解的弱密钥，但是很容易避开它们不用。DES 算法的保密性依赖于密钥。

DES 加密过程如图 3.8 所示。

（1）要生成一套加密密钥，从用户处取得一个 64 位长的密码口令，然后通过等分、移位、选取和迭代形成一套 16 个加密密钥，分别供每轮运算中使用。

（2）DES 对 64 位（bit）的明文分组 M 进行操作，M 经过一个初始置换 IP，置换成 m_0。将 m_0 明文分成左半部分和右半部分：$m_0 = (L_0, R_0)$，各 32 位长。然后进行 16 轮完全相同的运算（迭代），这些运算被称为函数 f。在每轮运算过程中数据与相应的密钥结合。

（3）在每轮中，密钥位移位，然后从密钥的 56 位中选出 48 位。通过一个扩展置换将数据的右半部分扩展成 48 位，并通过一个异或操作替代成新的 48 位数据，再将其压缩置换成 32 位。这四步运算构成了函数 f。然后，通过另一个异或运算，函数 f 的输出与左半部分结合，其结果成为新的右半部分，原来的右半部分成为新的左半部分。将该操作重复 16 次。

（4）经过 16 轮迭代后，左、右半部分合在一起经过一个末置换（数据整理），这样就完成了加密过程。

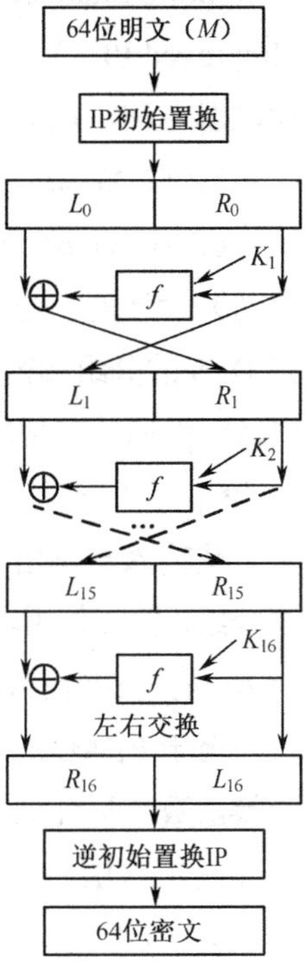

图 3.8 中，$L_i = R_{i-1}$，$R_i = L_{i-1} \oplus f(R_{i-1}, K_i)$。

图 3.8　DES 加密过程

DES 的安全性首先取决于密钥的长度。密钥越长，破译者利用穷举法搜索密钥的难度就越大。根据当今计算机的处理速度和能力，56 位长度的密钥已经能够被破解，而 128 位的密钥则被认为是安全的，但随着时间的推移，这个数字也迟早会被突破。

另外，对 DES 算法进行某种变形和改进也是提高 DES 算法安全性的途径。例如，后来演变出的 3-DES 算法使用了三个独立密钥进行三重 DES 加密，这就比 DES 大大提高了安全性。因为如果 56 位 DES 用穷举搜索来破译需要 2∧56 次运算，3-DES 则需要 2∧112 次。又如，独立子密钥 DES 由于每轮都使用不同的子密钥，这意味着其密钥长度在 56 位的基础上扩大到 768 位。另外，DES 还有 DESX、CRYPT、GDES、RDES 等变形。这些变形和改进的目的都是加大破译难度及提高密码运算的效率。

2）IDEA 算法

国际数据加密算法（International Data Encryption Algorithm，IDEA）是由瑞士的 James Massey 和 Xuejia Lai 等人提出的加密算法，在密码学中属于数据块加密算法（Block Cipher）类。IDEA 使用长度为 128 位的密钥，数据块大小为 64 位。从理论上讲，IDEA 属于"强"

加密算法，至今还没有出现对该算法的有效攻击算法。

1990年，Xuejia Lai等人在EuroCrypt'90年会上提出了分组密码建议PES（Proposed Encryption Standard）。在EuroCrypt'91年会上，Xuejia Lai等人又提出了PES的修正版IPES（Improved PES）。目前，IPES已经商品化，并改名为IDEA。IDEA已由瑞士的Ascom公司注册专利，以商业目的使用IDEA算法必须向该公司申请许可。

3）FEAL算法

FEAL（Fast Data Encipherment Algorithm）密码算法家族是日本NTT（日本电报电话公司）设计的。密钥组位长度为64位，明、密文组位长度为64位。FEAL是一套类似美国DES的分组加密算法。FEAL着眼于当时的DES只用硬件去实现，不适用于较小的系统，FEAL强调其在每轮的安全强度都比DES高，所以使用较少的轮数就可达到与DES采用16轮相同的安全度，如此一来，就比较适合用软件去实现。

从输入与输出的观点来看，FEAL分组加密法与DES是相同的，即FEAL的加密或解密分组，以及使用者手中所持有的私有密钥皆如同DES一般，都是64位。唯一不同的是，FEAL的密钥没有校验位。

至于FEAL加密算法的真正加密结构，则与DES有极大的差异。FEAL完全没有使用置换函数来搅乱加密或解密过程中的数据，更不像DES一样具有神秘的S盒。FEAL使用了异或（XOR）、旋转（Rotation）、加法与模（Modulus）运算。

4）LOKI算法

LOKI算法作为DES的一种潜在替代算法于1990年在密码学界首次亮相。LOKI同DES一样以64位二进制分组加密数据，也使用64位密钥（只是其中无奇偶校验位），所有64位均为密钥，迭代次数为16。LOKI密码公布之后，有关专家对其进行了研究破译并证明不大于14轮的LOKI算法极易受到差分密码分析的攻击。不过，这仍然优于56位密钥的DES。

5）Khufu和Khafre算法

1990年由默克尔（Merhie）设计的Khufu和Khafre算法具有较长的密钥，适合于软件实现，比较可靠。Khufu算法的总体设计同DES，只是拥有512位（64字节）的密钥。Khafre算法与前者类似，预定用于不能预先计算的场合。由于Khufu算法具有可变的S盒，可以抵抗差分密码分析的攻击。

2. 非对称密码算法

非对称密码算法（也叫公开密钥算法）是这样设计的：用作加密的密钥不同于用作解密的密钥，而且解密密钥不能根据加密密钥计算出来（至少在合理假定的长时间内）。之所以叫作公开密钥算法，是因为加密密钥能够公开，即陌生者能用加密密钥加密信息，但只有用相应的解密密钥才能解密信息。在这些系统中，加密密钥叫作公开密钥（简称公钥），解密密钥叫作私有密钥（简称私钥）。私有密钥有时也叫私有密钥。为了避免与对称算法混淆，此处不用私有密钥这个名字。图 3.9 是非对称密码加密、解密的示意图。

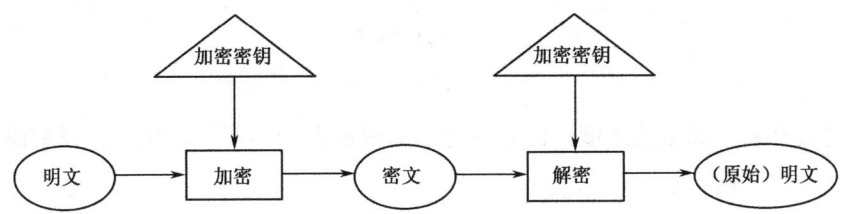

图 3.9　非对称密码加密、解密示意图

用于公钥加密的典型算法有 RSA、背包算法、Rabin 算法、概率加密算法、McEliece 算法等。下面以 RSA 为代表讲述非对称加密体系。

1）RSA 概述

传统的密码体系，需要对每位用户提供密钥，这就需要管理大量的密钥，包括密钥的产生、分发、使用和销毁等过程，并且密钥的传输需要借助于邮件和电话等其他相对不够安全的手段来进行。1976 年，美国学者 Whitfield Diffie 和 Martin Hellman 为解决信息公开传输和密钥管理问题，提出一种新的密钥交换协议，允许通信双方在不安全的媒体上交换信息，这就是"公钥密码体制"。相对于"对称密码算法"，这种方法也称"非对称密码算法"。

RSA 是由它的三个发明者，即 Rivest、Shamir 和 Adelman 的名字命名的。自从其发表以来，一直是众多密码分析员分析研究的对象，但是至今仍未找到任何缺陷。使用此算法的主要难点在于，要实现数百上千的指数运算，这在当时的计算机上是难以实现的。随着微电子技术和计算机技术的迅速发展，现在已生产出能有效实现 1 024 位 RSA 算法的硬件设备。这种密码算法在银行界和当今的电子商务领域得到了广泛应用。

2）RSA 的特点

公钥密码体制给使用者提供配对的两个密钥：一个用于加密；另一个用于解密。也就是说，使用公钥密码体制时，每个用户只需要具备两个相互匹配又相互独立的密钥，一个为公开密钥，另一个为私有密钥。公开密钥是不需要保密的，完全可以公开。需要保密的仅是私有密钥。公钥密码体制的实质，是使用一种安全方法加密，用另一种安全方法解密。例如，用公开密钥加密，而用私有密钥解密。因此，公开密钥的公开属性不会降低系统的安全性。

用公开密钥 K 加密表示为：

$$E_K(M)=C$$

虽然公开密钥和私有密钥是不同的，但用相应的私有密钥解密可表示为：

$$D_K(C)=M$$

有时消息用私有密钥加密而用公开密钥解密,这用于数字签名(后面将详细介绍),尽管可能产生混淆,但这些运算可分别表示为:

$$E_K(M)=C$$
$$D_K(C)=M$$

当前公开密码算法的速度,比起对称密码算法要慢得多,这使得公开密码算法在大数据量的加密中应用有限。

假如某用户的私有密钥为 K_{priv},其相应的公开密钥为 K_{pub}。他人用其公开密钥对明文 P 进行加密后,将密文消息 $E(K_{pub}, P)$ 发给用户,该用户可用其私有密钥进行解密,获得原明文 P,即:

$$P=D[K_{priv}, E(K_{pub}, P)]$$

而且,该加密算法还允许该用户用私有密钥加密后的消息,他人只能使用相应的公开密钥才能解密,即:

$$P=D[K_{pub}, E(K_{priv}, P)]$$

上述两个性质说明,在公钥体制下,公开密钥及其相应的私有密钥,可以任意次序使用。也就是说,若他人用公开密钥对明文进行加密,则用户需要用相应的私有密钥进行解密;此外,用户也可以先使用私有密钥加密传递,然后他人使用相应的公开密钥对接收的密文进行解密。

在公钥密码体制中,他们将公开密钥提供给所有需要与自己交换消息的人,但必须将私有密钥严格保密。这样,采用公钥密码系统时,通信的双方无须事先交换密钥就可以建立起保密信道。RSA 算法的缺点是,运行速度较慢,效率低。因此,在实际的应用中通常不采用这一算法对信息量大的信息(如大的 EDI 交易)进行加密。对于加密量大的应用,公开密钥加密算法通常用于对称加密方法密钥的加密。

3)RSA 算法原理

RSA 算法基于大数的因子分解,数的位数越多因子分解越困难。大数因子分解问题是数学上的著名问题,RSA 算法自 1978 年公布至今,虽然对之进行了大量的密码分析,但仍然没有有效的方法予以破解,因此可以确保 RSA 算法的安全性。RSA 系统是公钥系统的最具有典型意义的方法,大多数使用公钥密码进行加密和数字签名的产品与标准使用的都是 RSA 算法。

公钥密码体制的思想并不复杂,而实现它的关键问题是如何确定公钥和私钥及加解密的算法,也就是说如何找到"锁和钥匙"的问题。假设在这种体制中,Pk 是公开信息,作为加密密钥,而 Sk 需要由用户自己保密,作为解密密钥,加密算法 E 和解密算法 D 也都是公开的。虽然 Pk 与 Sk 是成对出现的,但却不能根据 Pk 计算 Sk。它们必须满足以下条件:

(1)加密密钥 Pk 对明文 X 加密后,再用解密密钥 Sk 解密,即可恢复出明文,或写作

$D_{Sk}[E_{Pk}(X)]=X$。

（2）加密密钥不能用来解密，即 $D_{Pk}[E_{Sk}(X)]\neq X$。

（3）在计算机上可以容易地产生成对的 Pk 与 Sk。

（4）从已知的 Pk 实际上不可能推导出 Sk。

（5）加密和解密的运算可以对调，即 $E_{Pk}[D_{Sk}(X)]=X$。

从上述条件可以看出，公开密钥密码体制下，加密密钥不等于解密密钥。加密密钥可以对外公开，使任何用户都可将传送给此用户的信息用公开密钥加密发送，而该用户唯一保存的私有密钥是保密的，也只有它能将密文复原、解密。

虽然解密密钥理论上可由加密密钥推算出来，但实际上是不可能的，或者虽然能够推算出，但因为花费很长时间而成为不可行，所以将加密密钥公开也不会危害密钥的安全。从理论上讲，既然 Pk 与 Sk 是一对存在着相互关系的密钥，那么从其中一个推导出另一个就是很有可能的，如何找到一个合适的算法生成合适的 Pk 与 Sk，并且使得从 Pk 不可能推导出 Sk 是需要考虑的重点问题。为了解决这个问题，密码学家们参考了数学上的陷门单向函数。单向函数的加密函数比较容易计算，而计算其逆函数（解密函数）却很困难。为提高保密强度，RSA 密钥至少为 500 位长，一般推荐用 1 024 位。

该算法基于下面两个事实，其保证了 RSA 算法的安全有效性。

（1）已有确定的一个数是不是质数的快速算法。

（2）尚未找到确定一个合数的质因子的快速算法。

4）RSA 算法过程

找两素数 p 和 q；

取 $n=p \times q$；

取 $t=(p-1) \times (q-1)$；

取任何一个数 e，要求满足 e 取 $(d*e)\%t==1$。

这样最终得到三个数：n,d,e。

设消息为数 M [M 设 $c=(M**d)\%n$]，就得到了加密后的消息 c。

设 $m=(c**e)\%n$，则 $m == M$，从而完成对 c 的解密。

注：**表示次方，上面两式中的 d 和 e 可以互换。

在对称加密中：

n,d 两个数构成公钥，可以告诉别人；

n,e 两个数构成私钥，e 自己保留，不让任何人知道。

给别人发送的信息使用 e 加密，只要别人能用 d 解开就证明信息是由你发送的，构成了签名机制。别人给你发送信息时使用 d 加密，这样只有拥有 e 的你能够对其解密。

RSA 的安全性在于对于一个大数 n，没有有效的方法能够将其分解，从而在已知 n,d 的情况下无法获得 e；同样，在已知 n,e 的情况下无法求得 d。

例题：

设两个质数 p=47，q=71，则

$n=p×q$=3 337，

$(p-1)×(q-1)$ =46×70；

随机选取 e，设 e=79，它与$(p-1)×(q-1)$ =3 220 无公因子，则

d=79-1mod3 220=1 019，

公开 e 和 n，将 d 保密，丢弃 p 和 q。

现在要加密消息 6882326879666683，步骤如下：

首先将其分成小的分组，在此例中，可取分组的长度为 3 位（n 为 4 位数）。

m 将分成以下 6 个分组：

m_1=688，

m_2=232，

m_3=687，

m_4=966，

m_5=668，

m_6=003。

第一分组加密为 c_1=69979mod3337=1 570。

对随后的分组进行同样的操作后，产生加密后的密文：

c=15702756209122762423158。

解密消息时需要用解密密钥 d=1 019 进行相同的指数运算。第一分组解密为：

m_1=15701019mod3337=688。

消息的其余部分可用同样的方法解密。

5）RSA 的安全性

RSA 的安全性依赖于大数分解，但是否等同于大数分解一直未能得到理论上的证明，因为无法证明破解 RSA 就一定需要做大数分解。假设存在一种无须分解大数的算法，那它肯定可以修改成大数分解算法。目前，RSA 算法的一些变种算法已被证明等价于大数分解。不管怎样，分解 n 是最明显的攻击方法。现在，人们已能分解 140 多个十进制位的大素数。因此，数 n 必须选得大一些，视具体适用情况而定。

6）RSA 的速度

由于 RSA 进行的都是大数计算，使得无论是软件实现 RSA 还是硬件实现 RSA，最快的情况也比 DES 慢上 100 倍。速度慢一直是 RSA 算法的缺陷。一般来说，RSA 算法只用于少量数据加密。

7）RSA 的优点

（1）密钥配发十分方便，用户的公用密钥可以像电话本那样公开，使用方便，每个用

户只需持有一对密钥即可实现与网络中任何一个用户的保密通信。

（2）RSA 加密原理基于单向函数，非法接受者利用公用函数不可能在有限时间内推算出私有密钥。

（3）RSA 在用户确认和实现数字签名方面优于现有的其他加密机制。

8）RSA 的缺点

RSA 的缺点主要是产生密钥很麻烦，受到素数产生技术的限制，因而难以做到一次一密。另外，RSA 分组长度太长，为保证安全性，n 至少也要 600 位以上，使运算代价很高，尤其是速度较慢，较 DES 算法慢几个数量级；而且，随着大数分解技术的发展，这个长度还在增加，不利于数字格式的标准化。

目前，SET（Secure Electronic Transaction）协议中要求 CA 认证中心采用 2 048 位长的密钥，其他实体使用 1 024 位的密钥。

3.2.5　密钥管理

1．基本概念

密钥管理是密码系统中的关键技术。密钥管理的任务是管理密钥从产生到销毁的全过程，包括系统初始化，以及密钥的产生、存储、备份、恢复、装入、分配、保护、更新、控制、丢失、吊销和销毁等。从网络应用来看，密钥一般分为以下几类：基本密钥、会话密钥、密钥加密密钥和主机密钥等。

1）基本密钥

基本密钥又称初始密钥，是由用户选定或由系统分配，可在较长时间内由一对用户专门使用的私有密钥，也称用户密钥。基本密钥既要安全，又要便于更换。基本密钥与会话密钥一起用于启动和控制密钥生成器，从而生成用于加密数据的密钥流。

2）会话密钥

会话密钥即两个通信终端用户在一次通话或交换数据时所用的密钥。当用于对传输的数据进行保护时称为数据加密密钥，而用于保护文件时称为文件密钥。会话密钥的作用是使人们不必太频繁地更换基本密钥，有利于密钥的安全和管理。这类密钥可由用户双方预先约定，也可由系统通过密钥建立协议动态地生成并赋予通信双方，它为通信双方专用，所以又称专用密钥。

3）密钥加密密钥

密钥加密密钥是用于对传送的会话或文件密钥进行加密时采用的密钥，也称次主密钥、辅助密钥或密钥传送密钥。每个节点都分配有一个这类密钥。为了安全，各节点的密钥加密密钥应该互不相同。每个节点都必须存储有关到其他各节点和本节点范围内各终端所用的密钥加密密钥，而各终端只需要一个与其节点交换会话密钥时所需要的密钥加密密钥，称为终端主密钥。

4）主机密钥

主机密钥是指对密钥加密密钥进行加密的密钥，存于主机处理器中。

几类密钥之间的关系如图 3.10 所示。

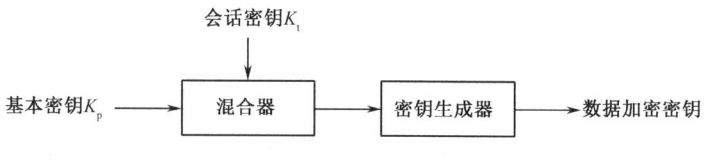

图 3.10　几类密钥之间的关系

密钥安全保密是密码系统安全的重要保证。保证密钥安全的基本原则是除了在有安全保证环境下进行密钥的产生、分配、装入及存入保密柜内备用外，密钥绝不能以明文的形式出现。密钥一般采用分级的保护管理办法，如图 3.11 所示。

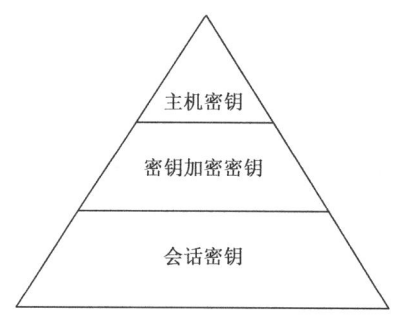

图 3.11　密钥的分级保护

2．基于对称算法的密钥管理

与公开密钥算法相比，对称算法具有运算速度快、占用资源少的优点，因此在很多计算或通信能力受限的系统中得到了广泛的应用。对称算法要求通信双方共享一个秘密作为加密密钥，因此对密钥的管理与交换更加困难。对称算法还经常应用于身份鉴别协议，在此过程中密钥管理也基于对称算法。

在传统的口令鉴别协议中，每个用户有一个与系统主机共享的身份标识和对应的口令。如果一个用户要登录系统，必须将他的身份标识及对应的口令发送给主机。主机搜索口令表，检验该身份标识与口令是否存在。如果存在，请求被接收，否则拒绝这个请求。这种方案不能抵抗重发攻击，显然是不安全的。一些改进的协议将主机上的口令表加密，但是仍然不能抵抗重发攻击。

对称密钥管理通过共同保守秘密来实现。通信双方必须使用相同的密钥，密钥的交换必须是安全可靠的，同时还要设定防止密钥被泄露或更改的程序。这样，对称密钥的管理和分发工作就变成了一个潜在的和烦琐的过程。密钥在通信各方分发和存储时都存在泄露的危险，一旦密钥泄露，其安全性便不再有保障。

通常对称密钥分发和存储的安全管理可借助于公开密钥密码体制。在分发时，首先用收方公开密钥加密该对称密钥，然后再传送给收方，因为只有收方才拥有用以解密的私有密钥，从而才能解密并安全地获得共享的对称密钥。对称密钥的存储可采用类似的方法，用户使用自己的公开密钥加密对称密钥，并进行存储，由于只有用户本身可以对该加密后的对称密钥解密，从而保证了对称密钥的安全。

3. 公钥密钥管理

公钥密码体制密钥管理主要解决两个问题：一是私有密钥的保护；二是公开密钥及其所有者身份的确认。私有密钥由用户内部所采取的安全策略加以保护，一般用口令或存取权限等访问控制策略进行保护。公开密钥及其所有者身份的确认，目前一般根据 X.509 协议，由命名为身份认证机构（CA）的脱机可信实体来完成。CA 为每个用户颁发其签发的证书，证书中有该用户的公开密钥和该用户的身份信息，从而不同用户就可以通过交换证书来确认其公开密钥和身份。

在这种方式中，每个用户必须选定一个可信的 CA。与用户一样，每个 CA 也必须有一对公开密钥和私钥。用户与 CA 以下列方式交换公开密钥：彼此都相信收到的密钥的有效性和对方身份，然后 CA 用其私钥对包括 CA 名、用户名、用户的公开密钥及其有效期的数据集等进行数字签名，并将该签名附在上述数据集的后面，构成用户的证书。当用户分别使用不同的 CA 服务时，不同的 CA 要为其所属的每个用户建立一个证书，且各个 CA 之间要能够相互验证，只要保证每个 CA 都是可信赖的，用户之间公开密钥和身份的确认就可以得到保证。

公开密钥算法在身份认证、密钥协商及数字签名等方面有着天然的优势，基于这些特性已经提出了大量的协议用于解决安全问题，公开密钥算法无论是在理论上还是在实际应用中都得到了广泛的认可。在应用中，公开密钥算法所需要解决的一个关键问题是用户的公开密钥有效性的认证。因为这些信息是公开的，任何人都可以访问，所以有可能遭到恶意的替换、篡改等。要使得公开密钥算法得到应用，必须解决这些问题，公钥基础设施正是基于此而出现的一种技术。

当 A 要与 B 通信时，A 产生一对公钥、私钥对，并向 B 发送产生的公钥和 A 的身份。B 收到 A 的消息后，产生会话密钥 Ks，用 A 发送来的公钥加密后发送给 A。A 用私钥解密得到会话密钥 Ks。此时，A 和 B 可以用会话密钥 Ks 进行保密通信。A 销毁此次产生的公钥、私钥对，B 销毁从 A 那里得到的公钥。

公钥的分配方法有以下几种。

1）公开发布

用户将自己的公钥发给所有其他用户或向某一团体广播。例如，将自己的公钥附加在消息上，发送到公开的区域，如互联网的邮件列表。这种方法简单但有一个非常大的缺陷，别人能很容易地伪造这种公开的发布信息。

2）公钥动态目录表

建立一个公用的公钥动态目录表，表的建立和维护及公钥的分布由某个公钥管理机构承担，每个用户都能可靠地知道管理机构的公钥。

4．密钥托管

密码技术可以用来保护合法的机密信息，也可能被非法用户用来逃避法律的打击，因此有必要为国家相关职能部门提供依法获得个人加密信息的渠道。密钥托管密码系统是具有备份解密能力的密码系统。它允许授权者在特定的条件下，借助于一个以上持有专用数据恢复密钥的、可信赖的委托方所提供的信息来解密密文。数据恢复密钥不同于通常的加解密密钥，但由它们可以恢复加解密密钥。

3.3 密码技术应用

3.3.1 概述

密码学的起源可能要追溯到人类刚刚出现，并且尝试去学习如何通信的时候，他们不得不去寻找方法确保他们通信的机密。但是最先有意识地使用一些技术方法来加密信息的可能是公元六年前的古希腊人，他们使用的是一根叫 scytale 的棍子，送信人先绕棍子卷一张纸条，然后把要加密的信息写在上面，接着打开纸送给收信人。如果不知道棍子的宽度（密匙）是不可能解密里面的内容的。后来，罗马的军队用恺撒密码进行通信。在随后的 19 个世纪里，主要是发明一些更加高明的加密技术，这些技术的安全性通常依赖于用户赋予它们多大的信任程度。

然而，密码学文献发展是一个很奇妙的过程。由于战争和各个国家之间的利益，密码学重要的进展很少在公开文献中出现。一直到 1918 年，20 世纪最有影响的密码分析文章之一——William F. Friedman 的专题论文 *The Index of Coincidence and it Application in Cryptography*（重合指数及其在密码学中的应用）问世。

第一次世界大战以后，情况开始变化，完全处于秘密工作状态的美国陆军和海军的机要部门在密码学方面取得了根本性的进展。但是由于战争的原因，公开的文件几乎没有。

从 1949 年到 1967 年，密码学文献几乎空白。在 1967 年，一部与众不同的著作——David Kahn 的 *The Code Breakers*（《破译者》）出现了，它并没有任何新的技术思想，但却对密码学的历史进行了相当完整的记述。这部著作的意义不仅在于它涉及了相当广泛的领域，而且也使成千上万的人了解了密码学。从此新的密码学文章开始源源不断地被发表。

在 20 世纪 70 年代后期和 80 年代初期，当公众在密码学方面的兴趣显示出来时，美国国家安全局（NSA），即美国官方密码机构曾多次试图平息它，但是结果与 NSA 的愿望大相径庭，相反却为密码学的公开实践和专题研讨会做了许多意想不到的宣传。

历史车轮滚滚向前，密码学紧跟科学技术前进的步伐，经历了如下发展历程：密码学的初级形式——手工阶段；中间形式——机械阶段；高级形式——电子与计算机阶段。密码分析特别依赖数学方面的知识，现代密码学离开数学是不可想象的，密码学涉及数学的各个分支，如代数、数论、概率论、信息论、几何、组合学等。不仅如此，密码学的研究还需要具有其他学科的专业知识，如物理、电机工程、量子力学、计算机科学、电子学、系统工程、语言学等。反过来，密码学的研究也促进了上述各学科的发展。

计算机的出现大大促进了密码学的变革。由于商业应用和大量计算机网络通信的需要，民间对数据保护、数据传输的安全性、防止工业谍报活动等课题越来越重视，密码学的发展从此进入了一个崭新的阶段，与此同时，密码学的研究开始大规模地扩展到民用。

随着计算机网络不断渗透到各个领域，密码学的应用也随之扩大。其主要的应用集中在网络安全领域中，这是密码学应用的最主要的方面，也是密码学研究成为热点的主要原因之一。众所周知，互联网具有固有的安全弱点，因此网络安全面临诸多威胁，熟知的有计算机病毒、黑客入侵、机密文件泄露、DoS（拒绝服务攻击）、DDoS（分布式拒绝服务攻击）等。信息化和网络化是当今世界经济和社会发展的大趋势，但是在世界范围内，对计算机网络的攻击手段层出不穷，网络犯罪日益严重，而密码学的应用是进一步保护公民隐私和国家安全的需要，因此可以预见，随着信息化的发展，密码学的发展和应用将会越来越广泛和深入。

3.3.2 密码技术应用于电子商务

密码技术应用于电子商务的最大特点就是顾客可以在网上进行支付，而不必担心自己的信用卡被人盗用。在过去，用户的信用卡号码和终止日期可能会被窃贼得到，随后窃贼就可以通过电话订货，而且使用用户的信用卡进行付款，这种高风险性长期阻碍了电子商务的发展，于是人们开始用 RSA 技术提高信用卡交易的安全性，从而促进了电子商务的发展。

互联网、电子商务的发展，促进了金融服务形式的创新，网上银行就是这种创新的具体应用之一。如今人们只需通过一台联网的计算机，便可享受到许多理财服务，如查询、代收费、转账、挂失、咨询、投诉等。然而，网络的开放性与共享性也导致了网络的安全性受到严重影响，如何保证网上数据的安全和交易对方的身份确认无误是网上银行能否得以推广的关键。可以说，网上银行最关键的问题就是安全问题。密码技术的发展和应用，有助于解决网上银行安全问题，对保证交易信息安全是必不可少的。下面主要讲解安全电子商务交易中的密码技术应用。

1. 每个用户只有一对密钥对——签名密钥对的情形

假定用户 A 和用户 B 进行交易，用户 A 拥有一对签名密钥对 Kva（公钥）、Ksa（私钥)。用户 B 拥有一对签名密钥对 Kvb（公钥）、Ksb（私钥）。当用户 A 欲将秘密信息（如支付信息）传送给用户 B 时，用户 B 收到信息后的操作过程如下。

(1) 用自己的私钥 Ksb 解密本次通信的数据加密密钥（对称密钥）。
(2) 用对称密钥解开本次通信的数据信息。
(3) 验证用户 A 的证书合法性。
(4) 将本次通信的数据信息内容按照规定的 Hash 算法做杂凑处理。
(5) 用用户 A 证书中的公钥，对用户 A 的 Hash 私钥签名做解密运算。
(6) 将（4）与（5）的结果进行比对，若相等，则本次通信成功。

2．每个用户拥有两对密钥对的情形

这种情况会与上面略有不同：用户 A 除了拥有一对签名密钥对 Kva（公钥）、Ksa（私钥）以外，还有一对加密密钥对 Kea（公钥）、Kda（私钥）；用户 B 除有一对签名密钥对 Kvb（公钥）、Ksb（私钥）外，还拥有一对加密密钥对 Keb（公钥）、Kdb（私钥）。当用户 A 欲将秘密信息（如资金信息）传送给用户 B 时，用户 A 将信息流发给用户 B。此时用户 B 收到信息后的操作过程与上一种情形的不同之处在于：用户 B 须先用自己的加密私钥 Kdb 解开此次通信的数据加密密钥。后续步骤与上面的（2）～（6）相同。

一般的电子商务应用软件在通信会话时都采用分组密码算法（可选用不同的工作模式），如 DES、三重 DES、RC2、RC4、IDEA 等。密钥长度在标准的 SET 系统中为 56 位，其他非标准系统中根据信息的安全等级不同可选多种长度。密钥的产生和使用为一次一密。非对称密码算法多见于 RSA、DSA 等，其模长一般在 1 024 位或以上。

3.3.3 密码技术应用于虚拟专用网

虚拟专用网被定义为通过一个公用网络（通常是互联网）建立一个临时的、安全的连接，是一条穿过混乱的公用网络的安全、稳定的隧道。虚拟专用网是对企业内部网的扩展。

虚拟专用网可以帮助远程用户、公司分支机构、商业伙伴及供应商同公司的内部网建立可信的安全连接，并保证数据的安全传输。通过将数据流转移到低成本的网络上，一个企业的虚拟专用网解决方案将大幅度地减少用户花费在城域网和远程网络连接上的费用。同时，这将简化网络的设计和管理，加速连接新的用户和网站。另外，虚拟专用网还可以保护现有的网络投资。随着用户的商业服务不断发展，企业的虚拟专用网解决方案可以使用户将精力集中到自己的生意上，而不是网络上。虚拟专用网可用于不断增长的移动用户的全球互联网接入，以实现安全连接；可用于实现企业网站之间安全通信的虚拟专用线路，以经济有效地连接到商业伙伴和用户的安全网络。

虚拟专用网的结构如图 3.12 所示。

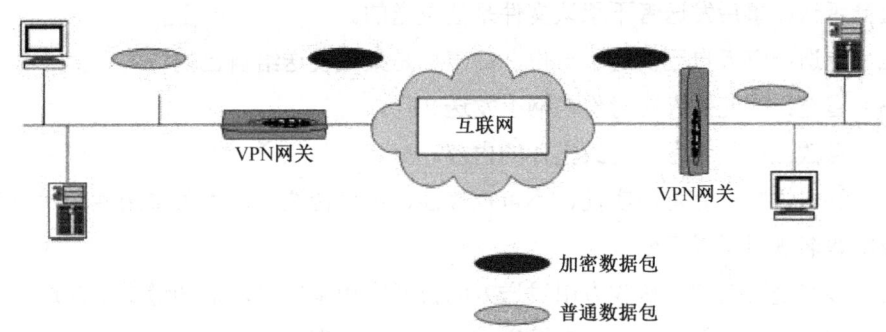

图 3.12　虚拟专用网的结构

要通过互联网建立虚拟专用网，不仅只是对两端传送的数据进行加密，以保证通过公网传输的信息即使被他人截获也不会泄露，还需要对用户的身份进行认证，来保证信息的完整性、合法性，并鉴别用户的身份。虚拟专用网还需要建立访问控制能力，只有合法用户才能访问内部网，不同用户的访问权限也会不一样。

3.4　电子商务加密技术综合应用——数字签名

3.4.1　数字签名技术简介

目前，电子支付、网上银行等电子商务服务在银行业务中所占比重加大，越来越多的客户借助计算机网络交换资金信息。因此保证网络上传递资金信息的安全，防止非法窃取和篡改，成为银行网络信息化建设的重要基础。计算机加密技术的使用为银行业务发展提供了安全保障。

传统的银行业务是通过票据上的印章或签名来辨别真伪的，电子数据是通过数字签名技术来解决这一问题的。签名和验证过程是这样的：发送方首先用公开的单向散列函数对信息进行一次变换，得到散列值，然后用私有密钥对散列值加密，得到一个数字标签，即数字签名，附于信息之后一同发出；接收方用发送方的公开密钥对数字签名进行解密，得到散列值的明文，再将得到的信息通过同一单向散列函数进行计算，同样得到一个散列值。比较两个散列值，如果相同，则证明签名有效，否则无效。其中发送方的公钥是由一个可信赖的技术管理机构即身份认证机构（CA）发布的。

为了鉴别文件的真伪，传统的做法是相关人员在文件上亲笔签名或盖印章。签名起到认证、核实、生效的作用。在计算机应用中，结合 Hash 函数和非对称加密算法，可以实现数字签名（Digital Signature）。数字签名是对信息发送者的身份进行辨识的重要手段，同时也是保证信息在传输过程中的完整性的必要手段。数字签名技术普遍用于银行、电子贸易等。它主要应对以下安全问题。

（1）否认：事后发送者不承认文件是他发送的。

（2）伪造：有人自己伪造了一份，却声称是某人发送给自己的。

（3）冒充：冒充别人的身份在网上发送文件。

（4）篡改：接收者私自篡改文件的内容。

数字签名机制具有可证实性、不可抵赖性、不可伪造性、不可重用性和不可改变性。

数字签名满足了以下要求。

（1）签名是可信的。接收方用发送方的公开密钥验证时，他知道是由发送方签名的。

（2）签名是不可伪造的。只有发送方知道他的私有密钥。

（3）签名是不可重用的。签名是信息的一一对应函数。

（4）被签名的信息是不可改变的。如果信息有任何改变，信息就不可能用发送方的公开密钥进行验证。

（5）签名是不可抵赖的。接收方不用发送方的帮助就能验证发送方的签名。

数字签名算法包括签名算法和验证算法两种算法。各种密码算法都可用于数字签名，因此可有大量的数字签名算法，如 DES 数字签名算法、RSA 数字签名算法。

3.4.2 数字签名的实现方法

实现数字签名有很多方法，目前数字签名采用较多的是公钥加密技术，如基于 RSA Date Security 公司的 PKCS（Public Key Cryptography Standards）、Digital Signature Algorithm、X.509 等。1994 年，美国标准与技术协会公布了数字签名标准（DSS），使公钥加密技术得到了广泛应用。公钥加密系统采用的是非对称加密算法。

1．用非对称加密算法进行数字签名

1）算法的含义

此算法使用公开密钥和私有密钥，分别用于对数据的加密和解密，即如果用公开密钥对数据进行加密，只有用对应的私有密钥才能进行解密；如果用私有密钥对数据进行加密，则只有用对应的公开密钥才能解密。

2）签名和验证过程

（1）发送方首先用公开的单向函数对报文进行一次变换，得到数字签名，然后利用私有密钥对数字签名进行加密后附在报文之后一同发出。

（2）接收方用发送方的公开密钥对数字签名进行解密变换，得到一个数字签名的明文。发送方的公钥是由一个可信赖的技术管理机构即认证机构（CA）发布的。

（3）接收方将得到的明文通过单向函数进行计算，同样得到一个数字签名，再将两个数字签名进行对比，如果相同，则证明签名有效，否则无效。

这种方法使任何拥有发送方公开密钥的人都可以验证数字签名的正确性。由于发送方私有密钥的保密性，使得接收方既可以根据验证结果来拒收该报文，也能使他人无法伪造报文签名或对报文进行修改，原因是数字签名是对整个报文进行的，是一组代表报文特征的定长代码，同一个人对不同的报文将产生不同的数字签名。这就解决了银行通过网络传送一张支票，而接收方可能对支票数额进行改动的问题，也避免了发送方逃避责任的可能性。

2．用对称加密算法进行数字签名

1）算法的含义

对称加密算法所用的加密密钥和解密密钥通常是相同的，即使不同也可以很容易地由其中的任意一个推导出另一个。在此算法中，加、解密双方所用的密钥都要保守秘密。由于该类算法计算速度快而被广泛应用于对大量数据如文件的加密过程中，如 RD4 和 DES。

2）签名和验证过程

Lamport 发明了称为 Lamport-Diffie 的对称加密算法：利用一组长度是报文的比特数（n）两倍的密钥 A 来产生对签名的验证信息，即随机选择 $2n$ 个数 B，由签名密钥对这 $2n$ 个数 B 进行一次加密变换，得到另一组 $2n$ 个数 C。

（1）发送方从报文分组 M 的第一位开始，依次检查 M 的第 i 位，若为 0 则取密钥 A 的第 i 位，若为 1 则取密钥 A 的第 $i+1$ 位；直至报文全部检查完毕。所选取的 n 个密钥位形成了最后的签名。

（2）接收方对签名进行验证时，也是首先从第一位开始依次检查报文 M。如果 M 的第 i 位为 0，就认为签名中的第 I 组信息是密钥 A 的第 i 位，若为 1 则为密钥 A 的第 $i+1$ 位；直至报文全部验证完毕后就得到了 n 个密钥。由于接收方具有发送方的验证信息 C，所以可以利用得到的 n 个密钥检验验证信息，从而确认报文是否是由发送方所发送。

由于这种方法是逐位进行签名的，只要有一位被改动过，接收方就得不到正确的数字签名，因此其安全性较好，其缺点是签名太长，签名密钥及相应的验证信息不能重复使用，否则极不安全。

3．认证产品

认证产品可分为两大类：一是用户认证，主要是通过单独签名访问网络资源；二是对象认证，即判定传递信息和文件的认证及其真实性。数字签名技术主要用于信息、文件及其他存储在网上的传输对象的认证。AT&T Government Market 的 Secret Agent 便通过将数字签发的文档作为 E-mail 消息的文件附件的形式，将现有客户机运行环境中 E-mail 系统、Web 浏览器等应用密切地结合在一起；Regnoc Software 的 Signature 使用 OLE 2.0 可对 Windows 下的任何文本做数字签名；ViaCrypt 的 ViaCrypt PGP 可从传递信息的应用中切割文本至 Windows 或 Macintosh 裁剪板，在那里对它进行数字签名后将它粘贴到传递信息中。其对于电子商务的一个功能是：能破译雇员发送或接收的所有密文，可设置成在公司密钥下自动破译所有外发信息，且要求雇员须使用职权范围允许的解密密钥。

3.4.3 数字签名的算法及数字签名的保密性

数字签名的算法很多，应用最为广泛的是 Hash 签名、DES 签名、DSS 签名和 RSA 签名。

1. Hash 签名

Hash 签名不属于强计算密集型算法，应用较广泛。很多少量现金付款系统，如 DEC 的 Millicent 和 CyberCash 的 CyberCoin 等都使用 Hash 签名。使用较快的 Hash 算法，可以降低服务器资源的消耗，减轻中央服务器的负荷。Hash 的主要局限是接收方必须持有用户密钥的副本以检验签名，因为双方都知道生成签名的密钥，较容易攻破，存在伪造签名的可能。如果中央或用户计算机中有一个被攻破，那么其安全性就受到了威胁。

2. DES 签名

DES 用于数字签名就像 DES 算法一样，加密和解密使用同一密钥，密钥必须是严格保密的。使用这种密码系统时，密钥的保密性不仅能保证消息的保密性，还能保证消息的真实性。

例如，信息的发送方和信息的接收方共享一个共同的密钥［如客户（S）和银行（R）是通信双方］，S 就可将其转账请求信息经过加密后发送给 R。由于除 S 外无其他人知道 S 的密钥，因此，R 可以确认此信息的真实性。但是，对称密钥不能防止伪造信息。由于 R 也知道该密钥，银行就有可能创建同 S 发出的相同的转账信息。为避免这种情况，采用对称密钥时，就需要一个仲裁方（A）来防止伪造信息。

假设：发送方 S 和仲裁方 A 有相同的密钥 Ks，而接收方 R 和仲裁方 A 有相同的密钥 Kr。S 和 R 已事先约定好了统一的数字签名的格式，S 要发送信息给 R，要求消息具有不可伪造性和真实性两个特点。

在电子银行的环境里，这里的仲裁方实际上就是各级交换中心。交换中心作为仲裁方，必须是通信各方可信赖的、公正的第三方。因此，这种数字签名可用于银行专用网内的数字通信，以保证网络中传输消息的安全性。

3. DSS 和 RSA 签名

DSS 和 RSA 都采用了公钥算法，不存在 Hash 的局限性。DSS 是由美国国家标准化研究院和国家安全局共同开发的。由于它是由美国政府颁布实施的，主要用于与美国政府做生意的公司，其他公司则较少使用，它只是一个签名系统。RSA 是最流行的一种加密标准，许多产品的内核中都有 RSA 的软件和类库，早在 Web 飞速发展之前，RSA 数据安全公司就负责数字签名软件与 Macintosh 操作系统的集成，在 Apple 的协作软件 PowerTalk 上还增加了签名拖放功能，用户只要把需要加密的数据拖到相应的图标上，就可完成电子形式的数字签名。RSA 与微软、IBM、Sun 和 Digital 都签订了许可协议，在几大公司的生产线上都加入了类似的签名特性。与 DSS 不同，RSA 既可以用来加密数据，也可以用于身份认证。和 Hash 签名相比，在公钥系统中，由于生成签名的密钥只存储于用户的计算机中，安全系数也更大一些。

数字签名的保密性在很大程度上依赖于公开密钥。数字认证是基于安全标准、协议和密码技术的电子证书，用以确立一个人或服务器的身份，它把一对用于信息加密和签名的电子密钥捆绑在一起，保证了这对密钥真正属于指定的个人和机构。数字认证由验证机构 CA 进行电子化发布或撤销公钥验证，信息接收方可以从 CA 的 Web 站点上下载发送方的验证信息。VeriSign 是第一家 X.509 公开密钥的商业化发布机构，在它的 Digital ID 下可以生成、管理应用于其他厂商的数字签名的公开密钥验证。

在实际应用中，为了防止把签名和签名信息一起重用，数字签名经常包括时间标记。把日期和时间的签名附在信息中，并和信息中的其他部分一起签名。

案例分析题

杭州的李先生反映，2018 年 7 月自己的银行卡五分钟之内被人盗刷了三十多万元，令人好奇的是银行卡就在李先生自己的身上。据李先生说，事发时，自己在公司的沙发上坐着，突然手机收到了两条银行的消费短信，一笔是二十多万元，一笔是十多万元，李先生经过查询得知这两笔钱是在泰国消费的，李先生以为是自己的卡丢了，于是立马就打开钱包查看，发现卡还在自己的包里，现在自己的卡里只剩下 20 多元钱。

实际上，这绝非个案。在北京、广东、江苏等经济发达地区，同类受害者数量达到上万人。在网上支付带给人们便利，并逐渐"飞进寻常百姓家"的同时，它的种种隐患同样暴露得十分彻底。

问题：
本案例是关于支付过程的安全问题，用户可以采取哪些措施来保证自己的支付安全呢？

自测题

一、判断题

1．对称密码体制也称双钥密码体制或公钥密码体制。（   ）
2．端到端加密具有链路加密和节点加密所不具有的优点：成本低、更安全、灵活。（   ）
3．DES 是数据加密标准的缩写，它是由惠普公司研制的一种对称加密算法。（   ）

4．公开密钥算法的设计是：加密的密钥和解密的密钥都是公开可以得到的。（　　）

5．虚拟专用网（VPN）就是互联网。（　　）

二、单选题

1．目前主要流行三种数据加密方式：链路加密、（　　）和端到端加密。

A．多码加密　　　　　　　　　　B．换位加密

C．节点加密　　　　　　　　　　D．仿射加密

2．（　　）是最古老的替换密码。

A．恺撒密码　　　　　　　　　　B．维热纳尔密码

C．维吉尼亚密码　　　　　　　　D．四方密码

3．IDEA算法的中文名是（　　）。

A．公开密钥算法　　　　　　　　B．国际数据加密算法

C．数据加密标准　　　　　　　　D．对称算法

4．下列不属于数字签名的算法是（　　）。

A．Hash　　　　　　　　　　　　B．DES

C．AKO　　　　　　　　　　　　D．DSS和RSA

三、简答题

1．简述双向认证协议的实现过程。

2．简述链路加密、节点加密和端到端加密三种加密方式的特点。

3．已知明文是1101001101110001，密码是0101111110100110，试用一次性密码加密方法写出加密和解密过程。

4．密钥管理的目的是什么？密钥管理通常涉及的有关问题有哪些？

实训题

在淘宝网（www.taobao.com）申请自己的账号，并保管好自己的密码，尝试利用这个账号进行一次网上购物。

步骤一：登录淘宝网，在网页的左上角单击"免费注册"按钮。

步骤二：注册后会出现一个注册协议，接受就单击"同意协议"按钮，如图3.13所示。

步骤三：填写手机号，完成验证后单击"下一步"按钮，如图3.14所示。

图 3.13 同意协议

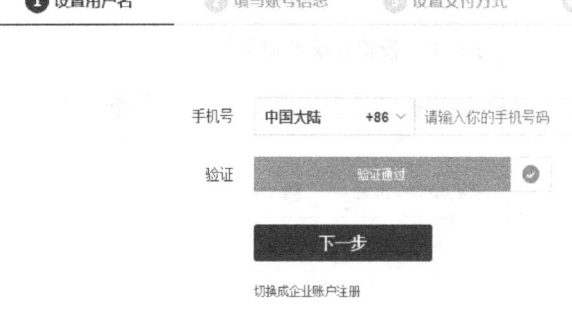

图 3.14 手机号注册

步骤四:填写手机短信接收到的校验码,单击"确认"按钮,如图 3.15 所示。

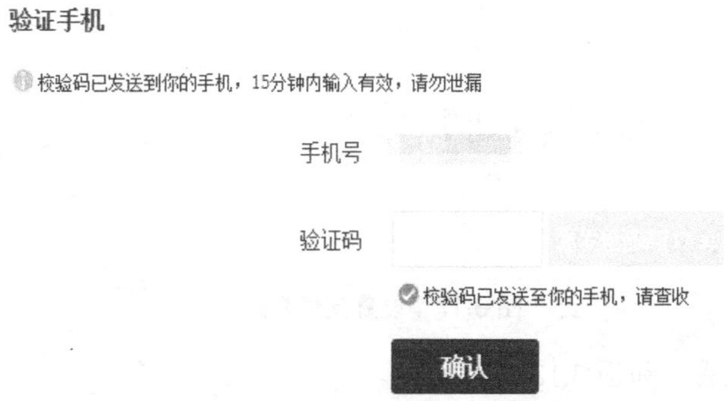

图 3.15 输入手机校验码

步骤五：设置登录名和密码，密码两次输入需要一致，登录名必须和别人不一样才能提交成功，如图 3.16 所示。

图 3.16　设置登录名和密码

步骤六：设置支付方式，也可以单击"跳过，到下一步"按钮，如图 3.17 所示。

图 3.17　设置支付方式

步骤七：注册完成，如图 3.18 所示。

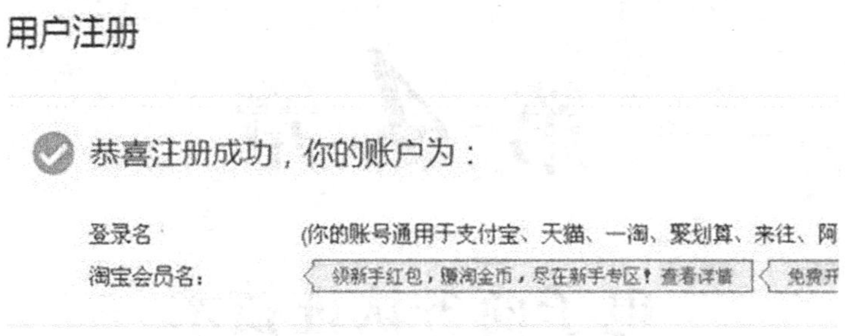

用户注册

恭喜注册成功，你的账户为：

登录名：
淘宝会员名：

图 3.18 注册完成

思考：如何开设淘宝店铺？

第 4 章

电子商务认证技术

 引导案例　中国建设银行上海分行银企互联数据安全传输平台

单位介绍

中国建设银行上海分行为中国建设银行在上海的分支机构。

项目背景

在银行与企业之间的交互业务应用中,有些大型企业与银行之间存在着大量、频繁的账务处理合作关系,它们之间的业务信息传递往往通过互联网来实现,对系统本身的技术和安全要求均较高;而另一些中小型企业与银行之间的交互不是特别频繁,机构间的信息传递往往通过电子邮件、磁盘、纸质报表、拨号终端应用等方式来实现,系统互联程度和安全级别相对也不高。如果银行和企业没有在数据传输方面做相应的保护,或者仅仅采用一些简单的安全保护措施,就容易造成网络安全隐患。这种网络安全隐患主要体现在以下方面。

- 信息的泄露。电信部门所提供的公用网络存在安全漏洞,无法保证网络中信息的隐秘性。网络攻击者可能通过监听等方法,从传输信道窃取网络中传输的信息。

- 信息假冒。由于攻击者可以窃取网络中传输的信息，因此也可以假冒通信。

需要解决的问题

银企直联网络安全需求主要是在信息传输过程中解决以下三个方面的问题。
- 身份认证。防止网络被非授权实体使用，确保信息只能由授权实体知晓和使用。
- 保密性。防止网络中信息泄露，保证信息内容只有授权实体才能知晓。
- 完整性。系统的数据不被无意或蓄意地删除、修改、伪造、乱序、重放、插入或破坏，数据只能由授权实体修改。

应用情况

中国金融认证中心（CFCA）提供了托管 RA 系统，为中国建设银行上海分行发放 VPN 证书，并将证书应用在银行和企业用户之间的互联加密设备上。目前，证书已经应用于银企互联的加密设备上。

使用效果

此系统利用数字证书保障用户登录身份的真实性、传输数据的保密性和不可否认性。

（资料来源：中国金融认证中心 http://www.cfca.com.cn/fangan/anli-005.htm）

 本章学习目标

1. 掌握电子商务活动中身份认证的相关内容；
2. 了解数字签名的概念及原理；
3. 掌握数字证书的功能及类型；
4. 了解认证机构；
5. 了解公钥基础设施 PKI 的优势及意义。

学习导航

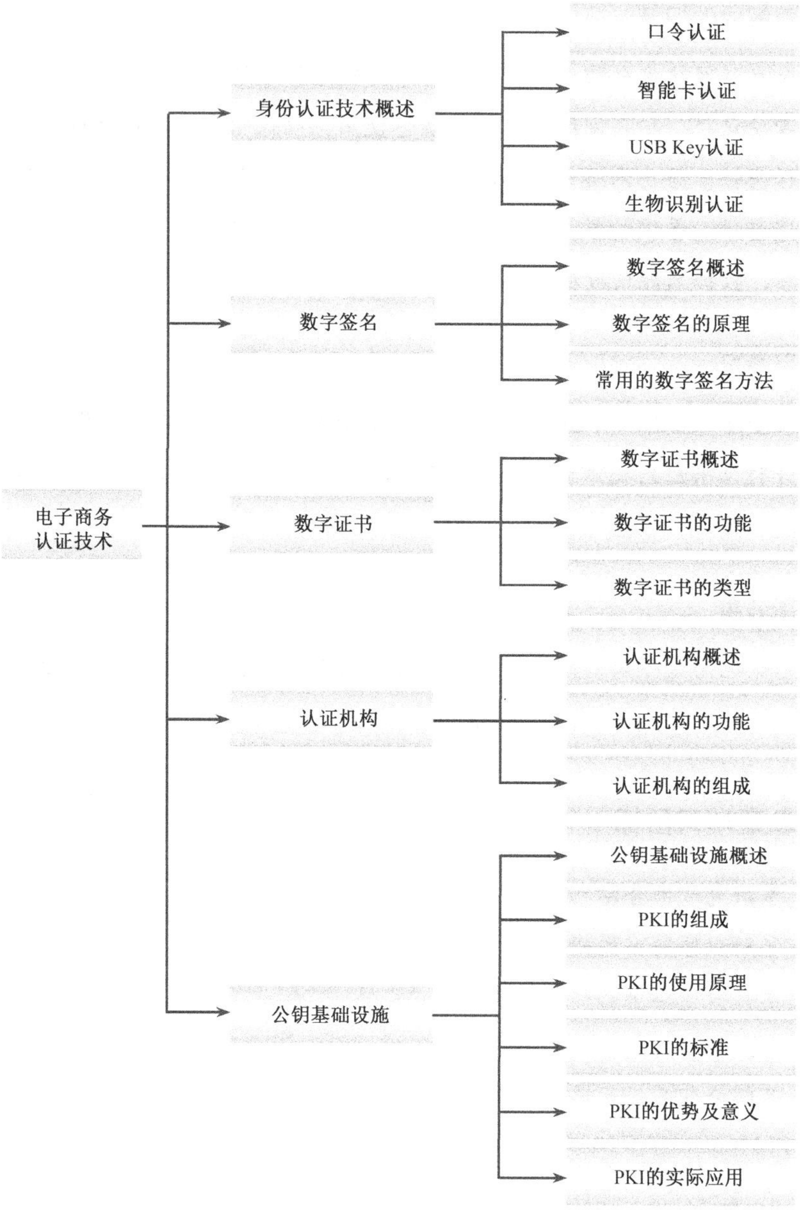

```
                                    ┌── 口令认证
                    ┌─ 身份认证技术概述 ─┼── 智能卡认证
                    │                 ├── USB Key认证
                    │                 └── 生物识别认证
                    │
                    │                 ┌── 数字签名概述
                    ├─ 数字签名 ──────┼── 数字签名的原理
                    │                 └── 常用的数字签名方法
                    │
        电子商务     │                 ┌── 数字证书概述
        认证技术 ────┼─ 数字证书 ──────┼── 数字证书的功能
                    │                 └── 数字证书的类型
                    │
                    │                 ┌── 认证机构概述
                    ├─ 认证机构 ──────┼── 认证机构的功能
                    │                 └── 认证机构的组成
                    │
                    │                 ┌── 公钥基础设施概述
                    │                 ├── PKI的组成
                    │                 ├── PKI的使用原理
                    └─ 公钥基础设施 ──┼── PKI的标准
                                      ├── PKI的优势及意义
                                      └── PKI的实际应用
```

4.1 身份认证技术概述

在现实生活中,利用虚假身份进行欺诈以获得非法利益的犯罪活动屡见不鲜,为了防范风险,在商务活动中大多需要证明个人身份。

身份认证又称身份识别,是通信和数据系统正确识别通信用户或终端个人身份的重要途径。身份认证技术能使申请者识别自己的真正身份,确保申请者的合法权益。在现实世界中,要验证一个人的身份有许多方法,如根据长相特征、看证件、比对指纹或特殊持有物(如钥匙)等。很显然,在网络世界中,这些方法是行不通的,因为至少目前的计算机还无法做到像人类一样思考和判断。目前,身份认证的方法多种多样,根据身份认证过程中系统的通信次数划分,有一次认证、二次认证和多次认证;从身份认证所应用的系统划分,有单机系统身份认证和网络系统身份认证;从身份认证的基本原理划分,有静态身份认证和动态身份认证。不管怎样,身份认证的主要途径可分为以下四种。

4.1.1 口令认证

口令认证采用用户名、密码、个人识别码(PIN)、口令等来识别。口令认证必须具备一个前提:请求认证者必须具有一个 ID,该 ID 在认证者的用户数据库(该数据库必须包括 ID 和口令)中必须是唯一的。同时,为了保证认证的有效性,必须考虑以下问题:

(1)请求认证者的口令必须是安全的,即口令只允许相应 ID 的请求认证者知道,在认证者系统中必须保证口令的使用和存储是安全的。

(2)在认证过程中,必须保证口令的传输是安全的。在传输过程中,口令不能被偷看、替换。

(3)请求认证者在向认证者请求认证前,必须确认认证者的真实身份,否则会把口令发给假冒的认证者。

使用口令的单向身份认证流程如下:

(1)请求认证者和认证者做认证初始化,可在该过程中实现建立安全连接、确认认证者身份等(该步骤是可选的)。

(2)请求认证者向认证者发送认证请求,认证请求中必须包括请求认证者的 ID 和口令;认证者接收 ID 和口令,在用户数据库中找出请求认证者的 ID 和口令。

(3)认证者比较两口令是否相同。

(4)认证者向请求认证者发回认证结果,请求认证者接收认证结果。

基于口令认证的技术有以下五种。

1. 口令加密技术

在明文传输的口令认证系统中,攻击者可能窃听通信信道或进行网络窥探,并从传输过程中获得用户口令,这时系统就会被攻破。为弥补这个缺陷,可以对口令进行加密,使得攻击者即使从通信信道窃取到数据也很难进行破解。这种方式的难点在于加密密钥的交换。当采用对称密钥加密方式时,要求认证方和被认证方共享一个密钥,但由于身份认证前双方的身份还不明确,不可能预先共享一个密钥,通常的解决办法是求助于第三方——一个可信任的权威机构。当采用非对称密钥加密方式时,口令可以用认证方的公钥加密,由于公钥可以通过公开的渠道获得，这时不存在采用对称密钥加密时遇到的矛盾，当然，这也需要密钥分发机制的配合。由此可知身份认证与密钥分发经常是联系在一起的。虽然通过密钥的建立能产生一个安全信道，但攻击者仍可以采用离线的方式对口令密文实施字典攻击。

> **小资料　字典攻击**
>
> 收集密码可能包含的字符串，然后通过各种方式进行组合。相当于从字典中查密码，逐一验证。例如，有个密码要猜测，就让计算机程序一个一个地进行测试。那么，拿什么去测试？答案是字典。在文件中输入一些字符，如一个文件内容"1 2 3 4"，计算机就先从1开始，再到4，再到12、13、14等。

2．电子时间戳

电子交易文件中，时间是十分重要的信息。在书面合同中，文件签署的日期和签名一样，均是防止文件被伪造和篡改的关键性内容。而电子时间戳就是一个电子凭证，但由于用户计算机时间很容易改变，由该时间产生的时间戳不可信赖，因此需要一个可信任的第三方——时间戳权威，来提供可信赖的且不可抵赖的时间戳服务。所以，电子时间戳是由第三方时间戳服务中心为电子文件出具的一个能证明电子文件内容完整性和加盖时间戳的电子凭证。时间戳有效证明了电子文件产生的时间及内容完整性，解决了电子文件的内容和时间易被人为篡改、证据效力低、当事人举证困难的问题。按照《中华人民共和国电子签名法》的有关规定，加盖了时间戳的数据电文（电子文件）可以作为有效的法律证据，达到"不可否认"或"抗抵赖"的目的。

3．零知识证明技术

通常的身份认证都要求传输口令或身份信息（尽管是加密传输），如果不传输这些信息，身份也能得到证明就好了，这就需要身份的零知识证明技术。

零知识证明（Zero-Knowledge Proof）是由 Goldwasser 等人在 20 世纪 80 年代初提出来的。它是指证明者能够在不向验证者提供任何有用信息的情况下，使验证者相信某个论断是正确的。零知识证明实质上是一种涉及两方或更多方的协议，即两方或更多方完成一项任务所需采取的一系列步骤。证明者向验证者证明并使其相信自己知道或拥有某一消息，但证明过程不能向验证者泄露任何关于被证明消息的信息。例如，被认证方 A 掌握某些秘密信息，A 想方设法让认证方 B 相信他确实掌握那些信息，但又不能让 B 也知道那些信息。在零知识证明技术身份认证中，被认证者一般将其口令、证书、特别的身份信息、某个秘密文件等经散列函数处理后，将生成的散列码发送给验证者，验证者通过手上的相应信息的散列码，与之比较便可以确定用户。

例如，A 要向 B 证明自己拥有某个房间的钥匙，假设该房间只能用钥匙打开锁，而其他任何方法都打不开。这时有两个方法。

（1）A 把钥匙出示给 B，B 用这把钥匙打开该房间的锁，从而证明 A 拥有该房间的正确的钥匙。

（2）B 确定该房间内有某一物体，A 用自己拥有的钥匙打开该房间的门，然后把物体出示给 B，从而证明自己确实拥有该房间的钥匙。

第二个方法属于零知识证明。好处在于在整个证明的过程中，B 始终不能看到钥匙的样子，从而避免了钥匙的泄露。

4．提问/应答技术

提问/应答技术中每个系统用户都持有相应提问应答令牌。令牌内置种子密钥和加密算法。用户需要访问系统时，认证系统首先提示输入用户名和静态口令，认证通过后系统再下传一个中心系统随机生成的提问数，通常为一个数字串，用户将该提问数输入到提问应答令牌中，提问应答令牌利用内置的种子密钥和加密算法计算出相应的应答数，通常也是一个数字串。用户将该数字串作为应答数上传给认证中心。认证中心根据该用户在认证中心保存的种子密钥和同样的加密算法计算出同样的应答数，并和用户上传的应答数进行比较，如果两者相同，则允许该用户访问系统，否则拒绝用户的登录请求。

提问/应答技术的身份认证具有极高的安全性。由于每个用户的种子密钥不同，因此不同用户对同样的提问数可以计算出不同的应答数，只有用户持有指定的提问应答令牌才能计算出正确的应答数，从而可以保证用户是持有指定提问应答令牌的合法用户。同时，该应答数只能在这次提问应答过程中有效，下次登录时系统会生成不同的提问数，相应的应答数也会发生变化，因此不用担心被其他人截取应答数。

5．动态口令技术

动态口令也称一次性口令（One-Time Password，OTP）。它的主要原理是：用户登录前，依据用户私人身份信息，并引入随机数产生随机变化的口令，使每次登录过程中传送的口令信息都不同，以提高登录过程中用户身份认证的安全性。最早提出该思想的是 Lamport，1991 年这种基于口令的远端访问机制被贝尔通信研究中心（Bellcore）修改并实现为"一次性口令系统"，称为 S/Key。

这个动态口令的获得方式有很多种，如刮刮卡式、二维矩阵卡式和电子令牌式，其中电子令牌就是我们所说的动态口令牌，如 VeriSign 的动态口令牌 VIP 服务。刮刮卡和二维矩阵卡都以纸质卡形式提供，它们都存在与生俱来的缺陷，刮刮卡有严格的使用次数限制，一般只能使用 30 次，而二维矩阵卡虽然可以无限次使用但很容易被复制，同动态口令牌相比，刮刮卡和二维矩阵卡都不具备时效性。目前在网上银行应用中采用动态口令牌的方式。

由于每次使用的密码必须由动态口令牌来产生，只有合法用户才持有该硬件，所以只要通过密码验证就可以认为该用户的身份是可靠的。而用户每次使用的密码都不相同，即使黑客截获了一次密码，也无法利用这个密码来仿冒合法用户的身份。因此，动态口令牌可以有效防止字典攻击，但缺点是若攻击者窃听到客户端发给主机的口令和计数器值，很可能冒充客户端对主机实行攻击，从而使认证失败。如果客户端与服务器的时间或次数不能保持良好的同步，就可能发生合法用户无法登录的问题。并且用户每次登录时需要通过键盘输入一长串无规律的密码，一旦输错就要重新操作，使用起来非常不方便。

4.1.2 智能卡认证

智能卡是一种内置集成电路的芯片，芯片中存有与用户身份相关的数据。智能卡由专门的厂商通过专门的设备生产，是不可复制的硬件。智能卡由合法用户随身携带，登录时必须将智能卡插入专用的读卡器读取其中的信息，以验证用户的身份。智能卡认证是基于"what you have"的手段，通过智能卡硬件不可复制的特点来保证用户身份不会被仿冒。没有管理中心发放的智能卡，就不能访问系统资源，即使智能卡丢失，入侵者仍然需要猜测用户口令。

目前，针对智能卡的攻击很多，并带来了很多安全问题。例如，使用非法卡作弊、截取并篡改交易过程中所交换的信息等行为；使用伪造的智能卡，或者使用他人遗失的智能卡，或者使用盗窃所得的智能卡，以图冒充合法用户进入系统，对系统进行实质上未经授权的访问；由于每次从智能卡中读取的数据都是静态的，因此通过内存扫描或网络监听等技术也很容易截取到用户的身份验证信息。针对这些问题，在制造和使用的过程中制定了相关的政策来防止出现上述风险，如制造卡的参数应严格保密、使用中应注意保护密码以防泄露、密码限制输入次数、丢失及时挂失等。

4.1.3 USB Key 认证

USB Key 产品最早是由加密锁厂商提出来的，原先的 USB 加密锁主要用于防止软件被破解和复制，保护软件不被盗版，而基于 USB Key 的身份认证方式是近几年才发展起来的一种方便、安全的身份认证技术。它采用软硬件相结合、一次一密的强双因子认证模式，很好地解决了安全性与易用性之间的矛盾。USB Key 是一种 USB 接口的硬件设备，它内置单片机或智能卡芯片，有一定的存储空间，可以存储用户的私钥及数字证书，利用 USB Key 内置的公钥算法实现对用户身份的认证。由于用户私钥保存在密码锁中，理论上使用任何方式都无法读取，因此保证了用户认证的安全性。

然而，USB Key 目前来说并不是绝对安全的，当前广泛应用的 USB Key 实际存在两大安全漏洞。

1. 交互操作存在漏洞

黑客可以远程控制，冒用客户的 USB Key 进行身份认证，而客户无法知晓。这种漏洞的解决方式是在 USB Key 上增加一个确认键，用户按 USB Key 上的确认键后才能进行一次认证。即使 USB Key 的密码被人截取，木马程序发起一个非法的交易申请，由于无法进行物理上的按键操作致使整个交易不能进行下去。更重要的是这种实现方式对银行端没有任何影响，只需改变的是用户的操作习惯。

2. 无法防止数据被篡改

客户的一笔交易在送入 USB Key 加密前，可能会被黑客拦截，篡改为另外一笔交易，这样可以在用户不知情的情况下篡改交易而认证通过。这种漏洞的解决也需要变更 USB Key 的硬件，在 USB Key 上增加一个显示屏，能够显示交易信息和数字。

4.1.4 生物识别认证

传统的身份认证技术，一直游离于人类体外，有关身份验证的技术手段一直在兜圈子，而且兜得越来越大，越来越复杂。以"用户名+口令"方式过渡到智能卡方式为例，首先需要随时携带智能卡，其次容易丢失或失窃，补办手续烦琐冗长，并且仍然需要出具能够证明身份的其他文件，使用起来很不方便。

直到生物识别技术得到成功的应用，这个圈子才终于又兜了回来。这种"兜回来"，意义不仅仅是技术进步，而是站在"体验经济"和人文角度，它真正回归到了对人类最原始生理性的贴和，并通过这种终极贴和，回归给了人类"绝对个性化"的心理感受，与此同时，还最大限度地释放了这种"绝对个性化"原本具有的在引导人类自身安全、简约生活上的巨大能量。万事达公司预计，把基于智能卡的生物特征识别引入 POS 信用卡支付系统，会使欺诈行为减少 80%。

生物识别技术主要是指通过可测量的生理或行为等生物特征进行身份认证的一种技术。生物识别的核心在于如何获取这些生物特征，并将之转换为数字信息存储于计算机中，利用可靠的匹配算法来完成验证与识别个人身份的过程。生理特征与生俱来，多为先天性的，如指纹、眼睛虹膜、脸像、DNA 等；行为特征则是习惯使然，多为后天性的，如笔迹、步态等。目前，部分学者将视网膜识别、虹膜识别和指纹识别等归为高级生物识别技术；将掌形识别、脸形识别、语音识别和签名识别等归为次级生物识别技术；将血管纹理识别、人体气味识别、DNA 识别等归为"深奥的"生物识别技术。

生物识别技术具有传统的身份认证手段无法比拟的优点。采用生物识别技术，可不必再记忆和设置密码，使用更加方便。

> 小资料

每幅指纹的结构都是恒定的。胎儿在 4 个月左右就形成了指纹，以后终身不变。虹膜纹理在胎儿 7 个月时就已形成，出生 6~18 个月后终身不变，不随年龄、职业、生活方式的变化而变化，不被污染，不会磨损，不因疾病改变纹理结构。同卵双胞胎的虹膜纹理信息不同，同一个人左右眼的虹膜纹理也不同。

4.2 数字签名

4.2.1 数字签名概述

签名在日常生活中随处可见。例如，银行办理账单、签收特快信件等场合，都需要当事人签名。在传统商务活动中，为了保证交易的安全与真实，一份书面合同或公文要由当事人或其负责人签字、盖章，以便让交易双方识别是谁签的合同，保证签字或盖章的人认可合同的内容，在法律上才能承认这份合同是有效的。而在电子商务中，合同或文件是以电子文件的形式表现和传递的，在电子文件上，传统的手写签名和盖章是无法进行的，这就必须依靠技术手段来替代，于是便出现了电子签名的方式。电子签名起到了与手工签名同等的作用，目的是保证交易的安全性、真实性与不可抵赖性。实现电子签名的技术手段有很多种，当前，在实际中普遍使用的是数字签名技术，数字签名是目前电子商务中技术最成熟、应用最广泛的一种电子签名方法。

那么，什么是数字签名呢？

数字签名在 ISO 7498—2 标准中被定义为："附加在数据单元上的一些数据，或者对数据单元所做的密码变换，这种数据和变换允许数据单元的接收者用以确认数据单元来源和数据单元的完整性，并保护数据，防止被人（如接收者）进行伪造。"通俗地讲，数字签名是通过一个单向函数对要传送的报文进行处理，得到用于认证报文来源并核实报文是否发生变化的一个字母数字串，用这个字母数字串来代替书写签名或印章，起到与书写签名或印章同样的法律效用。数字签名与手工签名一样，主要起到认证、核准和生效的作用。

数字签名技术是将摘要信息用发送者的私钥加密，与原文一起传送给接收者。接收者只有用发送的公钥才能解密被加密的摘要信息，然后用 Hash 函数对收到的原文产生一个摘要信息，与解密的摘要信息对比。如果相同，则说明收到的信息是完整的，在传输过程中没有被修改，否则说明信息被修改过，因此数字签名能够验证信息的完整性。

综上所述，数字签名具有以下几个性质：数字签名能够证实是作者本人的签名及签名的日期和时间；在签名时能对内容进行鉴别；签名能被第三方证实以便解决争端。

4.2.2 数字签名的原理

数字签名采用了双重加密的方法来实现防伪、防赖。数字签名原理如图 4.1 所示,其步骤可分为以下五步。

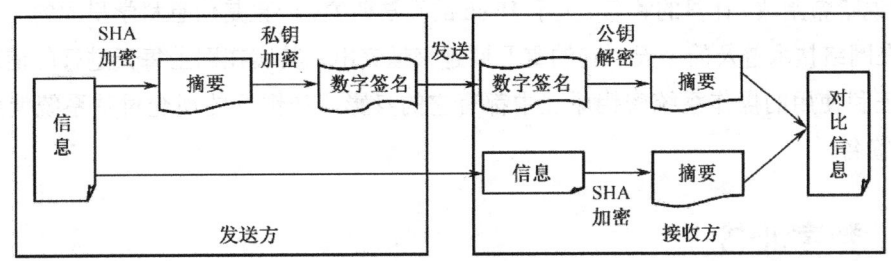

图4.1 数字签名原理

(1)被发送信息用 SHA 编码加密产生 128 位的数字摘要。
(2)发送方用自己的私用密钥对摘要再加密形成数字签名。
(3)将信息和加密的摘要同时传给接收方。
(4)接收方用发送方的公共密钥对摘要解密,同时对收到的信息用 SHA 编码加密产生又一摘要。
(5)将解密后的摘要和收到的信息在接收方重新加密产生的摘要相互对比,如两者一致,则说明传送过程中信息没有被破坏或篡改过。

4.2.3 常用的数字签名方法

数字签名的方法很多,应用最广泛的三种为 RSA 签名、DSS 签名和 Hash 签名。

1. RSA 签名

RSA 签名是第一个能同时用于加密和数字签名的算法,也易于理解和操作。RSA 是被研究得最广泛的公钥算法,从提出到现在已 40 多年,经历了各种攻击的考验,逐渐被人们接受,普遍认为是最优秀的公钥方案之一。

RSA 签名是一种非对称密码算法。所谓非对称,就是指该算法需要一对密钥,使用其中一个加密,则需要用另一个才能解密。

2. DSS 签名

美国国家标准技术研究所(NIST)于 1994 年颁布了数据签名标准(DSS)。它是一种基于公钥密码体制的数字签名方法,适用于签名方计算能力较低且计算时间短,而签名的验证方计算能力强的场合。

DSS 签名算法是基于离散对数数学难题实现的。与公钥密码算法 RSA 不同,DSS 是专门用作数字签名的,RSA 算法不仅可以用于签名,还可以用于信息的加/解密。

3. Hash 签名

Hash，一般翻译为"散列"，也有直接音译为"哈希"的，是指把任意长度的输入，通过散列算法，变换成固定长度的输出，该输出就是散列值。Hash 签名是指利用散列函数（或者说哈希函数）计算的签名。关于 Hash 的算法研究，一直是信息科学里面的一个前沿，尤其在网络技术普及的今天，它的重要性越来越突出，其实在网上每天进行的信息交流安全验证和使用的操作系统密钥原理中都有它的身影，如银行的现金付款系统使用的就是 Hash 签名。

4.3 数字证书

4.3.1 数字证书概述

在电子交易过程中由于买卖双方是不可见的，因此要有一种表明身份的标志，以示自己是一个合法的用户或合法的企业。数字证书是由权威机构——CA 证书授权中心发行的，能提供在互联网上进行身份验证的一种权威性电子文档，人们可以在互联网交往中用它来证明自己的身份和识别对方的身份。

数字证书必须具有唯一性和可靠性。为了达到该目的，需要采用很多技术来实现。通常，数字证书采用公开密码密钥体系，即利用一对互相匹配的密钥进行加密、解密。每个用户自己设定一个特定的仅为本人所知的私有密钥，用它进行解密和签名；同时设定一个公共密钥（公钥）并由本人公开，为一组用户所共享，用于加密和验证签名。当发送一份保密文件时，发送方使用接收方的公钥对数据加密，而接收方则使用自己的私钥解密，这样信息就可以安全无误地到达目的地了。

目前，最常用的数字证书是 X.509 证书。一个标准的 X.509 数字证书的内容主要由基本数据信息和发行数据证书的 CA 签名与签名算法两部分组成。其包含以下一些内容。

（1）证书的版本信息，不同版本证书包含的信息类型和格式有所不同。

（2）证书的序列号，每个证书都有一个唯一的证书序列号，该编号是唯一的，目的是将该证书与同一 CA 颁发的其他证书区分开来。

（3）证书所使用的签名算法，如 RSA 或 DSS。

（4）证书的发行机构名称及其私钥的签名。

（5）证书的有效期。

（6）证书使用者的名称及其公钥的信息。

4.3.2 数字证书的功能

基于互联网的电子商务系统技术使在网上购物的顾客能够极其方便地获得商家和企业

的信息，但同时增加了某些敏感或有价值的数据被滥用的风险。因此，互联网电子商务系统必须保证具有十分可靠的安全保密技术，也就是说，必须保证网络安全的四大要素，即信息传输的保密性、交易者身份的确定性、发送信息的不可否认性、数据交换的完整性。

1．信息传输的保密性

网络业务处理中的各类信息均有不同程度的保密要求。例如：政务系统的用户名和密码被人窃取，身份就可能被冒用；网上交易的订货和付款的信息被竞争对手获悉，就可能丧失商机。而 CA 颁发的数字证书保证了电子政务、电子商务的信息传播中信息的保密。

2．交易者身份的确定性

网络通信的双方很可能素昧平生，相隔千里。要使交易成功首先要能确认对方的身份，对于服务提供方，要考虑"客户端是不是骗子"；而对于客户一方，也会担心对方是不是一个欺诈的黑店。因此能否方便而可靠地确认对方身份是交易的前提。对于为顾客或用户开展服务的政府行政服务中心、银行和销售商店，为了做到安全、保密、可靠地开展服务活动，都要进行身份认证的工作。而 CA 颁发的数字证书可保证网上通信双方的身份，行政服务中心、银行和电子商务公司可以通过 CA 确认身份，放心地开展网上业务。

3．发送信息的不可否认性

由于系统业务的千变万化，交易一旦达成是不能被否认的，否则必然会损害一方的利益。例如，订购水果，订货时水果价格较低，但收到订单后，水果价格上涨了，如收单方否认收到订单的实际时间，甚至否认收到订单的事实，则订货方就会蒙受损失。因此 CA 颁发的所有数字证书类型都确保了电子交易通信过程的各个环节的不可否认性，使交易双方的利益都不受损害。

4．数据交换的完整性

交易的文件是不可被修改的，如上例所举的订购水果。供货单位在收到订单后，发现水果价格大幅上涨了，如其能改动文件内容，将订购数 1 吨改为 1 千克，则可大幅受益，那么订货单位可能就会因此而蒙受损失。因此 CA 颁发的数字证书也确保了电子交易文件的不可修改性，以保障交易的严肃和公正。

4.3.3 数字证书的类型

基于数字证书的应用角度分类，数字证书可以分为以下四种。

1．服务器数字证书

服务器数字证书被安装于服务器设备上，用来证明服务器的身份和进行通信加密。服务器证书可以用来防止假冒站点。服务器证书通过在客户端浏览器和 Web 服务器之间建立一条 SSL 安全通道保证了双方传递信息的安全性，而且用户可以通过服务器证书验证他所访问的网站是真实可靠的。服务器证书可以保证用户与网站所交换的个人信息如信用卡号码不被截获或篡改，它含有相关的身份证明信息，网络客户可以根据这些信息来确认一个网站的身份，避免被伪装的流氓网站所欺骗。

2．电子邮件数字证书

电子邮件数字证书中包含用户的邮箱地址信息，用于电子邮件的身份识别、邮件的数字签名、加密。收到具有有效电子签名的电子邮件，我们除了能相信邮件确实由指定邮箱发出外，还可以确信该邮件从被发出后没有被篡改过。另外，使用接收的邮件证书，我们还可以向接收方发送加密邮件。该加密邮件可以在非安全网络传输，只有接收方的持有者才可以打开该邮件。

3．个人数字证书

个人数字证书申请者为个人。证书中包含证书持有者的个人身份信息、公钥及证书颁发机构（CA）的签名，用于在网络通信中标识证书持有者的个人身份，并且保证信息在互联网传输过程中的安全性和完整性。个人数字证书主要应用于在网上进行合同签订、订单、录入审核、操作权限、支付信息等活动中标明身份。

4．企业数字证书

企业数字证书申请者为企事业单位，证书的信息包括企业名称、证件类型、证件号码、联系人的 E-mail 地址。企业数字证书用于在网上对政府机关、企事业单位和各类组织机构进行身份认证，发送安全电子邮件或网上信息交换的身份认证，并且保证信息在互联网传输过程中的安全性和完整性。企业数字证书主要应用于企业对外的网络业务中的身份识别、信息加密及数字签名等。

4.4 认证机构

4.4.1 认证机构概述

前面介绍了数字签名，但数字签名只是从技术手段上对签名人身份做出辨认及对签署文件的发件人与发出电子文件所属关系做出确认。如何解决公共密钥的确定性及私有密钥持有者否认签发文件的可能性等问题，则是数字签名技术本身无法解决的问题。换言之，这里面有一个解决私有密钥持有人信用度的问题。它包括两种可能性：一是密钥持有人主观恶意，即有意识否认自己做出的行为；二是客观原因，即发生密钥丢失、被窃或被解密情况，使发件人或收件人很难解释归责问题。所以，需要有一个具有权威性和公正性的第三方来解决这些问题。认证中心（CA）是承担网上安全电子交易认证服务、签发数字证书，并能确认用户身份的服务机构。CA 通常是企业性的服务机构，主要任务是受理数字证书的申请、签发及管理。CA 依据认证操作规定，实施服务操作。可以将 CA 想象成公安局，而数字证书就是身份证，如图 4.2 所示。

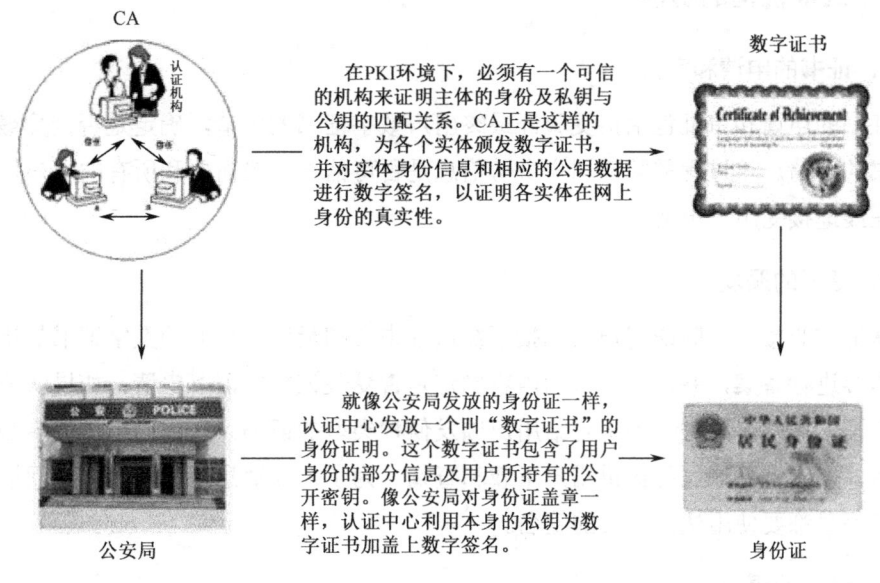

图 4.2 CA 签发数字证书原理

（资料来源：神州融信网：http://www.chinautrust.com/resource/catech.htm）

电子认证的具体操作程序为：

（1）发件人在数字签名前，签署者必须将他的公共密钥送到一个经合法注册、具有从事电子认证服务许可证的第三方（CA）登记并由该认证机构签发电子印鉴证明。

（2）发件人将数字签名文件同电子印鉴证明一并发送给对方，收件方经由电子印鉴佐证及数字签名的验证，即可确信数字签名文件的真实性和可信性。

由此可见，CA 正起到一个行使具有权威性公证的第三方的作用。而经 CA 颁发的数字证书是存于计算机上的一个记录，是证明两者之间的对应关系的一个电子资料，包括证书申请者的名称及相关信息、申请者的公钥、签发证书的 CA 的数字签名及证书的有效期等内容。数字证书的作用是使网上交易的双方互相验证身份，保证电子商务的安全进行。

> 小资料 我国的认证中心
>
> - 中国金融认证中心（http://www.cfca.com.cn）
> - 北京数字证书认证中心（http://www.bjca.org.cn）
> - 上海数字证书认证中心（http://www.sheca.com）
> - 广东省电子商务认证中心（http://www.cnca.net）

- 浙江省数字安全证书管理有限公司（http://www.zjca.com.cn）
- 江苏省电子商务证书认证中心（http://www.jsca.com.cn）

4.4.2 认证机构的功能

1．证书的申请和审批

证书的申请和审批包括接受验证最终用户数字证书的申请，确定是否接受最终用户数字证书的申请。该过程需验证用户身份信息是否可信，一般需要和所有的用户接触，并且实时在线地接受用户申请。

2．证书的颁发

认证中心接收、验证用户（包括下级认证中心和最终用户）的数字证书的申请，将申请的内容进行备案，并根据申请的内容确定是否受理该数字证书申请。如果认证中心接受该数字证书申请，则进一步确定给用户颁发何种类型的证书。新证书用认证中心的私钥签名以后，发送到目录服务器供用户下载和查询。为了保证消息的完整性，返回给用户的所有应答信息都要使用认证中心的签名。

3．证书的更新

证书更新是指在不改变证书中用户的公钥或其他任何信息的情况下，为用户签发一张新证书。

4．证书的查询

证书的查询可以分为两类：一是证书申请的查询，认证中心根据用户的查询请求返回当前用户证书申请的处理过程；二是用户证书的查询，这类查询由目录服务器来完成，目录服务器根据用户的请求返回适当的证书。

5．证书的作废

出于一些原因，如私钥泄露、证书包含的相关信息改变及使用的终止等，证书必须被作废。认证中心通过维护证书作废列表（Certificate Revocation List，CRL）来完成上述功能。

6．证书的归档

证书具有一定的有效期，证书过了有效期之后将作废，但是不能将作废的证书简单地丢弃，因为有时可能需要验证以前的某个交易过程中产生的数字签名，这时就需要查询作废的证书。基于此类考虑，认证中心还应当具备管理作废证书和作废私钥的功能。

4.4.3 认证机构的组成

1．注册机构服务器

根据 PKI 的管理政策，注册机构（Registration Authority，RA）的主要功能是核实证书申请者的身份，承担确认、批准或拒绝证书申请人的作用。它是用户和 CA 的接口，它所获得的用户标识的准确性是 CA 颁发证书的基础。RA 可以分担 CA 的一定功能以增强可扩展性并且降低运营成本，RA 的主要职责如下。

（1）对证书申请者的身份进行验证。

（2）批准证书申请者的证书申请或恢复备份密钥申请，将申请者的身份信息和公钥以数字签名的方式发送给 CA。

（3）接受证书撤销或暂停申请，验证其有效性，并向 CA 发送该申请。

注册时，可以向 RA 申请身份验证的实体包括个人、组织、设备、Web 站点、软件等。其中，设备、Web 站点、软件等作为证书申请人是对申请人概念的延伸，通常是对拥有它们所有权的个人或组织进行身份确认。

在实际的电子商务活动中，往往将注册机构 RA 的注册和审核分开，形成注册 RA 服务器和证书审核机构两个部分。注册 RA 服务器通过 Web 站点，24 小时为申请者提供证书申请服务。它记录申请者填写的各种表格信息，为审核机构提供验证材料。

2．证书申请受理和审核机构

该机构的主要功能是接受客户证书申请并进行审核。

3．认证中心服务器

认证中心服务器是整个认证系统的核心，保存根认证中心的私钥，其安全等级要求最高。认证中心服务器具有产生证书、实现密钥备份等功能，这些功能应尽量独立实施。认证中心服务器的主要功能还包括认证中心初始化和认证中心管理、处理证书申请、证书管理、交叉认证等。

4.5 公钥基础设施

4.5.1 公钥基础设施概述

在电子交易过程中，需要一个具有权威性公信力的第三方作为安全认证机构对公开密钥行使辨别及认证等管理职能，以防止发件人抵赖或减少因密钥丢失、被偷窃或被解密等所带来的风险。由此可见，数字签名的安全使用必须配合安全认证机构体系的建立。事实上，西方很多国家（美国、加拿大、德国等）及日本都已经或正在建立相配套的公共密钥基础设施（Public Key Infrastructure）。这样，网络上数字签名与 CA 认证的相互结合就解决了数字签名技术无法解决的信用度问题。

公钥基础设施（Public Key Infrastructure，PKI）是一种遵循既定标准的密钥管理平台，能够为所有网络应用提供加密和数字签名等密码服务及所必需的密钥和证书管理体系。简单地说，PKI 就是利用公钥理论和技术建立的提供安全服务的基础设施，是创建、颁发、管理、撤销公钥证书等一系列基础服务的所有软件、硬件的集合体。

20 世纪 80 年代，美国学者最先提出 PKI 的概念，实际上，授权管理基础设施、可信时间戳服务系统、安全保密管理系统、统一的安全电子政务平台等的构筑都离不开它的支持。数字证书认证中心（CA）、审核注册中心（RA）、密钥管理中心（Key Manager，KM）都是组成 PKI 的关键组件。作为提供信息安全服务的公共基础设施，PKI 是目前公认的保障网络社会安全的最佳体系。所以说，PKI 技术是信息安全技术的核心，也是电子商务的关键和基础技术，作为安全基础设施，为不同的用户实体提供了多种安全服务，这里涉及的服务包括认证、完整性、保密性、不可否认性、安全时间戳、安全公证等。

1．认证

认证就是确认实体是自己所声明的实体，鉴别身份的真伪。在这里，证书是一个可信的第三方证明，通过它，通信双方可以安全地进行互相认证，而不用担心对方是假冒的。

2．完整性

保证电子商务中所传输的交易信息不被中途篡改及通过重复发送进行虚假交易。实现数据完整性服务的主要方法是数字签名。

3．保密性

保证电子商务中涉及的大量保密信息在公开网络的传输过程中不被窃取。PKI 的保密性服务采用了"数字信封"机制。

4．不可否认性

在电子商务交易完成后，保证交易的任何一方都无法否认已发生的交易。

5．安全时间戳

安全时间戳就是数字时间戳服务，提供电子文件发表时间的安全保护，是一个可信的时间权威，它用一段可认证的完整的数据表示时间戳。数字时间戳服务用来证明一组数据在某个特定的时间是否存在。

6．安全公证

PKI 中安全公证服务的含义是"数据认证"。PKI 公证人是一个被其他 PKI 实体所信任的实体，能够正确公正地提供公证服务。

现在，如何推广 PKI 应用，加强系统之间、部门之间、国家之间 PKI 体系的互通互联，已经成为目前 PKI 建设亟待解决的重要问题。

4.5.2 PKI 的组成

一个完整的 PKI 应用系统至少应包括认证机构、证书库、应用程序接口、密钥备份及恢复系统、证书废除系统、客户端证书处理系统等部分。除此之外，一个 PKI 系统的运行少不了证书申请者和证书信任方的参与。在具体应用中，各部分的功能是有弹性的，有些功能并不在所有的应用中出现，PKI 的许多详细功能是根据业务的操作规程而确定的。

1．证书申请者

证书申请者是证书的持有者，证书的目的是把用户身份与其密钥绑定在一起，用户身份可以是参与网上交易的人或应用服务器，在进行网上交易时，证书的作用是验证身份、生成和校验数字签名、交换加密数据等。

2．证书信任方

PKI 为证书信任方提供了检验证书申请者身份及与证书申请者进行安全数据交换的功能。在电子商务应用中，用户通常扮演证书申请者和证书信任方的双重角色。证书信任方的具体功能有接收证书、请求证书、核实证书、检查身份和数字签名、数据加密等。

3．认证机构

认证机构的作用是接收个人申请，产生、分配管理用户的证书，它是 PKI 最核心的部分。

4．证书库

证书库存放了经认证机构签发的证书和已撤销证书的列表，网上交易的用户可以使用应用程序，从证书库中得到交易对象的证书和公钥，验证其证书的真伪，查询其证书的状态。它像网上的"白页"一样，是网上的公共信息库，可供公众进行开放式查询。一般来说，查询的目的有两个：一是想得到与之通信实体的公钥；二是要验证通信对方的证书是否已进入"黑名单"。

5．应用程序接口

PKI 体系的价值在于能够使用户方便地使用加密、数字签名、身份认证等安全服务，因此，一个完整的 PKI 必须提供良好的应用接口，使得各种应用能够安全、一致、可信地与 PKI 交互，确保网络环境的可信性、完整性和经济性。

为了向应用系统屏蔽密钥管理细节，PKI 应用接口系统需要实现以下功能：完成证书的验证工作；以安全、一致的方式与 PKI 的密钥备份与恢复系统交互，为应用提供统一的密钥备份与恢复支持；确保用户的签名私钥始终只在用户本人的控制之下，阻止备份签名私钥的行为；根据安全策略自动为用户更换密钥，实现密钥更换的自动、透明与一致；向应用提供历史密钥的安全管理服务；为所有应用访问公用证书库提供支持；以可信、一致的方式与证书作废系统交互，向所有应用提供统一的证书作废处理服务；完成交叉证书的验证工作；支持多种密钥存放介质，包括 IC 卡、PC 卡、安全文件等。另外，PKI 应用接口系统应该是跨平台的。

6．密钥备份及恢复系统

密钥备份及恢复系统是对用户的解密密钥而言的，丢失密钥造成被保护数据的丢失是完全不可以接受的。假如相应的私钥丢失，这些文件将无法恢复，可能会对业务造成严重伤害甚至停止。为了避免发生这种情况，PKI 提供密钥备份与恢复机制。密钥备份及恢复系统是由可信机构来完成密钥的备份和恢复的（但不备份签名私钥）。

7．证书废除系统

CA 签发证书来捆绑用户的身份和公钥。可是在现实环境中，如果证书对应的私钥被窃取而证书没有及时被撤销的话，就有可能造成机密信息的泄露或使窃取人利用该私钥制造伪装签名。所以，必须存在一种机制来撤销这种认可。注册管理中心一旦收到证书撤销请求，就可以立即执行证书撤销，并同时通知用户，使之知道特定证书已被撤销。PKI（CA）提供了一套成熟、易用和基于标准的证书撤销系统。从安全角度来说，每次使用证书的时候，系统都要检查证书是否已被撤销。为了保证执行这种检查，证书撤销是自动进行的，而且对用户是透明的。

8．客户端证书处理系统

为方便客户操作，解决 PKI 的应用问题，客户装有客户端软件，以实现数字签名、加密传输数据等功能。此外，客户端软件还负责在认证过程中，查询证书和相关证书的撤销信息及进行证书路径处理、对特定文档提供时间戳请求等。如果没有客户端软件，我们将无法有效地去享受 PKI 提供的很多服务。

4.5.3　PKI 的使用原理

PKI 是建立在公钥密码体制上的信息安全基础设施，是保障信息安全最关键、最基本的技术手段和理论基础。其原理是通过数学加/解密的公式制成两种数字钥匙，即公开发行的公钥和由使用者自己保管的私钥来解决数据传输的安全问题。

公共密钥算法的基本特点是加密和解密密钥是不同的，其中一个公共密钥被用来加密数据，而另一个私有密钥被用来解密数据。此外，密钥对中任何一个都可用于加密，其另外一个用于解密，且密钥对中称为私有密钥的那一个只有密钥对的所有者才知道，从而可以把私有密钥作为其所有者的身份特征。根据公共密钥算法，已知公共密钥是不能推导出私有密钥的。最后使用公共密钥时，要安装此类加密程序，设定私有密钥，并由程序生成庞大的公共密钥。使用者向与其联系的人发送公共密钥的拷贝，同时请他也使用同一个加密程序。之后他人就能向最初的使用者发送用公共密钥加密成密码的信息。仅有使用者才能够解码那些信息，因为解码要求使用者知道公共密钥的口令，那是唯有使用者自己才知道的私有密钥。在这些过程中，信息接收方获得对方公共密钥有两种方法：一种是直接跟对方联系以获得对方的公共密钥；另一种是向第三方即可靠的验证机构（如 CA）可靠地获取对方的公共密钥。认证中心在鉴定该人的真实身份后，颁发包含用户公钥的数字证书。其他用户只要能验证证书是真实的，并且信任颁发证书的认证中心，就可以确认用户的公钥。认证中心是公钥基础设施的核心，只有具备了大家信任的认证中心，用户才能放心、方便地使用公钥技术带来的安全服务。

4.5.4 PKI 的标准

PKI 发展的一个重要方面就是标准化问题，它是建立互操作性的基础。一方面 PKI 标准用于定义 PKI，另一方面用于 PKI 的应用。PKI 标准经历了两代发展。

第一代 PKI 标准主要包括美国 RSA 公司的公钥加密标准（Public Key Cryptography Standards，PKCS）系列、国际电信联盟的 ITU-T X.509、IETF 组织的公钥基础设施 X.509（Public Key Infrastructure X.509，PKIX）标准系列、无线应用协议（Wireless Application Protocol，WAP）论坛的无线公钥基础设施（Wireless Public Key Infrastructure，WPKI）标准等。第一代 PKI 标准主要是基于抽象语法符号（Abstract Syntax Notation One，ASN.1）编码的，实现比较困难，这也在一定程度上影响了标准的推广。

第二代 PKI 标准是在 2001 年，由微软、VeriSign 和 WebMethods 三家公司发布的 XML 密钥管理规范（XML Key Management Specification，XKMS）。XKMS 由两部分组成：XML 密钥信息服务规范（XML Key Information Service Specification，X-KISS）和 XML 密钥注册服务规范（XML Key Registration Service Specification，X-KRSS）。X-KISS 定义了包含在 XML-SIG 元素中的用于验证公钥信息合法性的信任服务规范；使用 X-KISS 规范，XML 应用程序可通过网络委托可信的第三方 CA 处理有关认证签名、查询、验证、绑定公钥信息等服务。X-KRSS 则定义了一种可通过网络接受公钥注册、撤销、恢复的服务规范；XML 应用程序建立的密钥对，可通过 X-KRSS 规范将公钥部分及其他有关的身份信息发给可信的第三方 CA 注册。目前，XML 已成为 W3C 的推荐标准，并已被微软、VeriSign 等公司集成于他们的产品中。

CA 普遍采用的规范是 X.509 系列和 PKCS 系列，其中主要应用到了以下规范。

1. ASN.1（1988）

ASN.1 是描述在网络上传输信息格式的标准方法。它有两部分：第一部分（ISO

8824/ITU X.208）描述信息内的数据、数据类型及序列格式，也就是数据的语法；第二部分（ISO 8825/ITU X.209）描述如何将各部分数据组成消息，也就是数据的基本编码规则。

ASN.1 原来是作为 X.409 的一部分而开发的，后来才独立地成为一个标准。这两个协议除了在 PKI 体系中被应用外，还被广泛应用于通信和计算机的其他领域。

2．X.500（1993）

X.500 是一套已经被国际标准化组织（ISO）接受的目录服务系统标准，它定义了一个机构如何在全局范围内共享其名字和与之相关的对象。一个完整的 X.500 系统称为一个"目录"。X.500 已经被接受作为提供世界范围的目录服务的一种国际标准。它与 X.400 电子函件标准密切相连。在 PKI 体系中，X.500 被用来唯一标识一个实体，该实体可以是机构、组织、个人或一台服务器。X.500 虽然是一个完整的目录服务协议，被认为是实现一个目录服务的最好途径，但是它的实现需要很大投资，并且比其他方式速度慢。

3．X.509（1993）

X.509 是由国际电信联盟（ITU-T）制定的数字证书标准。在 X.500 确保用户名称唯一性的基础上，X.509 为 X.500 用户名称提供了通信实体的鉴别机制，并规定了实体鉴别过程中广泛适用的证书语法和数据接口。

X.509 的最初版本公布于 1988 年。X.509 证书由用户公共密钥和用户标识符组成，此外还包括版本号、证书序列号、CA 标识符、签名算法标识、签发者名称、证书有效期等信息。这一标准的最新版本是 X.509 V3，它定义了包含扩展信息的数字证书。该版数字证书提供了一个扩展信息字段，用来提供更多的灵活性及特殊应用环境下所需的信息传送。

4．PKCS 系列标准

PKCS 是由美国 RSA 数据安全公司及其合作伙伴制定的一组公钥密码学标准，其中包括证书申请、证书更新、证书作废表发布、扩展证书内容及数字签名、数字信封的格式等方面的一系列相关协议。

5．OCSP 在线证书状态协议

OCSP（Online Certificate Status Protocol）是 IETF 颁布的用于检查数字证书在某一交易时刻是否仍然有效的标准。该标准提供给 PKI 用户一条方便快捷的数字证书状态查询通道，使 PKI 体系能够更有效、更安全地在各个领域中被广泛应用。在线证书状态协议克服了证书注销列表（CRL）的主要缺陷——必须经常在客户端下载以确保列表的更新。当用户试图访问一个服务器时，在线证书状态协议发送一个对于证书状态信息的请求。服务器回复一个"有效""过期"或"未知"的响应。协议规定了服务器和客户端应用程序的通信语法。在线证书状态协议给了用户到期证书一个宽限期，这样他们就可以在更新以前的一段时间内继续访问服务器。

6. LDAP 目录访问标准

LDAP（Lightweight Directory Access Protocol）V1 版本产生于 1993 年，随后于 1997 年发布了第三个版本 LDAP V3，它的出现是 LDAP 协议发展的一个里程碑性标志。LDAP 规范简化了烦琐的 X.500 目录访问协议，并且在功能性、数据表示、编码和传输方面都进行了相应的修改。目前，LDAP V3 已经在 PKI 体系中被广泛应用于证书信息发布、CRL 信息发布、CA 政策及与信息发布相关的各个方面。

除了以上协议外，还有一些构建在 PKI 体系上的应用协议，如 IP 安全协议（IPSec）、安全套接层协议（SSL）、传输层安全协议（TLS）、安全的多功能互联网电子邮件扩充协议（S/MIME）、安全的超文本传输协议（S-HTTP）等。在后面的章节中，我们将详细阐述电子商务中的安全套接层协议与安全电子交易协议。

4.5.5 PKI 的优势及意义

PKI 是一个用公钥概念与技术来实施并提供一套安全服务，具有一般通用性的安全基础设施。

1. PKI 的优势

（1）节省费用。在一个大型组织中，实施统一的安全解决方案比实施多个有限的解决方案要节省费用。

（2）互操作性。在一个企业内部，实施多个点对点的解决方案，无法实现互操作性。因为这些方案是独立开发的，具有互不兼容的操作流程和工具平台。相反，安全基础设施具有很好的互操作性，因为每个应用程序和设备以相同的方式访问和使用基础设施。

（3）开放性。PKI 系统的设计具有开放性的特点。任何先进技术的早期设计，都希望在将来能和其他企业间实现互操作。一个基于开放的、国际标准公认的基础设施技术比一个专有的点对点的技术方案更可信和方便。

（4）一致的解决方案。安全基础设施为所有的应用程序和设备提供了可靠的、一致的解决方案。与一系列互不兼容的解决方案相比，这种一致性的解决方案在一个企业内更易于安装、管理和维护。一致性解决方案可简化管理且开销小，这是基础设施的重要优势。

（5）可验证性。安全基础设施为各种应用系统和设备之间的安全交互提供了可能，因为所有的交互可采用统一的处理方式。也就是说，基础设施的操作和交互可以被验证是否正确，这个独立的、可信任的验证机构就是认证机构 CA。在独立的点对点解决方案之间，安全性是很差的，因为即使每一个解决方案都经过严格测试，但方案之间的交互也很难进行大规模的、全面的测试。

（6）可选择性。这里所说的可选择性是指基础设施提供者是可供选择的。基础设施的提供者可以是一个企业内部的特设机构，也可以从社会上选择。它取决于提供者的专业技术水平、价格、服务功能、名望、公正性、长远稳定性及其他因素。

2．PKI 的意义

（1）通过 PKI 可以构建一个可管、可控、安全的互联网络。传统的互联网是一个无中心的、不可控的网络。但是，由于互联网具有统一的网络层和传输层协议，适合全球互联，且线路利用率高、成本低、安装使用方便等，因此从它诞生的那一天起就显示出了强大的生命力，很快遍布全球。

在传统的互联网中，为了解决安全接入的问题，人们采取了"口令字"等措施，但攻击者很容易实施字典攻击来破解口令。因此，国际电信联盟（ITU）、国际标准化组织（ISO）、国际电工委员会（IEC）、互联网工程任务组（IETF）等密切合作，制定了一系列有关 PKI 的技术标准，通过认证机制建立证书服务系统，通过证书绑定每个网络实体的公钥，使网络的每个实体均可识别，从而有效地解决了网络上"身份验证"的问题，把宽带互联网在一定的安全域内变成了一个可控、可管、安全的网络。

（2）通过 PKI 可以在互联网中构建一个完整的授权服务体系。PKI 通过对数字证书进行扩展，在公钥证书的基础上，给特定的网络实体签发属性证书，用以表征实体的角色和属性的权力，从而解决了在大规模的网络应用中"你能干什么"的授权问题。这一特点对实施电子政务十分有利。因为电子政务从一定意义上讲，就是把现实的政务模拟到网上来实现。利用 PKI 可以方便地构建授权服务系统，在需要保守秘密时，可以利用私钥的唯一性，保证只有有权限的人才能做某件事，其他人包括网络系统管理员也不能做未经授权的事；在需要大家都知道时，有关的人都能用公钥去验证某项批示是否确实出自某位领导之手，从而保证真实可靠，确切无误。

（3）通过 PKI 可以建设一个普适性好、安全性高的统一平台。PKI 遵循了一套完整的国际技术标准，可以对物理层、网络层和应用层进行系统的安全结构设计，构建统一的安全域。同时，它采用了基于扩展 XML 标准的元素级细粒度安全机制，换言之，就是可以在元素级实现签名和加密等功能，而不像传统的"门卫式"安全系统，只要进了门就可以一览无余。而且，底层的安全中间件在保证为上层用户提供丰富的安全操作接口功能的同时，又能屏蔽安全机制中的一些具体的实现细节，因此对防止非法用户的恶意攻击十分有利。

4.5.6 PKI 的实际应用

PKI 技术的广泛应用能满足人们对网上交易安全保障的需求。当然，作为一种基础设施，PKI 的应用范围非常广泛，并且在不断发展之中，下面给出几个应用实例。

1．虚拟专用网

虚拟专用网（Virtual Private Network，VPN）是指在公用网络上建立专用网络的技术。

通常，企业在架构 VPN 时都会利用防火墙和访问控制技术来提高 VPN 的安全性，这只解决了很少一部分问题，而一个现代 VPN 所需要的安全保障，如认证、机密、完整、不可否认及易用性等都需要采用更完善的安全技术。这就需要 VPN 利用网络层安全协议和建立在 PKI 上的加密与签名技术来获得机密性保护。基于 PKI 技术的 IPSec 协议现在已经成为架构 VPN 的基础，它可以为路由器之间、防火墙之间或路由器和防火墙之间提供经过加密和认证的通信。它的实现虽然会复杂一些，但其安全性比其他协议都完善得多。

2. 安全电子邮件

随着互联网的持续增长，商业机构或政府机构都开始用电子邮件交换一些秘密的或有商业价值的信息，这就引出了一些安全方面的问题。其实，电子邮件的安全需求也是机密性、完整性、认证和不可否认性，而这些都可以利用 PKI 技术来获得。具体来说，利用数字证书和私钥，用户可以对自己所发的邮件进行数字签名，这样就可以获得认证、完整性和不可否认性，如果证书是由其所属公司或某一可信第三方颁发的，收到邮件的人就可以信任该邮件的来源，无论他是否认识发邮件的人。另外，在政策和法律允许的情况下，用加密的方法就可以保障信息的保密性。

> **小资料 S/MIME**
>
> S/MIME（Secure/Multipurpose Internet Mail Extensions）是互联网中用来发送安全电子邮件的协议，它为电子邮件提供了数字签名和加密功能，允许不同的电子邮件客户程序彼此间收发安全电子邮件。为了使用安全电子邮件，必须使用支持 S/MIME 功能的电子邮件客户端工具。Outlook Express 是常用的客户端电子邮件收发软件，能够自动查找安装在计算机上的数字证书，将它们同邮件账户相关联，并自动将别人发送给你的数字证书添加到通信簿中，而且可使用数字证书对邮件进行签名和加密。

3. Web 安全

浏览 Web 页面是人们最常用的访问互联网的方式。如果要通过 Web 进行一些商业交易，该如何保证交易的安全呢？为了透明地解决 Web 的安全问题，最合适的入手点是浏览器。现在，无论是 Internet Explorer 还是 Netscape Navigator 浏览器，都支持 SSL 协议。这是一个在传输层和应用层之间的安全通信层，在两个实体之间进行通信之前，先要建立 SSL 连接，以此实现对应用层透明的安全通信。利用 PKI 技术，SSL 协议允许在浏览器和服务器之间进行加密通信。此外，还可以利用数字证书保证通信安全，服务器端和浏览器端分别由可信的第三方颁发数字证书，这样在交易时，双方可以通过数字证书确认对方的身份。结合 SSL 协议和数字证书，PKI 技术可以保证 Web 交易多方面的安全需求，使 Web 上的交易和面对面的交易一样安全。

4. 应用程序编程接口

应用程序编程接口（Application Programming Interfaces，API）定义了如何使用协议标准，而协议标准规范了 PKI 系统各部分之间相互通信的格式和步骤。当应用需要使用 PKI 服务时，如获取某一用户的公钥、请求证书废除信息或请求证书时都会用到 API。目前，API 没有统一的国际标准，大部分都是操作系统或某一公司产品的扩展，并在其产品应用的框架内提供 PKI 服务。

案例分析题

江苏省电子商务证书认证中心（JSCA）是经江苏省政府批准成立并取得国家主管部门许可的电子认证服务机构，是专业、可信的信息安全服务商。立足南京，服务全国，JSCA 致力于成为领先的电子认证服务运营商和信息安全产品提供商，为政府、行业、企业、事业单位及个人提供信息安全保障。

JSCA 通过自主研发拥有国家网络信任体系系列产品，并形成了一系列电子政务、电子商务的网络信任服务应用解决方案，如网上税务应用、网上工商应用、网上质监应用、网上社保应用、网上招投标、网上审批和网上办公等，为电子政务、电子商务、企业信息化的发展构建安全、可靠的网络信任环境。

针对不同种类的合作，JSCA 制定了详细的合作模式和合作计划，并且为合作伙伴提供具有市场竞争力的合作政策、产品、技术支持和服务资源。

在社会各界的大力支持下，经过全体员工的不懈努力，JSCA 发展迅速，目前已经有多家政府机关和单位享受到了专业便捷的 CA 服务。

（资料来源：江苏省电子商务证书认证中心 http://www.jsca.com.cn）

问题：

根据以上实例，阐述认证中心在电子商务中起到的作用。

自测题

一、判断题

1．电子交易文件中的时间是由用户计算机的时间生成的。（　　）

2．动态口令也被称为"一次性口令"。（　　）

3．数字证书就是网络通信中标志通信各方身份信息的一系列数据。（　　）

4．数字签名因为容易被假冒，所以不具有认证作用。（　　）

5．CA 就是承担网上安全电子交易认证服务、签发数字证书，并能确认用户身份的服务机构。（　　）

二、单选题

1．电子商务系统必须保证具有十分可靠的安全保密技术，必须保证网络安全的四大要素，即信息传输的保密性、数据交换的完整性、发送信息的不可否认性和（　　）。

A．不可修改性 　　　　　　　　B．信息的稳定性

C．数据的可靠性 　　　　　　　D．交易者身份的确定性

2．数字证书的生成过程通常采用两种模式：集中生成模式和（　　）。

A．分布式生成模式 　　　　　　B．单一生成模式

C．局部生成模式 　　　　　　　D．广泛生成模式

3．数字证书就是由（　　）发行的，能提供在互联网上进行身份验证的一种权威性电子文档。

A．银行 　　　　　　　　　　　B．CA

C．商家 　　　　　　　　　　　D．消费者

4．（　　）的主要功能是核实证书申请者的身份，确认、批准或拒绝证书申请人，由认证机构给经过批准的人发放证书。

A．证书申请受理和审核机构 　　B．注册机构（RA）服务器

C．认证中心（CA）服务器 　　　D．银行

三、简答题

1．在电子商务活动中，身份认证的主要途径有哪几种？

2．请简述数字证书的主要功能。

3．请简述什么是PKI，并列出PKI的优点。

4．CA的主要功能是什么？PKI、CA、数字证书三者之间的关系是什么？

实训题

1．浏览我国一些认证中心的网站，了解一下业务流程。

2．了解各银行的动态口令功能，到银行营业点申请动态口令卡，并在相关的银行网站上使用。

3．CA的主要工作就是管理证书。数字证书管理包含证书注册、证书生成、证书颁发、证书使用、证书验证和证书存放等过程。

下面，我们将以申请中国数字认证网（http://www.ca365.com）免费证书为例，来了解CA管理证书的具体步骤及内容。

为了建立数字证书的申请人与CA的信任关系，保证申请证书时信息传输的安全性，在申请数字证书前，需要下载并安装根CA证书。

浏览器的互联网安全选项一定要设置成默认的中级或以下安全级别，如图4.3所示，

停止客户端的防火墙等工具中对 ActiveX 下载安装的拦截。

步骤一：下载并安装根 CA 证书

进入中国数字认证网（http://www.ca365.com）。

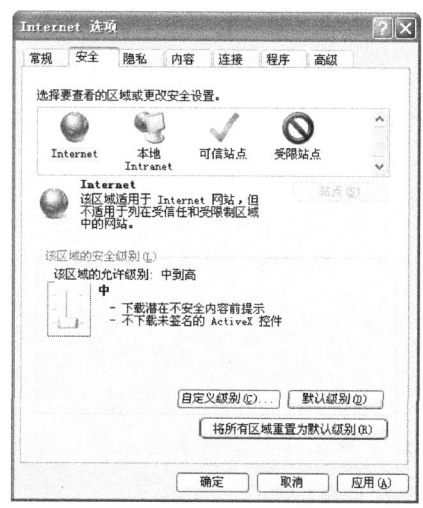

图 4.3　将互联网安全选项设置成中级

访问中国数字认证网首页时，如果客户端没有安装根证书，系统会提示用户自动安装。在安装过程中会显示"安全警告"和"潜在脚本冲突"提示框（见图 4.4），对于上述提示一定要选择"是"。

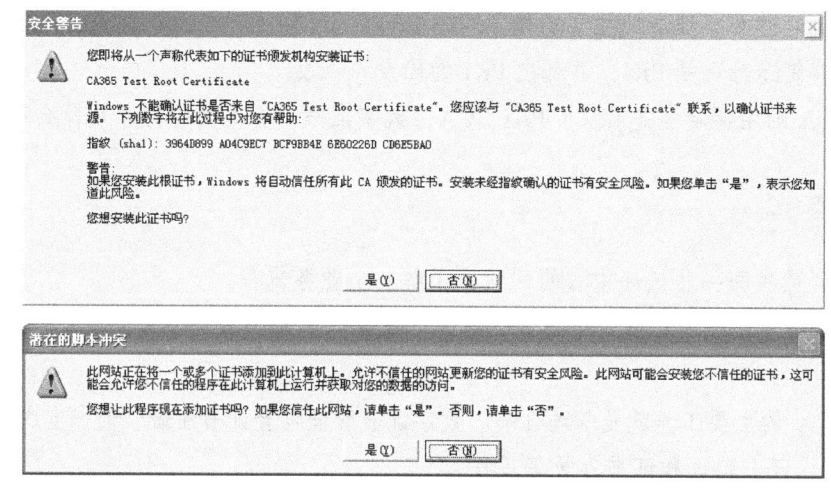

图 4.4　安装根证书过程中显示的"安全警告"和"潜在脚本冲突"

根证书是 CA 给自己颁发的证书，是信任链的起始点。安装根证书意味着对这个 CA 的信任。

如果不能自动安装根证书可以采取以下方法手动安装：在中国数字认证网首页"免费证书"栏中单击"根CA证书"，然后选择"在文件的当前位置打开"。

选择"安装证书"。按向导提示安装，在"根证书存储"窗口选择"是"。

步骤二：查看证书

根证书成功安装后成为"受信任的根证书颁发机构"。从浏览器的菜单中选择"工具/互联网选项"，打开"互联网选项"对话框。在对话框中选择"内容"选项卡，单击"证书"，选择"受信任的根证书颁发机构"选项卡，列表中应该有相应的根证书，单击"查看"可以进一步查看证书的详细信息。

步骤三：申请个人证书

进入中国数字认证网的首页，在"免费证书"栏中单击"用表格申请证书"，打开如图4.5所示窗口，填写相应内容，在证书用途中选择"电子邮件保证证书"，填写完成后单击"提交"按钮。

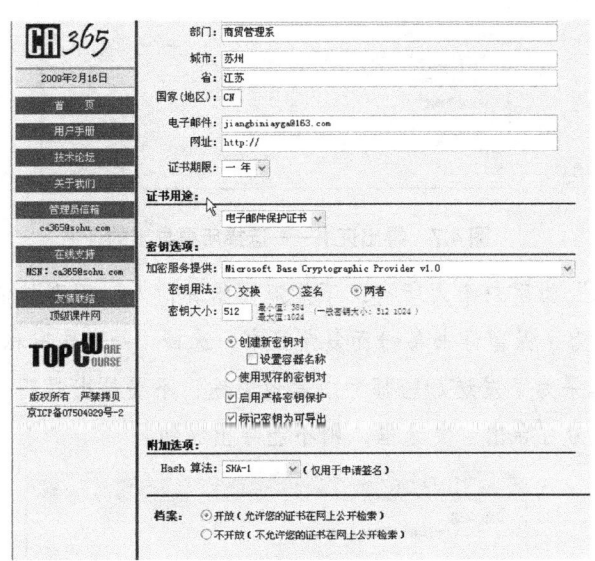

图4.5　用表格申请证书

步骤四：证书的颁发

在上一步中，单击"提交"按钮后，系统将会返回"证书序列号"，如图4.6所示，单击"直接安装证书"按钮，方法同"根CA证书"安装。

步骤五：导出证书

从浏览器的菜单中选择"工具/互联网选项"，打开"互联网选项"对话框。在对话框中选择"内容"选项卡，单击"证书"，选择"个人"选项卡，在列表中选择所要导出的证书，如图4.7所示，单击"导出"按钮。

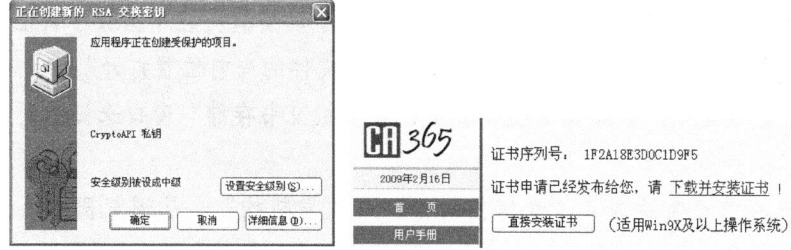

图 4.6　安装证书

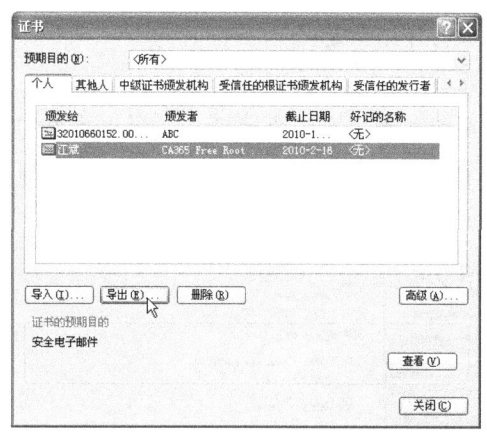

图 4.7　导出证书——选择所要导出的证书

注意,"私钥"为用户个人所有,不能泄露给其他人,否则其他人可以用它冒充你的名义签名。如果是为了保留证书备份而复制证书,选择"是,导出私钥(Y)"单选按钮,如图 4.8 所示,如果为了发送加密邮件或其他用途,不要导出私钥。如果在申请证书时没有选择"标记密钥为可导出"复选框,则不能导出私钥。

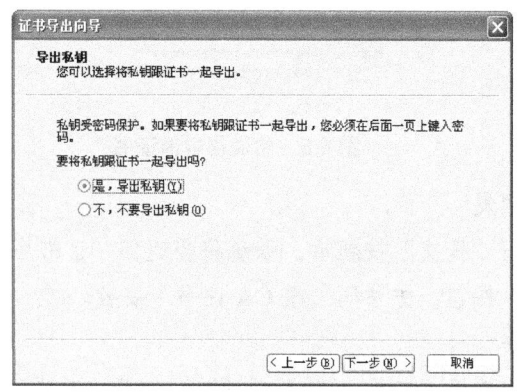

图 4.8　导出证书——导出私钥

输入私钥保护密码,如果在申请证书时没有选择"启用严格密钥保护"复选框,则没有密码提示。

指定要导出的文件名。单击"浏览"按钮可选择存储目标磁盘和目录,如图 4.9 所示,单击"下一步"按钮后按提示进行操作。

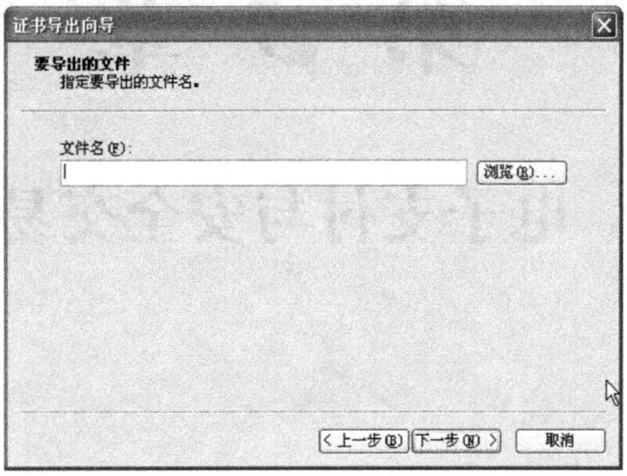

图 4.9　导出证书——选择存储目标磁盘和目录

步骤六：导入数字证书（见图 4.10）

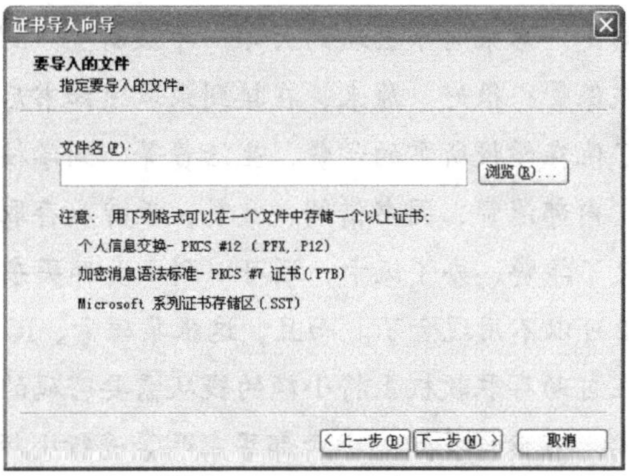

图 4.10　导入数字证书

通过上面的实验,完成申请证书和保存证书的操作。

最后,请自行完成证书的使用——用 OutLook Express 发送数字签名电子邮件。

例如,王华欲向张星订购两台计算机,张星将报价单及配置说明以数字签名电子邮件方式发送给王华；王华收到邮件后,将订单以加密邮件的方式发送给张星。

说明：张星给王华发送签名邮件,要求张星已申请数字证书,同时已正确安装了自己的"电子邮件保护证书"并用证书发送签名邮件(注：要使用的电子邮件地址必须与申请证书时填写的电子邮件地址一致)。

第 5 章

电子支付与安全交易

 引导案例　校园中的电子支付

　　南方某大学的小刘是一名来自小县城的大学一年级新生。到学校不久，他打电话给父亲，请他放心，他的钱保管得很好。原来，在接到录取通知书后，按照学校提供的银行账号，小刘的爸爸汇入了他在学校所需的学费、生活费等。到学校以后，小刘领到了一张集学籍管理、学业管理、内部消费、图书借阅、就餐、医疗和存取款功能于一体的银行校园卡。利用该卡，小刘交了学费、办了饭卡，还可以到小卖部买东西。

　　这样，小刘基本上可以不用现金了。而且，这张集磁卡、IC 卡于一体的校园卡还有一个特别的功能，可以在自助存取款机上将小额的钱从需要密码的磁卡上转到不需要密码的 IC 卡电子钱包上。这样，在食堂吃饭、小卖部买东西等进行小额消费时就免除了输密码联机验证的麻烦，而且卡即使丢了损失也不大。后来，小刘成为网民一族，在网上购物时开通了银行网上支付功能，这样他既可以在线完成支付，也可以通过送货人员随身携带的手持卡读写设备刷卡结账，潇洒地体验电子商务了。

　　通过这个案例，可以发现电子支付不仅仅指网上支付。通过本章学习了解电子支付的发展给人们的生活和工作带来了哪些好处，又将带来哪些风险和挑战。

 本章学习目标

1. 掌握电子支付的概念及发展；
2. 了解安全电子支付方式；
3. 掌握网上银行的操作方法；
4. 了解第三方支付平台的特点。

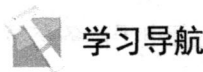 学习导航

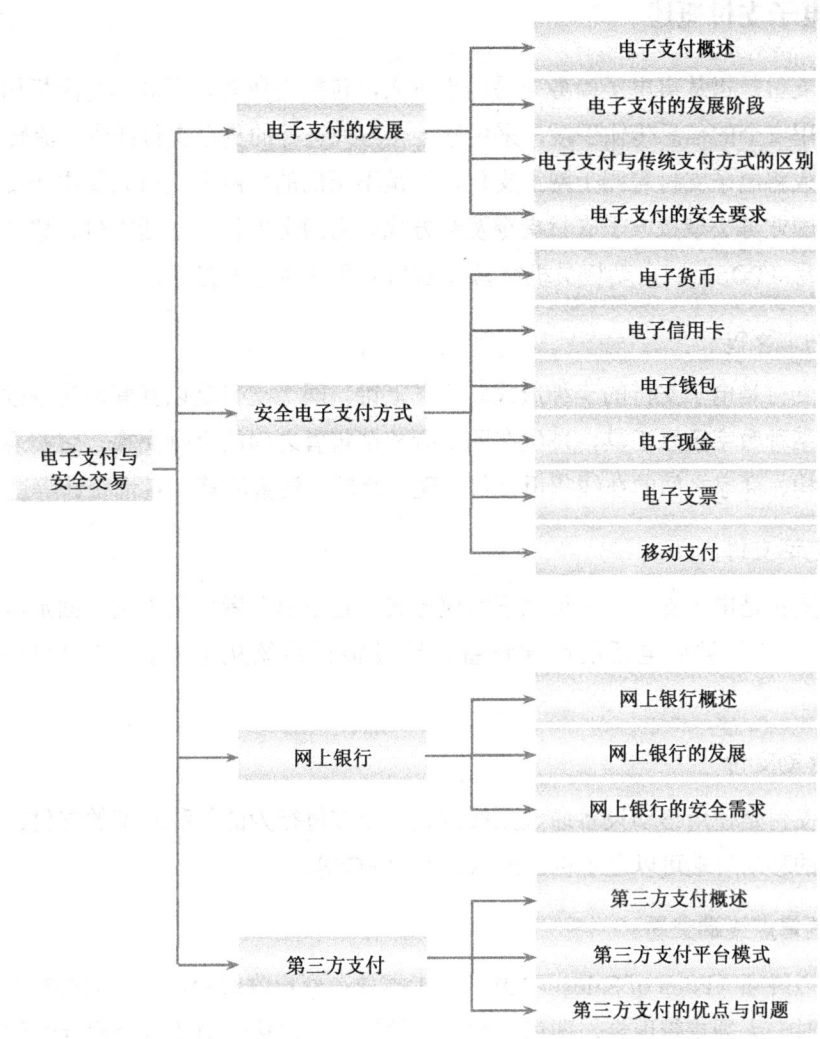

5.1 电子支付的发展

电子支付在中国的发展开始于 1998 年招商银行推出网上银行业务。随后各大银行的网上缴费、移动银行业务和网上交易等逐渐发展起来。

2010 年以后,随着移动智能终端的普及,各大银行开始推出手机银行 App;同时,以支付宝、微信支付为代表的互联网巨头纷纷发力移动支付市场,依靠其强大的线上生态场景优势抢占市场份额。现如今电子支付中最常见的就是支付宝与微信支付,如网络购物,或者在商场购物时只需要扫一扫二维码即可完成转账,电子支付已经成为一种趋势。

随着电子商务的飞速发展,作为电子商务重要支持手段的电子支付成为大家所关注的

焦点。电子支付的出现，使人们突破了时间和空间的限制，可以自由地进行电子商务交易。

5.1.1 电子支付概述

电子支付是指从事电子商务交易的当事人，包括消费者、厂商和金融机构，通过信息网络，使用安全的信息传输手段，采用数字化方式进行的货币支付或资金流转。

许多人将电子支付等同于网上支付，这是不正确的，网上支付只是电子支付的一种，电子支付的业务类型按电子支付指令发起方式分为网上支付、电话支付、移动支付、销售点终端交易（POS）、自动柜员机交易（ATM）和其他电子支付。

1．网上支付

网上支付是电子支付的一种形式。广义上讲，网上支付是以互联网为基础，利用银行所支持的某种数字金融工具，发生在购买者和销售者之间的金融交换。它实现的是从买者到金融机构、商家之间的在线货币支付、现金流转、资金清算、查询统计等过程。

2．电话支付

电话支付是电子支付的一种线下实现形式，是指消费者使用电话（固定电话、手机、小灵通）或其他类似电话的终端设备，通过银行系统从个人银行账户里直接完成付款的方式。

3．移动支付

移动支付是使用移动设备通过无线方式完成支付行为的一种新型的支付方式。移动支付所使用的移动终端可以是手机、PDA、移动 PC 等。

4．销售点终端交易

销售点终端（Point of Sales，POS）是指摆放在商户收银台，可受理银行卡的设备。消费者消费时，无须携带现金，即可持银行卡付款。商户接受消费者用银行卡付款，可任意选择一家银行开立账户作为资金清算账户，所有交易的资金即可在结算后一个工作日内轻松划转至该账户上，更可有效防范假钞，使理财变得更灵活。

5．自动柜员机交易

自动柜员机（Automated Teller Machine，ATM），又称自动提款机，是指银行在不同地点设置一种小型机器，利用一张信用卡大小的胶卡上的磁带（或晶片卡上的晶片）记录客户的基本户口资料（通常就是银行卡），让客户可以通过机器进行取款、存款、转账等银行柜台服务。

5.1.2 电子支付的发展阶段

银行采用信息技术进行电子支付的形式有五种,分别代表着电子支付发展的不同阶段。

1. 第一阶段——电子化支付(1992年之前)

在这一阶段,互联网尚未得到大规模商用,不过多种电子化支付系统,包括POS、软/硬件电子现金、预付款机制、计费系统、电子钱包等已经出现,并得到相当充分的发展,为后来将上述交易系统移植至互联网环境、探索网上支付模式奠定了基础。

2. 第二阶段——信用卡支付(1993—1995年)

在这一阶段,信用卡支付开始通过互联网这种新型信息交换渠道进行。不过最初的交易方式非常简单而且几乎没有任何防护,只是通过互联网传递信用卡号码从而实现交易。即使期间出现了诸如Netscape开发的SSL标准等更多的安全手段,这种由消费者向商家呈递卡号码的交易模式仍然没有得到根本的改变。

这期间,作为消费者、商家、信用卡网络之间交易中介的互联网支付服务商开始出现,如FirstVirtual、CyberCash等,其角色类似于传统环境的POS服务商,但是银行并没有参与最初的互联网电子钱包交易试验。

3. 第三阶段——网上银行(1995—1998年)

尽管初创期的先行者并非来自银行领域,但是在接下来的回归期银行业开始夺回网上支付领域的控制权。其中最重要的一步就是银行组织开发并推广SET。SET是一个真正的金融支付标准,它按照现实环境中支付交易的要素构建出一个适用于互联网的模型,交易过程中各方之间依赖数字证书相互进行身份验证。SET开发的目的在于防止早期信用卡通过网络简单呈递这一模式中出现的欺诈行为,第一笔SET交易于1996年12月完成。此外,银行业也开始尝试将其他传统支付工具(如直接借记、贷记转账)进行改造以适用于互联网,网上银行业务获得初步增长。

在这一阶段,政府与央行注意到电子货币的试验与扩散,开始考虑电子货币与互联网支付的法律问题:1997年德国的电子货币业务被明确视为银行业务,1998年欧盟委员会开始起草电子货币法律。

4. 第四阶段——支付方式多元化(1999—2002年)

在这一阶段,互联网支付系统在多个方向、多个细分领域取得了长足的进展。信用卡占据了网上支付的统治地位,从全球范围来看占有70%~90%的份额。SET标准革新方案开始出现,两大银行卡组织回到合作的道路上来,以3D-Secure为基础统一了信用卡在线认证标准。

2000年以后,电子商务出现飞跃发展,在线拍卖的盛行带动了P2P支付的增长,以

PayPal 为代表的虚拟账户机制定位于以前未被涉及的中小型客户与国际支付市场，获得了空前的机会。

目前，互联网支付向多元化方向发展。基于银行账户的在线支付方案在多个市场取得初步成功，对信用卡支付形成了重要的补充，符合 EMV 标准的智能卡开始扩展至互联网环境，2003 年英国 Barclaycard 开始测试 EMV 卡在线支付；音乐与视频下载及数字内容市场的兴起使微支付机制获得新生；结合移动通信、智能卡、互联网等多种技术的移动支付前景看好；2004 年日本 DoCoMo "手机钱包" 计划开始启动；卡基电子货币在移动、交通、政府等不同领域得到充分应用，而且进一步向零售领域扩展。

在法律领域，欧盟电子货币指令于 2000 年正式颁布，2002 年开始生效并逐步在欧盟各国推行。

5．第五阶段——网上支付（2002 年以后）

通过互联网进行直接转账结算，这是电子支付发展的最新阶段。

电子支付方式可以分为非互联网环境下的电子支付和互联网环境下的电子支付。

电子支付发展的前四个阶段属于非互联网环境下的电子支付，而第五阶段属于互联网环境下的电子支付，它形成了电子商务的环境，也称为电子商务的网上支付（本章介绍的电子支付即指网上支付），网上支付是电子商务的关键环节之一。网上支付的形式称为网上支付工具，主要有信用卡、电子现金、电子支票等。

5.1.3　电子支付与传统支付方式的区别

与传统的支付方式相比，电子支付具有以下四个特征。

（1）电子支付是采用先进的技术通过数字流转来完成信息传输的，其各种支付方式都是采用数字化的方式进行款项支付的；而传统的支付方式则是通过现金的流转、票据的转让及银行的汇兑等物理实体流转来完成款项支付的。

（2）电子支付的工作环境基于一个开放的系统平台（互联网）之中；而传统支付则是在较为封闭的系统中运作。

（3）电子支付使用的是最先进的通信手段，如互联网、企业外部网，而传统支付使用的则是传统的通信媒介；电子支付对软、硬件设施的要求很高，一般要求有联网的微型计算机、相关的软件及其他一些配套设施，而传统支付则没有这么高的要求。

（4）电子支付具有方便、快捷、高效、经济等优势，用户只要拥有一台可上网的 PC 端便可足不出户，在很短的时间内完成整个支付过程，支付费用仅相当于传统支付的几十分之一甚至几百分之一。

5.1.4 电子支付的安全要求

【典型案例】

王女士经常网购。最近找到一家网店承诺购物能返 100 元的红包。王女士挑选了一件 500 元的毛衣，并询问卖家如何获得红包。卖家给王女士发送了一个二维码，并称只要扫描该二维码就可以获得红包。王女士扫描后发现红包界面并未出现。怀疑自己遇到了骗子，于是急忙联系卖家，可卖家已下线。

不久之后，王女士发现自己的银行卡被盗刷，并立即报了警。经警方调查，当时扫描的二维码中含有木马病毒，盗取了王女士的银行卡信息。

【专家解读】

不法分子提供的二维码其实是一个木马病毒的下载地址，这种病毒被下载后，可以自行安装，并不会在桌面上显示任何图标，而是潜伏在移动终端后台中运行，持卡人的信息就能悄无声息地被盗取。

【小贴士】

（1）应该尽量选择信誉度比较高的正规商户，不要轻信商户发送的链接、压缩包、图片和二维码等。

（2）谨防"山寨"应用软件，在扫码前一定要确认该二维码是否出自正规的网站，一些发布在来路不明的网站上的二维码最好不要扫描，更不要点开链接或下载安装。

（3）在移动终端安装杀毒软件等相应的防护程序，一旦出现有害信息，可以及时提醒和删除。

在信息安全所涉及的众多领域中，电子支付是最为引人注目的一个，其原因有两点：一是它和金钱直接挂钩，稍有差池就会带来巨大的经济损失，并且引起整个金融链的恐慌，二是其客户端分布广泛，形式各异，再加上应用水平参差不齐，难以形成统一标准的安全技术平台。

随着网民数量的持续增长，网上购物的交易金额及交易次数也在日渐增加，电子支付业也取得了巨大的发展，已经成为网民必不可少的支付工具之一。采用电子支付最重要的就是方便、快捷、高效、经济等，用户只要拥有可以上网的终端设备，便可足不出户地完成整个支付过程。然而，这些优势的建立，需要电子支付的工作环境基于一个开放的系统平台之中，这就带来了不可避免的安全隐患，如"网络偷盗""网银欺诈"等，使得很多网民不敢轻易采用电子支付方式。调查显示，68%的网民因为安全原因拒绝使用第三方支付产品。网银安全问题极大地阻碍了电子支付业的发展。

用户是影响任何一个产业发展的根本力量，电子支付业也不例外。对用户而言，在享受电子支付便利的同时，对这种新支付模式是否安全也存在重重疑虑。所以，有人说："安全是电子支付发展的核心。"

要解决电子支付的安全问题，就必须先了解电子支付系统可能会遭受到哪些攻击。攻击的种类主要有安全支付协议与网络。

（1）安全支付协议。目前最流行的两个安全电子支付协议是 SSL 和 SET，攻击者可能会利用支付协议的弱点实施攻击，以破坏系统的正常运行或窃取商品。常见的对支付协议的攻击有向支付系统的参与者发送伪造的消息、重复使用支付交易中交换的消息、假冒用户终端等。

（2）网络。盗号木马病毒和黑客攻击无疑是造成网络安全问题的一大重要原因。攻击者可能采用搭线窃听的方法非法截取在网络上传递的信息，以获取交易各方的敏感数据，如交易各方的身份、订购信息及支付信息等。网络用户的非实名制是造成网络隐患的重要原因之一，也是网络案件难以侦破的重要原因之一。

为了防御对电子支付系统的攻击，一般来说，电子支付系统必须具备授权、完整性、保密性、可用性和可靠性。电子支付系统的各种安全需求依赖于系统的特征和定义在其操作上的信用假设。

（1）授权。一个具有完整性的支付系统不允许一个用户在没有另一个用户明确授权的情况下取走资金。为了防止行贿受贿，没有允许，系统也不能接收款项。授权构成了支付系统中最重要的环节。在支付过程中，只有经过授权的参与方才能提取指定数量的金额。

（2）完整性。必须防止交易数据在支付过程中被篡改。

（3）保密性。这里所说的保密性是指防止泄露有关交易的各种信息，如付款人和收款人的标识、交易的内容和数量等。保密性要求这些信息只能让交易的参与方知道，有时甚至要求只让参与方的部分人知道。由于支付协议的需要，交易数据通常包含了参与方某些重要的敏感信息，因此不同的交易数据需要对不同的参与方保密，以防止未经授权的参与方访问和使用这些数据。

（4）可用性和可靠性。所有的交易方要求无论何时都可以进行支付和接收支付。在交易过程中，能够防止交易参与方的抵赖，如防止在签收到消息后又否认收到消息或否认他曾发出的支付交易消息，所有交易方都需要某些可靠的存储器和专用同步协议。

如果仅从技术上看，相关的技术手段已经日趋成熟，如电子证书、128 位以上的高端加密等，但是，这并不意味着已经拿到了电子支付方便易用的"安全钥匙"。例如，很多技术虽然先进，但是有较高的使用与管理成本。像 CA 认证就是非常安全的一种方式，但相对而言成本比较高。当然，并不是所有应用都要付出这样高的成本，国外银行对很多普通个人用户都采用证书的方式就很不理解，因为成本太高，而使用管理上的烦琐对用户也是一种限制。

由此看来，电子支付的安全问题，实际上是一个牵连甚广的应用问题。电子商务发展所要求的开放的支付环境，需要金融和通信、互联网等产业之间的融合，而这又导致了电子支付中的风险相互传递。由于国内外的金融环境有很大不同，因此一些在国外成功的经验并不能简单套用，这就使得电子支付需要面对的安全问题进一步复杂化。也许，这种应用上的困惑最终还要应用来解答，而从实际用户群的习惯、行业特征出发，推出不同的电子支付方式，才是掌握电子支付安全钥匙的唯一途径。

5.2 安全电子支付方式

5.2.1 电子货币

1. 电子货币的定义

随着社会生产力的提高，社会商品交换的需求和数量在不断增长，货币的形态也从贝壳、贵金属、普通金属到纸币和票据，发展到今天的电子货币。

1860 年，美国西部联盟建立世界第一个利用电报进行账户间资金转移的 EFT，这标志着货币电子化的开始，并由此派生出新的货币形式——电子货币。那么，什么是电子货币呢？

电子货币又称电子通货、数字现金、数码通货、电子现金等。根据《英汉证券投资词典》的解释，电子货币的英文描述较多，可被称为 e-money、digital money、e-cash、e-currency、electronic cash、electronic money、electronic wallet 等，是指以金融电子化网络为基础，以商用电子化机具和各类交易卡为媒介，以电子计算机技术和通信技术为手段，以电子数据（二进制数据）形式存储在银行的计算机系统中，并通过计算机网络系统以电子信息传递形式实现流通和支付功能的货币。

在生活中，人们习惯于现金支付、银行汇兑等传统的支付方式，但是以计算机技术为核心的信息技术的发展，引起了人们的生产和生活方式的巨大变革，电子货币因此而出现，方便了人们外出购物和消费。现在电子货币通常在专用网络上传输，通过设在银行、商场等地的 ATM 机器进行处理，完成货币支付操作。电子货币所含的范围非常广，如信用卡、储蓄卡、借记卡、IC 卡、消费卡、电话卡、煤气卡、电子支票、电子钱包、网络货币、智能卡等，几乎包括了所有与资金有关的电子化的支付工具和支付方式。

📄 小资料　比特币

比特币（BitCoin）的概念最初由中本聪在 2009 年提出，根据中本聪的思路设计发布的开源软件及建构其上的 P2P 网络。比特币是一种 P2P 形式的数字货币。点对点的传输意味着一个去中心化的支付系统。

与大多数货币不同，比特币不依靠特定货币机构发行，它依据特定算法，通过大量的计算产生，比特币经济使用整个 P2P 网络中众多节点构成的分布式数据库来确认并记录所有的交易行为，并使用密码学的设计来确保货币流通各个环节的安全性。P2P 的去中心化特性与算法本身可以确保无法通过大量制造比特币来人为操控币值。基于密码学的设计可以使比特币只能被真实的拥有者转移或支付。这同样确保了货币所有权与流通交易的匿名性。比特币与其他虚拟货币最大的不同,是其总数量非常有限,具有极强的稀缺性。该货币系统曾在4年内只有不超过1 050万个,之后的总数量将被永久限制在2 100万个。

比特币可以用来兑现,可以兑换成大多数国家的货币。使用者可以用比特币购买一些虚拟物品,如网络游戏中的衣服、帽子、装备等,只要有人接受,也可以使用比特币购买现实生活中的物品。

自2017年1月24日12:00起,中国三大比特币平台正式开始收取交易费。

小资料　虚拟货币

2009年6月,文化部、商务部联合下发《关于网络游戏虚拟货币交易管理工作的通知》中对虚拟货币定义为:虚拟货币是指由网络游戏运营企业发行,游戏用户使用法定货币按一定比例直接或间接购买,存在于游戏程序之外,以电磁记录方式存储于网络游戏运营企业提供的服务器内,并以特定数字单位表现的一种虚拟兑换工具,表现为网络游戏的预付充值卡、预付金额或点数等形式,但不包括游戏活动中获得的游戏道具。国内主要的专用虚拟货币如表5.1所示。

表5.1　国内主要的专用虚拟货币

币　种	发行公司	使用范围
Q币	腾讯	QQ会员、QQ秀、QQ游戏超级玩家、QQ交友包月、资料下载等
U币	新浪	网络游戏点卡购买、游侠下载、网络占卜、UC、网络聊天室贺卡、任你游、网上商城支付等
百度币	百度	百度传情、影视、交电话费等
POPO金币	易网	购买道具、POPO游戏、发免费短信、下载POPO表情等
盛大元宝币	盛大	各种盛大服务(盛大音乐、易宝平台)充值杀毒、看电影等

2. 电子货币的职能与特点

电子货币是在传统货币基础上发展起来的,它们的本质都是固定充当一般等价物的特殊商品,这种特殊商品体现了一定的社会生产关系。按照马克思的观点,货币有五种职能:价值尺度、流通手段、支付手段、储存手段和世界货币。而电子货币同样具有这五种职能,它们对商品价值都有反映作用,对商品交换都有媒介作用,对商品流通都有调节作用。

1)价值尺度职能

电子货币与商品货币、信用货币一样,仍然具有价值尺度职能。商品货币本身兼具商品的属性,具有价值,以其自身的价值作为货币的价值尺度。纸币是政府印制并标明价值数学符号的纸质证书，发挥价值尺度职能。电子货币是建立在纸币或存款账户基础上，作为更抽象的数字化货币发挥价值尺度职能的。

2）流通手段职能

为了解决物物交易的困难，出现了金属货币。交易次数的日益频繁与交易额的日益增大，造成了金属货币的称量、鉴定的不便。由于货币发挥流通手段职能，只起一种交换媒介作用，是转瞬即逝的事情，因此可以用本身完全没有价值的货币符号来替代，此时由国家发行而强制流通的价值符号——纸币应运而生。随着高科技对金融领域的影响，作为一种数字化的价值符号——电子货币代替纸币已成为一种必然，完成了货币第二次飞跃。金属货币、纸币和电子货币在发挥流通手段职能时具有一些不同点。

（1）金属货币是本身具有价值的商品，而纸币和电子货币是本身没有价值的货币符号。

（2）金属货币和纸币在发挥流通手段职能时，使交换买卖双方钱货两讫，实现从商品到货币的实物让渡或再从货币到商品的实物让渡，而电子货币是无形的，完成的交换表现为买卖双方银行账款上存款余额的数字增减变化。

（3）金属货币和纸币在发挥流通手段职能时，交换行为的买卖双方即可完成，而电子货币发挥流通手段职能时必须依靠银行等中介机构的参与才能完成。电子数字化现金没有明确的物理形式，付款行为就是通过银行从买方的数字化现金中扣除并传输到卖方，交换完全可以使买卖双方不在同一空间，不是当场的钱货两讫。

另外，电子货币与传统货币所占有空间、传递渠道交易速度、匿名程度也不同。

3）支付手段职能

货币和商品在买卖过程中不同时出现，即采用预付款或延期支付的方式进行交易，货币发挥着支付手段的职能。电子货币比商品货币、纸币更具有支付中介优势，电子货币发挥支付手段职能的一个特点是将消费者信用、商业信用和银行信用三者有效地结合起来。当消费者购买商品时，因存款不足，由银行履行付款责任，同时消费者和银行形成贷款关系。电子货币发挥支付职能实质就是通过信用进行交易，形成可以相互抵消的债权债务关系，在最终结算时大部分债权债务关系冲销掉，大大加快了交易的速度，提高了运作效率，同时也减少了货币的需求量。

4）储存手段职能

货币的储存手段职能是与货币自然形态关系最为密切的职能。金属货币同时具有实物要素和货币要素，它作为储存手段职能具有被历史和文化接受的特点，但大量金属如黄金的储存需要支付费用，且收益很低。纸币代表一个债务符号，是发行国家与纸币本身的法律契约，是发钞国家对持有者的负债，国家信誉是有限信誉，尽管国家会努力承担其法律责任，但持有者无法控制发行国增加纸币发行的行为。电子货币的储存是以数字化形式存在的，所有者依靠密码掌握其支配权，即实际的数字化现金的传输过程要经过公钥或私钥加密系统以保证只有真正的所有者才可以使用这笔现金。电子货币的储存费用最低，它只是计算机数据库中的一个记载。

5）世界货币职能

当货币超出国界发挥职能时，这个货币就有了世界货币的地位。在金属货币阶段，执行世界货币的是金属块或条，而不是哪国铸币形式或单位。电子货币在国际市场上发挥流通和支付手段的主要形式是信用卡。它打破了以往任何一种货币在国际市场流通的滞涩，没有时空限制，成倍地提高了货币交易的速度和效率，极大地降低了货币交易成本，促进了资本流动的全球化和金融市场的全球化。

根据电子货币的发展及职能，其本身具有以下特点：

（1）以电子计算机技术为依托，进行储存、支付和流通；电子货币没有传统货币的大小、重量和印记，其金额信息以电子数据形式流动或通过网络系统送到网上银行或转移到收款人指定的账户，流通速度远远快于传统货币。

（2）可广泛应用于生产、交换、分配和消费领域。

（3）融储蓄、信贷和非现金结算等多种功能为一体。

（4）具有使用简便、安全、迅速、可靠的特征。它的安全性不是依靠普通的防伪技术，而是通过用户密码、软硬件加解密系统及路由器等网络安全保护功能来实现的。

（5）其存在形式随处理的媒体而不断变化，如在磁盘上存储时是磁介质，在网络中传播时是电磁波，在 CPU 处理器中是电脉冲。现阶段电子货币的使用通常以银行卡（磁卡、智能卡）为媒体。

但电子货币在具有灵活性的同时也具有不可跟踪性，要全面实现电子货币支付需要有大量的设备投资，还要建立为全社会所有单位和个人服务的账户系统和金融系统，因此会带来发行管理和安全验证等方面的问题。从技术上讲，各个商家都可以发行电子货币，电子现金还存在税收和法律、外汇汇率的不稳定性、货币供应的干扰和金融危机的可能性等潜在问题。有必要制定严格的经济金融管理制度，保证电子货币系统的正常运作。因此，货币电子化建设将是一项长期而艰巨的任务。

3. 电子货币的类型

目前，流行的电子货币主要有四种类型。

（1）储值卡型电子货币。一般以磁卡或 IC 卡形式出现，其发行主体除了商业银行之外，还有电信部门（普通电话卡、IC 电话卡）、IC 企业（上网卡）、商业零售企业（各类消费卡）、政府机关（内部消费 IC 卡）和学校（校园 IC 卡）等。发行主体在预收客户资金后，发行等值储值卡，使储值卡成为独立于银行存款之外新的"存款账户"。同时，储值卡在客户消费时以扣减方式支付费用，也就相当于存款账户支付货币。储值卡中的存款目前尚未在中央银行征存准备金之列，因此，储值卡可使现金和活期储蓄需求减少。

（2）信用卡应用型电子货币。它指商业银行、信用卡公司等发行主体发行的贷记卡或准贷记卡，可在发行主体规定的信用额度内贷款消费，之后于规定时间还款。信用卡的普及使用可扩大消费信贷，影响货币供给量。

（3）存款利用型电子货币。它主要有借记卡、电子支票等，用于对银行存款以电子化方式支取现金、转账结算、划拨资金。该类电子化支付方法的普及使用能减少消费者往返于银行的费用，致使现金需求余额减少，并可加快货币的流通速度。

（4）现金模拟型电子货币。它主要有两种：一种是基于互联网环境使用的且将代表货币价值的二进制数据保存在微型计算机终端硬盘内的电子现金；另一种是将货币价值保存在IC卡内并可脱离银行支付系统流通的电子钱包。该类电子货币具备现金的匿名性，可用于个人间支付，并可多次转手，是以代替实体现金为目的而开发的。该类电子货币的扩大使用，能影响通货的发行机制、减少中央银行的铸币税收入、缩减中央银行的资产负债规模等。

上述电子货币的类型，以下分别加以详细介绍。

5.2.2 电子信用卡

1. 电子信用卡的定义

要理解电子信用卡，就要明白什么是信用卡。

信用卡（Credit Card）是一种非现金交易付款的方式，是简单的信贷服务。由银行或信用卡公司依照用户的信用度与财力发给持卡人，持卡人持信用卡消费时无须支付现金，待结账日时再行还款。

电子信用卡是一种支付方式。电子商务活动中使用的信用卡是电子信用卡，电子信用卡通过网络直接支付。电子信用卡具有快捷、方便的特点，买方可以及时通过发卡机构了解持卡人的信用度，避免了欺诈行为的发生。由于使用电子信用卡需要通过公共互联网的网络进行信用卡传输，因此在技术上需要保证传输的安全性和可靠性。利用SET安全电子交易协议保证电子信用卡卡号和密码的安全传输，在用信用卡进行支付的过程中，也需要认证客户、商家及信用卡发放机构的身份，防止抵赖行为的发生。

> 小资料　信用卡的起源
>
> 信用卡于1915年起源于美国。最早发行信用卡的机构并不是银行，而是一些百货商店、餐饮业、娱乐业和汽油公司。美国的一些商店、餐饮店为招徕顾客，推销商品，扩大营业额，有选择地在一定范围内发给顾客一种类似金属徽章的信用筹码，后来演变成为用塑料制成的卡片，作为客户购货消费的凭证，开展了凭信用筹码在本商号或公司或汽油站购货的赊销服务业务，顾客可以在这些发行筹码的商店及其分号赊购商品，约期付款。这就是信用卡的雏形。
>
> 据说有一天，美国商人弗兰克·麦克纳马拉在纽约一家饭店招待客人用餐，就餐后发

现他的钱包忘记带在身边,因而感到难堪,不得不打电话叫妻子带现金来饭店结账。于是麦克纳马拉产生了创建信用卡公司的想法。1950年春,麦克纳马拉与他的好友施奈德合作投资一万美元,在纽约创立了"大来俱乐部"(DinersClub),即大来信用卡公司的前身。大来俱乐部为会员们提供一种能够证明身份和支付能力的卡片,会员凭卡片可以记账消费。这种无须银行办理的信用卡的性质仍属于商业信用卡。

1952年,美国加利福尼亚州的富兰克林国民银行作为金融机构首先发行了银行信用卡。

1959年,美国的美洲银行在加利福尼亚州发行了美洲银行卡。此后,许多银行加入了发卡银行的行列。到了20世纪60年代,银行信用卡很快受到社会各界的普遍欢迎,并得到迅速发展,信用卡不仅在美国,而且在英国、日本、加拿大及欧洲各国也盛行起来。从20世纪70年代开始,中国香港、中国台湾、新加坡、马来西亚等发展中国家和地区,也开始发行信用卡业务。

2. 信用卡的种类

根据信用卡的不同性质与功能,可按以下几种方式分类。

(1)按照信用卡发行机构,信用卡可以分为银行卡和非银行卡。

① 银行卡。银行卡(Bank Card)是由银行等金融机构发行的,方便客户取得融资途径,并且具有购物消费、转账结算等功能的各种支付卡。

② 非银行卡。非银行卡(Non-Bank Card)主要包括商业机构发行的零售信用卡和旅游服务行业发行的旅游娱乐卡两种(如美国运通卡)。

(2)按照持卡人信誉地位和资信情况,信用卡可以分为无限卡、白金卡、金卡、普通卡。发卡机构一般会按照信用卡申请者的社会身份地位、经济实力、购买消费能力、信用等级等标准发放不同等级的信用卡,一般以普通卡为最低级别,高级别信用卡的授信额度要高于低级别的信用卡。

(3)按照清偿方式,信用卡可以分为贷记卡、准贷记卡和借记卡。

(4)按照信用卡从属关系,信用卡可以分为主卡和附属卡。

(5)按照信用卡账户币种数目,信用卡可以分为单币种信用卡和双币种信用卡。

(6)按照信用卡形状,信用卡可以分为标准信用卡和异形信用卡。

① 迷你卡。迷你卡(Mini Card)是维萨国际组织新推出的信用卡品种。一般MINI信用卡由一张大卡和一张小卡组合而成。2004年3月9日,招商银行率先在国内推出VISA MINI信用卡。

② MC2卡。MC2卡(MC2 Card)是2001年万事达国际组织推出的新开发信用卡品种,卡片右下角是圆的。这是首次打破标准信用卡传统设计的信用卡,开创了信用卡可以改变形状的先河。

③ SideCard。万事达卡设计的SideCard信用卡,长8.57厘米,宽3.81厘米。持卡人

可以把卡扣在钥匙圈上，随身携带。

④ 不规则形状信用卡。由于中国台湾信用卡市场竞争异常激烈，一家信用卡业者于2004年2月底推出了不规则造型卡样，用以抢占市场。中国台湾联邦银行推出的这款造型独特的万事达旅游卡，卡片正面采用中国台湾空照图，卡片边缘沿着中国台湾西海岸线切割，突破一般信用卡弧面或方形的刻板设计。这张不规则造型的信用卡是全球首例。

⑤ 字母形信用卡。此款异形卡是广东发展银行和中国南方航空公司联合发行的首款字母形信用卡，该卡分为黑色的M形卡片和红色的F形卡片。

（7）按照信用卡发卡对象，信用卡可以分为公司卡和个人卡。

（8）按照流通范围，信用卡可以分为国际卡和地区卡。

（9）按照信用卡结算货币，信用卡可以分为外币卡和本币卡。

（10）按照信用卡信息存储媒介，信用卡可以分为磁条卡和智能卡。

3．电子信用卡支付方式

（1）账号直接传输方式。无安全措施的信用卡支付，客户在网上购物后把信用卡号码信息加密后直接传输给商家，但无安全措施。商家与银行之间使用各自现有的授权来检查信用卡的合法性。不安全包括两个方面：一是信用卡信息的传输不安全；二是商家付货后不一定能得到货款。因此，商家必须具有良好的信誉才能使客户放心地使用信用卡支付。

（2）专用账号方式。银行为银行卡持有人建立一个与银行卡对应的虚拟账户，每个虚拟账户都有独立的账号和密码。这样可避免在网上直接使用银行卡的卡号和密码，保证了银行卡账户的安全。例如，招商银行一卡通的大众版支付卡。

（3）专用协议方式。简单信用卡加密，在客户、商家和银行卡机构之间采用专用的加密协议（如S-HTTP、SSL等），当信用卡信息被买方输入浏览器窗口或其他电子商务设备时，信用卡信息就被简单加密，作为加密信息通过网络安全地从买方向卖方传递。由于采用这种具有加密功能的软件及特殊的服务器，商家无法从客户的支付数据中得到信用卡账号的任何信息，保证了支付信息的安全性。目前，招商银行个人银行专业版、中国银行等均采用这种方式。

（4）SET协议方式。安全电子交易（SET）协议是用于银行卡网上支付的互联网支付协议。SET的安全措施主要有对称密钥系统、公钥系统、消息摘要、数字签名、数字信封、双重签名、认证等技术。消息摘要主要解决信息的完整性问题，即是否是原消息，是否被修改过；数字信封是用来给数据加密和解密的；双重签名是将订单信息和个人账号信息分别进行数字签名，保证商家只看到订货信息而看不到持卡人账户信息，并且银行只能看到账户信息，而看不到订货信息，保证了交易数据的安全、完整和可靠。

4．信用卡网上支付过程

（1）使用信用卡进行网上购物。客户只有在支持信用卡的网站上购物，才能用自己的信用卡进行网上支付。客户将要购买的商品装入购物车后，在结账时要选择使用信用卡进行支付。商家收到订单信息和支付信息之后，初步确认客户的交易意图。商家通过开户银行对信用卡进行认证，银行完成认证后通知商家交易是否继续进行，商家将订购的货物发送给客户。

（2）商家与银行进行资金结算。商家将加密后的信用卡卡号与密码发送给收单银行，同时商家也会收到经过加密的购物账单。这时，收单银行将信用卡卡号发送给发卡银行请求确认，发卡银行在确认与授权后将它返回给收单银行。如果消费者收到了商家发送过来的商品，商家的收单银行就与发卡银行进行资金清算。

（3）发卡银行向客户发送账单。发卡银行向商家支付客户购物时所需支付的货款，定期将客户的购物清单与账单发送给客户，客户要在规定时间内将款项划拨到发卡银行的账户。

信用卡网上支付方式十分适合 B2C 模式和小额的 B2B 模式的电子商务。信用卡信息中心的建立可以提高整个系统的处理效率，而国际性的信用卡信息中心还可进行国际的认证业务，从而使信用卡能跨国使用，十分符合电子商务跨国界交易的特点。信用卡支付系统使用记名消费的模式，使得透支成为可能，也加强了系统的安全性。但同时丧失了匿名性这一特征，使之不能很好地保护消费者的隐私。

5.2.3 电子钱包

1. 电子钱包的定义

电子钱包(E-wallet)是一个用来携带信用卡或借记卡的可在计算机上独立运行的软件，就像生活中随身携带的钱包一样。持卡人将这种电子钱包安装在自己的计算机上，在进行网上安全电子交易时使用。

英国西敏寺（National-Westminster）银行开发的电子钱包 Mondex 是世界上最早的电子钱包系统，于 1995 年 7 月首先在英国的斯温顿（Swindon）市试用。最开始电子钱包实际上是一种具有存储功能的智能卡，消费者通过自动售货机的销售接口来支付费用。而今天电子商务中的电子钱包则已完全摆脱了实物形态，成为真正的虚拟钱包了。

现在人们使用的电子钱包提供的是图形用户界面，持卡人可在电子钱包中方便地申请电子证书、管理自己的信用卡和查询网上交易信息。电子钱包中的信用卡和交易信息由持卡人自己设定的口令进行保护，当持卡人使用浏览器购物需要付款时，电子钱包被自动启动，在持卡人输入的口令得到验证后即可进入电子钱包界面。在电子钱包中进行网上交易的数据是加密后在互联网上传输的，只有银行信用卡处理器才可以打开交易数据。电子钱包内置了电子签名，信用卡处理器验证通过后，通知商家，完成交易。交易结束后持卡人的屏幕上将显示所发出的定购请求和商家的确认信息。

2. 电子钱包的功能

电子钱包的功能大致可分为下列四种。

（1）个人资料管理。消费者成功申请电子钱包后，系统将在电子钱包服务器为其建立一个属于个人的电子钱包档案，消费者可在此档案中增加、修改、删除个人资料。

（2）网上付款。消费者在网上选择商品后，可以登录到电子钱包，选择入网银行卡，向银行的支付网关发出付款指令来进行支付。

（3）交易记录查询。电子钱包软件每进行一次交易，无论成功与失败，都会将结果记录下来，供客户进行查询。消费者可以对通过电子钱包完成支付的所有历史记录进行查询。

（4）银行卡余额查询。消费者可通过电子钱包查询个人银行卡余额。

以上四种功能大多数网上银行卡都有，但电子钱包还有几项特殊的功能。

（1）聚集银行卡。很多消费者都有多张不同银行的银行卡或信用卡，而考虑到消费者在购物时可能要用到不同的银行卡或信用卡，因此消费者可以将多张银行卡或信用卡与电子钱包设定在一起，这样在消费时可以自由地选择不同的银行卡或信用卡进行付款。

（2）多用户。很多银行卡在申请了网上银行后，只允许一台计算机一个人使用，而电子钱包在同一台计算机上可以让许多人各自授权使用，只需在启动电子钱包软件时输入各自的用户名和密码即可。

3. 电子钱包的支付流程

电子钱包的网上支付模式，主要遵循 SET 安全协议机制。基于 SET 安全协议机制的网上支付流程中运用了一系列先进的安全技术与手段，如私有与公开密钥加密法、数字摘要、数字信封、数字签名、双重签名等技术手段及数字证书等认证工具，因此说它是非常安全的，这也保证了电子钱包使用的安全性。

电子钱包支付流程大致可以分为下列八步。

（1）客户使用浏览器在商家的 Web 主页上查看在线商品目录浏览商品，选择要购买的商品。

（2）客户填写订单，包括项目列表、价格、总价、运费、搬运费、税费。

（3）订单可通过电子化方式从商家传过来，或者由客户的电子购物软件建立，有些在线商场可以让客户与商家协商物品的价格（如出示自己是老客户的证明，或者给出竞争对手的价格信息）。

（4）顾客确认后，选定用电子钱包付款。将电子钱包装入系统，单击电子钱包的相应项或电子钱包图标，电子钱包立即打开，然后输入自己的保密口令，在确认是自己的电子钱包后，从中取出一张电子信用卡来付款。

（5）电子商务服务器对此信用卡号码采用某种保密算法算好并加密后，发送到相应的银行，同时销售商店也收到了经过加密的购货账单，销售商店将自己的顾客编码加入电子购货账单后，再转送到电子商务服务器上去。这里，销售商店是看不见顾客电子信用卡上的号码的，不可能也不应该知道，销售商店无权也无法处理信用卡中的钱款。因此，只能把信用卡送到电子商务服务器上去处理。经过电子商务服务器确认这是一位合法顾客后，将其同时送到信用卡公司和商业银行。在信用卡公司和商业银行之间要进行应收款项和账务往来的电子数据交换和结算处理。信用卡公司将处理请求再送到商业银行请示确认并授权，商业银行确认并授权后送回信用卡公司。

（6）如果经商业银行确认后拒绝并且不予授权，则说明顾客的这张电子信用卡上的钱数不够用了或是没有钱了，或者已经透支。知道商业银行拒绝后，顾客可以单击电子钱包的相应项再打开电子钱包，取出另一张电子信用卡，重复上述操作。

（7）如果经商业银行证明这张信用卡有效并授权后，销售商店就可交货。与此同时，销售商店留下整个交易过程中发生往来的财务数据，并且出示一份电子收据发送给顾客。

（8）上述交易完成后，销售商店按照顾客提供的电子订货单将货物在发送地点交到顾客或其指定的人手中。

5.2.4 电子现金

1. 电子现金的定义

电子现金（Electronic Cash，E-cash），又称为电子货币或数字货币，是一种非常重要的电子支付系统，可以被看作现实货币的电子或数字模拟。电子现金以数字信息形式存在，用户在开展电子现金业务的银行开设账户，并在账户内存钱后就可以在接受电子现金的商店购物了，所以，电子现金比现实货币更加方便。

第一个电子现金方案是由 Chaum 在 1982 年提出的，他利用盲签名技术来实现，可以完全保护用户的隐私权，这种完全匿名的电子现金类似于传统的纸币，可以隐蔽电子现金的流通历史，保护使用者的隐私。但这种完全匿名的电子现金也为许多不法分子提供了方便，他们利用电子现金的完全匿名性进行一些违法犯罪活动，如贪污、非法购买、敲诈勒索等。基于这个原因，合理的电子现金系统应该是不完全或条件匿名的。1995 年，Stadler 等人提出了公平盲签名（Fair Blind Signature）的概念，可以用于条件匿名的支付系统。1996 年，Camenisch 和 Frankel 等人分别独立地提出了公平的离线电子现金（Fair Off-line Electronic Cash）的概念，同时给出了两个方案。公平电子现金中的用户的匿名性是不完全的，可以被一个可信赖的第三方（TTP）撤销，它在银行或法律部门提供跟踪要求并提供必要的信息以后，对电子现金或电子现金的持有者进行跟踪。除第三方参与者外，任何人或组织都无法实现对用户的跟踪。

2. 电子现金的业务流程

（1）客户用现金或银行存款向发行机构申请兑换电子货币。现金直接交付，银行存款则通过金融机构专用网由客户开户行的存款账户转入发行机构的账户中。发行机构则将同等金额货币输入客户的计算机或智能卡。其中,客户计算机上的电子钱包是管理电子现金的软件或硬件设备。

(2) 客户持电子现金进行网上购物,转移货款金额到商户的电子钱包中。

(3) 商户验证电子现金的数量及真伪(若为硬盘数据文件型电子钱包,则通过与发行机构连线进行联机操作。验证为智能卡型电子现金,则由电子钱包验证,可完全脱离银行介入),向客户组织发货。至此,交易与支付流程全部完成,交易效率很高。

(4) 商户将一定量的电子现金向发行机构申请兑换成存款账户。

(5) 发行机构验证并收回电子现金,同时将等额的货币由自己的银行账户中转移到商家的银行账户中。

3. 电子现金中的密码技术

电子现金的安全性和可靠性等主要是依靠密码技术来实现的,主要有以下四种技术。

(1) 分割选择技术。用户在提取电子现金时,不能让银行知道电子现金中用户的身份信息,但银行需要知道提取的电子现金是正确构造的。分割选择技术是用户正确构造 N 个电子现金传给银行,银行随机抽取其中的 $N-1$ 个让用户给出它们的构造,如果构造是正确的,银行就认为另一个构造也是正确的,并对它进行签名。

(2) 零知识证明。证明者向验证者证明并使其相信自己知道或拥有某一消息,但证明过程不能向验证者泄露任何关于被证明消息的信息。

以上两种技术用于将用户的身份信息嵌入电子现金中。

(3) 认证。认证一方面是鉴别通信中信息发送者是真实的而不是假冒的;另一方面是验证被传送信息是正确和完整的,没有被篡改、重放或延迟。

(4) 盲数字签名。签名申请者将待签名的消息经"盲变换"后发送给签名者,签名者并不知道所签发消息的具体内容,该技术用于实现用户的匿名性。

5.2.5 电子支票

1. 电子支票的定义

在传统支付过程中,纸制支票有着特有的基本特征和灵活性,而电子支票是一种借鉴纸制支票转移支付的优点,利用数字传递将钱款从一个账户转移到另一个账户的电子付款形式。这种电子支票的支付是在与商户及银行相连的网络上以密码方式传递的,多数使用公用关键字加密签名或以个人身份证号码(PIN)代替手写签名,比基于非对称的系统更容易处理。用电子支票支付,事务处理费用较低,而且银行也能为参与电子商务的商户提供标准化的资金信息,因而可能是最有效率的支付手段。

2. 电子支票的支付流程

电子支票的支付流程不是单一的,它和所要应用的电子支票系统密切相关。现以由美国卡内基·梅隆大学开发出的"Netbill"电子支票为例,介绍其网上支付流程。

（1）客户向商户请求正式的报价单,启动 Netbill 交易。

（2）在收到报价单请求后,商户定出价格,并返回报价单。

（3）如果客户接受所报价格,则应指示其支票簿向商户收款机发送购买请求。

（4）当收到购买请求后,收款机从商户应用中取出产品,并采用一个密钥来加密该产品,在计算出密码校验和后,将结果传送至客户支票簿。

（5）在收到加密信息后,支票簿验证校验和,随后支票簿向商户收款机送回一份签名的电子支付订单。

（6）收款机对电子支付订单进行背书,然后将之发送至 Netbill 服务器。

（7）Netbill 服务器在验证价格、校验和等符合规定之后,借记客户账户恰当的数额,Netbill 服务器记录该笔交易并且保存一次性密钥的复制件,然后再将包含有同意或拒绝信息的数字签名信息发送给商户。

（8）商户对 Netbill 服务器做出回答,如果同意,即同时将解密密钥发送给客户支票簿。

5.2.6 移动支付

1. 移动支付的定义

移动支付,也称手机支付,是指允许用户使用其移动终端（通常是手机）对所消费的商品或服务进行账务支付的一种服务方式。整个移动支付价值链包括移动运营商、支付服务商（如银行、银联等）、应用提供商（如公交、校园、公共事业等）、设备提供商（如终端厂商、卡供应商、芯片提供商等）、系统集成商、商家和终端用户。从移动支付的实质上讲,移动支付就是将移动网络与金融系统结合,把移动网络作为实现移动支付的工具和手段,为用户提供货币支付、缴费等金融服务的业务。

在移动支付业务推出之初,它被当作一种能够提升运营商收入、体现融合趋势的重点业务来发展。事实上,近几年来,国内外移动运营企业全面加快了移动支付业务的开发和市场拓展的进程,越来越多的用户开始用手机缴纳话费、购买彩票甚至在商场进行消费。

移动支付方式有以下两种。

第一种是费用通过手机账单收取,用户在支付其手机账单的同时支付这一费用,但这种代收费的方式使得电信运营商有超范围经营金融业务之嫌,因此其范围仅限于下载手机铃声等有限业务。

第二种是费用从用户的银行账户（借记账户）或信用卡账户中扣除。在该方式中,手机只是一个简单的信息通道,将用户的银行账号或信用卡号与其手机号绑定起来。

2. 移动支付的发展

目前,各国都在努力发展自己的移动支付业务,它们根据自己的实际情况选取了不同的技术实现方式。例如,日本采用由本土公司索尼开发的 FeliCaIC 技术,韩国主要采用红外技术,非洲一些国家主要采用 SMS 技术等。各国的移动支付业务采用的商业模式也不尽相同。例如,有运营商主导模式,也有三方联合运营模式。近年来,我国的移动增值业务参与者也通过加强产业合作,全面加快了手机钱包业务等移动支付业务的开发和市场推广步伐。例如,手机钱包是中国移动与各大银行共同推出的一项全新移动电子支付、金融信息服务。手机钱包通过把客户的手机号码与银行卡等支付账户进行绑定,随时随地为中国移动手机用户提供移动支付服务。在我国,现在用户可以通过移动支付享受到缴费、购物和理财三类基本业务,具体包括查缴手机话费、动感地带充值、个人账务查询、购买彩票、手机订报、购买 IP 卡、手机捐款、远程教育、手机投保、公共事业缴费等多项业务。随着用户对移动支付业务需求的不断变化,更多的功能将不断扩展和创新。

国家互联网信息办公室公布了《数字中国建设发展报告(2017 年)》。报告显示,2017 年国内移动支付交易规模已突破 200 万亿元,位居全球首位。央行网站消息,2017 年支付业务统计数据显示,移动支付业务 375.52 亿笔,金额 202.93 万亿元,同比增长 28.80%。全国支付体系运行平稳,社会资金交易规模不断扩大,支付业务量保持稳步增长。根据中国互联网络信息中心《第 41 次互联网发展状况调查报告》,截至 2017 年 12 月,我国使用网上支付的用户规模达到 5.31 亿人,较 2016 年年底增加 56 661 万人,年增长率为 11.9%,使用率达 68.8%。其中,手机支付用户规模增长迅速,达到 5.27 亿人,较 2016 年年底增加 5 783 万人,年增长率为 12.3%,使用率达 70.0%。

3. 移动支付的安全问题

虽然移动支付业务发展迅速,但在全球各个国家还是遇到一些发展的阻力,并没有如预期那样火爆。移动支付业务在发展中也有一些问题:运营商和金融机构间缺乏合作;交易的安全问题没有得到很好的解决;缺乏统一的行业标准。

(1)在提供移动支付业务方面,移动运营商在支付流程管理上缺乏经验,金融机构缺乏对移动支付业务传输渠道的控制,而移动运营商不仅控制着移动支付业务的传输渠道——移动通信网,还拥有庞大的移动用户群。现在,双方都想获得移动支付产业的主导权,在交流合作方面还存在一些障碍,因此亟须改善这一状况,确保双方优势互补、通力合作,支撑移动支付产业的发展。

(2)涉及支付,安全问题就更加凸显。用户在考虑是否采用移动支付业务时,考虑的首要问题是交易的安全性。移动支付需要考虑以下安全问题。

① 移动终端接入支付平台的安全,包括用户注册时签约信息的安全传递,以及用户通过移动终端登录系统,其间传递的数据如签约用户名、签约密码等的安全性。

② 支付平台内部数据传输的安全，即支付平台内部各模块之间数据传输的安全性。

③ 支付平台数据存储的安全，涉及签约用户的机密性的银行卡账户、密码、签约用户名、签约密码等的安全性。

只有全面解决客户端的安全认证、网络传输层的机密性等问题才能保证交易的安全进行。

（3）移动支付产业缺乏统一的行业标准。没有统一标准问题虽然在移动支付业务发展的初期没有明显体现出来，但终将随着移动支付业务的发展日益突出。在国外，韩国的移动支付业务就因为两大运营商 SKT 和 KTF 使用的标准不统一而导致发展受阻；两家运营商在最初提供移动支付业务时都不愿意合作开发这个市场；SKT 的 Moneta 业务和 KTF 的 K-merce 业务需要不同的红外接收器，而两种不同的接收器不能互联互通。为此，国际上相关产业协会都在努力，试图打造一系列统一的标准。GSM 协会于 2007 年公布制订的 NFC 移动支付全球统一标准新计划，旨在建立一个在不同设备提供商和金融机构之间实现互操作的全球统一 NFC 移动支付标准。人们希望凡是想要涉足移动支付领域的终端和系统厂商都有统一的标准指导，以便更好地降低移动支付手机、读卡器、系统的成本，降低用户使用的准入门槛，从而扩大普及面。

支付手段的电子化和移动化已经成为不可避免的发展趋势，而移动支付系统的安全性问题又是移动电子商务安全的核心问题。从技术角度上看，需要将无线通信的安全与其他的安全机制相结合才能满足移动电子商务安全的需要。

 小贴士 手机支付安全常识

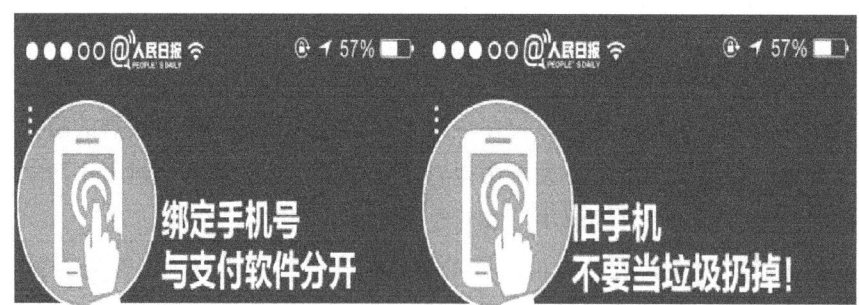

@人民日报

@人民日报

5.3 网上银行

5.3.1 网上银行概述

网上银行（互联网 bank 或 E-bank）包含两个层次的含义：一个是机构概念，指通过信息网络开办业务的银行；另一个是业务概念，指银行通过信息网络提供的金融服务，如开户、销户、查询、对账、行内转账、跨行转账、信贷、网上证券、投资理财等传统服务项目，使客户可以足不出户就能够安全便捷地管理活期和定期存款、支票、信用卡及个人投资等。在日常生活和工作中，我们提及网上银行，更多的是第二层次的含义，即网上银行服务的含义。网上银行业务不仅仅是传统银行产品简单从网上的转移，其他服务方式和内涵发生了一定的变化，而且由于信息技术的应用，又产生了一系列全新的业务品种。

网上银行又称"3A 银行"，因为它不受时间、空间限制，能够在任何时间（Anytime）、任何地点（Anywhere）、以任何方式（Anyhow）为客户提供金融服务。

5.3.2 网上银行的发展

1995 年 10 月 18 日，全球首家以网上银行冠名的金融组织——安全第一网上银行（Security First Network Bank，SFNB）打开了它的"虚拟之门"，从此一种新的银行模式诞生，并对 300 年来的传统金融业产生了前所未有的冲击。自首家纯网上银行开业以来，网上银行的数目就如同雨后春笋般飞速增长。

国内知名移动大数据服务商 QuestMobile 发布了 2017 年网上银行 App 报告。

QuestMobile 数据显示，2017 年以来，网上银行 App 行业用户规模基本保持在 1.5 亿人以上，同比增长高于移动大盘，如图 5.1 所示。用户分布上，网上银行 App 男性比例达 65%，24 岁以下、25～30 岁的用户占比略高于移动大盘，年轻群体对网上银行认知接受程度较高。

网上银行 App 行业包括中农工建四大行、招商银行、交通银行及各中小商业银行等诸多参与者。随着移动互联网的普及，各大银行也越来越重视移动端的建设和推广，提升用户办理业务的效率，挖掘存量用户的价值。

网上银行 App 行业男性用户较多，对金融类应用表现出较高兴趣，包括 P2P 理财、现金借贷等；其中不乏商务人士，喜欢看财经资讯、股市动态，有商旅需求，对航班服务、酒店服务使用频率较高。同时，这部分用户偏好汽车、房产相关的应用，关注大额资产的购置和运营，如图 5.2 所示。

图 5.1　2017 年网上银行 App 行业月活跃用户规模

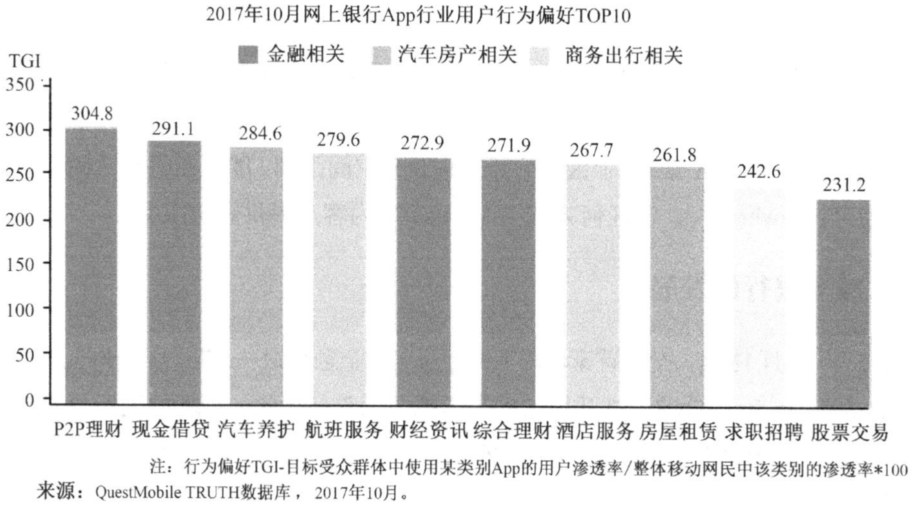

图 5.2　2017 年 10 月网上银行 App 行业用户行为偏好

5.3.3 网上银行的安全需求

网络消费这样一个司空见惯的新型消费模式,近期却因其所存在的支付安全隐患被越来越多地曝光,一部分人甚至为此对网银退避三舍。有的人开始疑虑:第三方支付是否值得信任?网上银行是否安全?信用卡里面的钱会不会突然不翼而飞?对于消费者来说,安全性依然是使用网上支付考虑的第一要素。通过对一部分网民的调查显示,有 66.3%的用户最重视网上银行的安全性,有 76.8%的潜在用户最重视网上银行的安全性。可见,安全性不足是阻碍网民使用网上支付的主要因素。尽管大多数人把安全性作为选择网上支付的首要因素,但网上支付其实并没有想象中那么不安全。有 79.2%的被调查者正在使用网上银行服务,有 8.46%的被调查者曾经使用网上银行,但现在已经不用了;有 1.1%的网上银行用户账户被盗过。

由此看来,网上银行虽然比传统银行具有明显优势,但是,因网上银行立足于信息网络技术的应用,仍摆脱不了大量信息网络技术的应用带来的固有缺陷与风险,因此也存在许多需要认真对待的问题。

(1)网上银行运行中的核心问题,是如何降低网络金融服务生成的各种风险,其中之一是管理风险和操作风险。网上银行的安全性主要包括以下三方面的内容。

① 信息的保密性,即只有合法的接收者才能解读信息。

② 信息的真实完整性,即接收的信息确实是由合法的发送者发送的,且内容完整一致,没有伪造与未授权的修改等。

③ 信息的不可否认性,即发送之后不可否认发出的信息,如支付表单。

目前,网上银行通过设计网络安全协议的方式加强网络的安全性。安全协议主要有 SSL 协议、SET 协议等。虽然这些协议的应用基本上能够保证网上银行的安全,但是风险仍然时时存在。绝对的安全是没有的,但积极改进网上银行的各种安全措施可以保证网上银行业务的顺利开展。

(2)网上银行是新兴事物,在法律法规与规范上并不完善。这些问题主要包括:由谁来发行电子货币,如何控制电子货币的发行量,如何确定设立网上银行的资格,怎样监管网上银行提供的虚拟金融服务,如何评价网上银行的服务质量,以及对利用网上银行进行金融犯罪的行为如何进行惩罚和制裁等。

(3)如何逐步在技术上形成网上银行的统一标准,确保网上银行的建设和扩展能够顺利进行,确保软件、硬件、客户应用技术及网络通信协议的兼容性,这需要各商业银行之间进行广泛的技术和管理合作。

(4)在网上银行服务中,虽然可以通过对通用信息技术的改造,形成一系列面对网上银行的专业应用技术,但是,网上银行管理中依然存在如何使信息技术特别是互联网与金融服务业务相互融合的问题。

（5）需要较多的技术和设备投资，也需要加强银行业务与管理人员的素质培养。

（6）要注意网上支付的安全隐患主要出现在非网络部分，人为的欺诈才是网上支付安全隐患的罪魁祸首。其主要诱因有以下三种：第一种是黑客入侵用户计算机盗取卡号信息和密码；第二种是交易信息在互联网传输的过程中被黑客截取，这种情况发生的可能性微乎其微；第三种是用户误入钓鱼网站，卡号和密码被骗取，这种情况是用户被骗的最主要情况。随着技术的进步，假冒网站已经很少得逞了。目前绝大多数银行已经通过地址框变绿的识别手段来打击假冒网站，只有真正的银行网站，单击进去地址框颜色才会变绿。因为申请这项业务需要企业执照、法人身份证明、律师函等一系列的证明材料，因此假网站如果要想变绿首先得先把自己变成真的。

此外，银行应该深入各领域业务层面的支付流，制定相应的管理制度、操作规范、风险处理办法，构建完善的信用管理体系。例如，在用户端与商户端之间建立双认证体系，针对支付过程中欺诈、差错、争议等问题，采取与之配套合理的管理手段等，从而有利于价值链各成员之间的风险责任合理分配，减少可能带来的损失与争议。

虽然网上银行作为新生事物还存在很多的问题，但在与传统银行的比较中优势非常明显，其低成本、方便快捷、高效高质、跨时空的运作特征，也给银行创造了新的利润增长点，并为电子商务的发展提供了坚实的基础。

5.4 第三方支付

2004年以来，网上银行已经成为国内银行业开展网上收费业务、移动银行业务、提供网上交易服务的最主要形式；而网上支付作为网上银行的主要资金收付形式已经成为国内各大银行迎接新的经济挑战的必然选择。

虚拟支付意味着中间业务收费。银行业竞争的焦点之一就是中间业务，所以国内银行也开始越来越关注第三方支付业务。

如果说网上银行是国内银行未来经济增长的发动机，那么第三方支付就是这部发动机的主力助推器。

5.4.1 第三方支付概述

所谓第三方支付，就是一些和产品所在国家及国外各大银行签约并具备一定实力和信誉保障的第三方独立机构提供的交易支持平台。在通过第三方支付平台的交易中，买方选购商品后，使用第三方平台提供的账户进行货款支付，由第三方通知卖家货款到达、进行发货；买方检验物品后，就可以通知付款给卖家，第三方再将款项转至卖家账户。同传统的银行支付方式比较，第三方支付平台的出现，从理论上讲，杜绝了电子交易中的欺诈行为。

2005年，阿里巴巴的总裁马云在瑞士达沃斯世界经济论坛上首先提出第三方支付平台的概念，他认为，电子商务，首先应该是安全的电子商务，一个没有安全保证的电子商务环境，是没有真正的诚信和信任可言的。而要解决安全问题，就必须先从交易环节入手，彻底解决支付问题。传统的银行支付方式只具备资金的传递功能，不能对交易双方进行约束和监督，支付手段也比较单一。交易双方只能通过指定银行的界面直接进行资金的划拨，在整个交易过程中，无论是货物质量方面、交易诚信方面、退换要求方面等环节都无法得到可靠的保证，交易欺诈行为也广泛存在，而第三方支付平台的出现则可以解决以上问题。

第三方支付平台的特征有以下几个方面。

（1）第三方支付平台是一个为网上交易提供保障的独立机构。例如，国内百度公司旗下的第三方支付工具百付宝，它就相当于一个独立的金融机构，当买家购买商品时，钱不是直接打到卖家的银行账户上，而是先打到百付宝的银行账户上，当买家确认收到货并且没问题的话就会通知百付宝把钱打入卖家的账户，百付宝在交易过程中保障了交易的顺利进行。

（2）第三方支付平台不仅具有资金传递功能，而且可以对交易双方进行约束和监督。例如，百付宝不仅可以将买家的钱划入卖家账户，而且如果出现交易纠纷，如卖家收到买家订单后不发货或买家收到货物后找理由拒绝付款的情况，百付宝会对交易进行调查，并且对违规方进行处理，如罚款等，监督和约束交易双方。

（3）第三方支付平台的支付手段多样且灵活，用户可以使用网上支付、电话支付、手机短信支付等多种方式进行支付。例如，云网的用户不仅可以用网上支付的方式购买飞机票，而且可以用电话支付的方式将银行账户的钱转到云网账户里购买飞机票。

第三方支付平台在 2005 年的蓬勃发展极大地推动了该瓶颈问题的解决，因此 2005 年也被业界称为"安全支付年"。《电子签名法》的正式生效和《电子支付指引》的颁布，规范了电子商务网上支付环境，一个在安全认证守护下的电子商务支付环境逐渐形成，这样的支付环境无疑也是支付平台健康发展的最佳环境。

2005 年，第三方支付平台也在支付安全技术及赢利模式方面进行了有意义的探索。各商家凭借敏锐的嗅觉感觉到支付市场蕴藏的巨大商机，纷纷涉足第三方支付平台建设的服务领域，如阿里巴巴的淘宝网、易趣的 eBay、慧聪网都分别推出了各自基于第三方的支付工具"支付宝""安付通""买卖通"，同时专门经营第三方支付平台的公司也纷纷出现，如网银在线、YeePay、支付@网、快钱网、西部支付等。

iiMedia Research（艾媒咨询）数据显示，2018 年第一季度支付宝与财付通两大巨头占据中国第三方移动支付交易规模市场份额的 90.6%，市场集中度高，如图 5.3 所示。艾媒咨询分析师认为，中国第三方移动支付市场进入成熟期，支付宝、财付通双寡头市场格局已经形成。虽然财付通发展晚于支付宝，但微信支付凭借其社交属性获得更多用户青睐，整体市场交易规模占比紧跟支付宝。随着国家对互联网金融安全日益重视，银联推出云闪付 App，其制度优势会对支付宝和财付通造成一定冲击。

支付宝、财付通双寡头格局形成

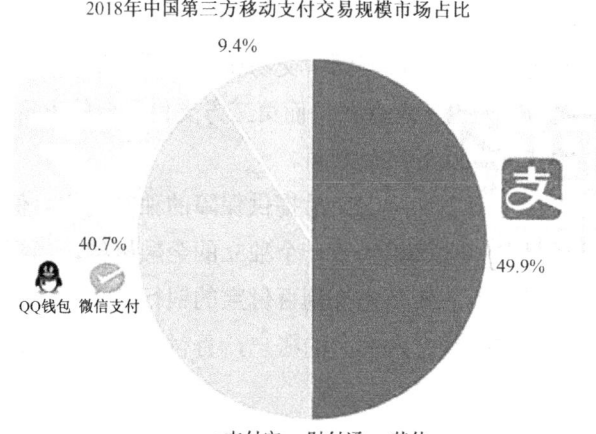

图 5.3　2018 年中国第三方移动支付交易规模市场占比

小资料　中国主要第三方网上支付平台

- 北京百付宝科技有限公司（https://www.baifubao.com/）
- 上海环讯（http://www.ips.com.cn/）
- 北京首信易支付（http://www.beijing.com.cn）
- 银联电子支付有限公司（http://www.chinapay.com）
- 云网支付（http://www.cncard.net/）
- 和讯网上支付（http://image.hexun.com/payment/）
- 网银在线（http://www.chinabank.com.cn）
- 西部支付（http://www.westpay.com.cn）
- 中国在线支付（http://www.ipay.cn）
- YeePay（http://www.yeepay.com）
- 快钱（http://www.99bill.com）
- 易达信动（http://www.1st-pay.net/）
- 易付网络（http://www.epay.net.cn）
- 支付宝（https://www.alipay.com）
- 安付通（http://www.ebay.com.cn/）
- 贝宝中国（http://www.paypal.com/cn/）

5.4.2 第三方支付平台模式

网上支付是电子商务顺利运行的必经之路,是现代电子商务环境中不可缺少的一部分。不同的支付目的决定了我国用户选择不同的支付工具,安全、方便、快捷是选择这些支付工具的首要考虑因素。总结目前市场上的第三方支付平台的发展,它们呈现出三种不同的发展模式。

1. 独立的第三方支付网关模式

独立的第三方支付网关模式完全独立于电子商务网站,由第三方投资机构为网上签约商户提供围绕订单和支付等多种增值服务的共享平台。这类平台仅仅提供支付产品和支付系统解决方案,平台前端联系着各种支付方法,供网上商户和消费者选择,同时平台后端连着众多的银行。由平台负责与各银行之间的账务清算,同时提供商户的订单管理及账户查询等功能。这种模式国外以 CyberSource、WorldPay 公司为代表,国内以首信易支付、百付通等为典型代表。

目前,首信易支付已经承担起部分政府机构与客户之间的桥梁作用,逐步渗透教育考试、政府服务、社区管理等公共事业领域,是少数持续赢利的第三方支付平台之一。成熟的运营管理经验和网络平台技术是此类第三方支付平台发展制胜的关键。国内庞大虚拟支付市场吸引着众多家公司进入这块市场。但是,增值业务相对较少,进入门槛比较低,技术含量不是特别大,很容易被银行等机构复制是第三方支付平台发展的阻力所在。

2. 网关型第三方支付平台

网关型第三方支付平台是指由电子商务平台建立起来的支付网关,不同于第一种模式,这里的电子商务平台往往是指独立经营且提供特定产品(虚拟产品或实体产品)的商务网站。支付网站最初也是为了满足自身配送商品和实时支付而研发搭建的,逐步扩展到提供专业化的支付产品服务。这种类型的在线支付企业进入市场时间最早,又依附于成熟的电子商务企业,拥有坚实的后盾和雄厚的资金,占有一大部分在网上进行买卖的客户源。其典型代表是北京云网无限网络技术有限公司。

> **小资料 支付网关**
>
> 支付网关(Payment Gateway)是银行金融网络系统和互联网之间的接口,是由银行操作的将互联网上传输的数据转换为金融机构内部数据的一组服务器设备,或者由指派的第三方处理商家支付信息和顾客的支付指令。

但是,在当今的支付市场,网关型支付平台的前途并不被看好,理由有以下三个。

第一,在网关型支付平台模式下,消费者并不是客户,网站商家和银行才是它的客户。消费者最终还是要使用各网上银行进行付款,如果银行要求使用数字证书的话,买家还得一家一家地进行申请。用户并非在第三方支付平台注册就可以任意使用银行卡支付，甚至根本不必注册。而一旦网上支付过程中某个环节出现故障，这样的支付平台是无法起到作用的，还是要和收款的网站商家和付款的银行交涉。如果是信用好的网站也许会耐心追查，遇到一些不够诚信的网站就无法取证了。

第二，网关型支付平台增加了交易成本，在银行收取一定支付手续费的基础上，支付平台再附加一些费用作为自己的利润，无疑增加了交易双方的成本，有的手续费率高达3%，有的为了争取客户只有亏本经营，与强势的银行相比，网关型第三方支付平台的利润空间是很小的。

第三，网关型支付平台不能解决交易的安全问题。在网上，交易双方互不见面，信息不对称，难以充分了解彼此的资信及相关的商业信息，交易双方到底先付款还是先发货，网关型支付平台无法解决这个矛盾。商户和消费者担心"拿货不给钱"或"拿钱不给货"，导致交易双方的信用博弈。博弈的结果是双方都不愿意率先行动，交易难以进行。社会信用体系的不完善，使得电子交易充满了风险和不确定性，交易欺诈行为屡禁不绝。网关型第三方支付平台充其量就是起了"搬箱子"的作用，依靠单一网关支付模式赚钱生存的想法已经一去不复返，网关型支付平台将面临整合甚至倒闭。提供增值服务是第三方支付公司唯一的出路，因为只有这样做，才能提高产品的附加值，利润空间才能得到提升。

3. 信用担保型第三方支付平台

信用担保型第三方支付平台，是指由电子交易平台独立或合作开发，同各大银行建立合作关系，凭借其公司的实力和信誉承担买卖双方中间担保，作为中立的第三方，设置固定的结算周期，与银行和商户进行二次结算。此类第三方支付平台，利用自身的电子商务平台和中介担保支付平台吸引商家开展经营业务。买方选购商品后，使用该平台提供的账户进行货款支付，并由第三方通知卖家货款到达、进行发货；买方检验物品后，就可以通知付款给卖家，第三方再将款项转至卖家账户。

这类第三方支付平台在国内颇具代表性。尤其支付宝和安付通独占市场鳌头。贝宝和腾讯的财付通在短期内也有非常好的表现。支付宝是国内先进的网上支付平台，支付宝公司针对网上交易而特别推出的安全付款服务，其基本流程是：买家在网上把钱付给支付宝公司，支付宝收到货款之后通知卖家发货，买家收到货物之后再通知支付宝，支付宝这时才把钱转到卖家的账户上，交易到此结束。在整个交易过程中，如果出现欺诈行为，支付宝将进行赔付。

支付宝在第三方支付领域率先引入了数字证书来保障用户网上支付的安全。信用担保型第三方支付平台的第三方代收款制度，不仅保证了资金的安全转让，还可担任货物的信用中介，从而约束交易双方的行为，并在一定程度上缓解彼此对双方信用的猜疑，增加对网上购物的可信度，大大减少了网上交易欺诈。2004年以后，随着阿里巴巴支付宝的发展，整个网上支付产业都被带起来了，支付宝模式为解决制约我国电子商务发展中的支付问题和信用体系问题提供了思路。

5.4.3　第三方支付的优点与问题

第三方支付平台的特点在于"多渠道、多业务、多银行"，因此第三方支付平台在支付领域中具有其特殊的生命力。它的优点如下：

（1）不参与买卖双方的具体业务，具有公信度，不会因触及客户商业利益而失去服务机会。

（2）把众多的银行和银行卡整合到一个页面，既可方便网上客户，也可降低网民的交易成本。

（3）可进行"多业务、多银行、多渠道"的服务创新。

（4）对商家和消费者有双向财产保护能力，有效地限制了电子交易中的欺诈行为。

不过，第三方支付平台也存在许多隐患。

1. 政策风险问题

（1）支付限额。由于假冒网上银行、银行卡短信欺诈事件频频发生，2005年，央行颁布的《电子支付指引第一号》规定，通过互联网为个人客户办理电子支付业务，除采用数字证书、电子签名等安全认证方式外，单笔金额不应超过1 000元人民币，每日累计金额不应超过5 000元人民币。虽然此项规定有利于网上支付的安全性，但同时也限制了一部分网上消费。例如，经营直销的戴尔公司也无法开拓新业务，只有借助其他支付平台。因此，各支付平台还需加大技术投入，提高支付的安全性。

（2）定位混乱。根据我国《商业银行法》的规定，结算业务属于商业银行的中间业务，必须经过银监会的批准才能从事，除银行外其他非金融机构不得担任收储的角色。任何一个第三方支付服务商，都会尽量称自己为中介方，避免说自己是银行和金融机构。可事实上，网上支付公司部分业务已经涉及了银行的角色，几乎都存在"吸纳储蓄"的嫌疑，将在银行生成的利息当成最主要的利润来源，这已经是涉及金融范畴的交易。至于最后到底将电子支付公司定位在技术公司还是金融公司，等央行的第二号指引出台后也许就有一个明确答案。

（3）准入资格。以往，由于行业的准入门槛比较低，很多从事第三方支付平台的企业注册资金规模参差不齐。而现在，几乎所有的支付公司都达成共识，一旦政策实行牌照制度或类似金融机构的保证金制度，大多数的在线支付企业将会被挡在门外，这种风险就是致命性的隐患。

2. 第三方支付平台与银行之间复杂的关系

消费者在网上购物时，网上银行和第三方支付企业都可以作为支付平台，因此两者之间是一种微妙的关系。对于中小客户而言，选择第三方支付企业进行网上支付就比网上银行方便，银行也乐意将不擅长的零碎中小客户的支付业务交出去，而且可以与第三方支付平台分享手续费。但是在争取大客户方面，第三方支付平台就对银行形成了威胁和竞争。目前，在一些第三方平台免费大餐的诱惑下，会有不少企业选择使用它，这又可能引发企业的逃税问题。

3. 信用监管问题

国内现在一些第三方支付平台都不同程度地存在资金沉淀的问题，可能引发支付风险和道德风险。另外，第三方支付平台可能成为资金非法转移、套现及洗钱等违法犯罪活动的工具，税收方面也将成为一个黑洞。有研究表明：以支付宝为代表的网上支付存在漏洞，用户可利用亲戚或朋友关系在淘宝等网站上利用信用卡假购物，进而实现信用卡的套现。

对于大流量的资金，需要网络上的信任体系，以防止第三方支付平台失信问题。支付宝成为首家在银监会的监管下取得了银行资金托管的第三方支付平台，而有些还没有。一方面，第三方支付市场的发展还存在很多制约因素，政府应当充分引导、发挥网上支付业务积极作用，对它的监管应该以有利于第三方支付市场发展为出发点，而不是过多限制；另一方面，政府对非银行机构从事网上支付业务要采取必要监管措施，加强管理，以规范促进其发展。

案例分析题

2009年6月23日，百度旗下电子商务支付平台百付宝（http://www.baifubao.com）推出"手机锁"服务。安全专家表示，"手机锁"的应用将使交易的安全性提升100倍左右。

交易安全是电子商务支付平台最基础的保障，也是当前阻碍更多人在网络上消费的最重要因素之一。为此，各大电子商务平台陆续推出了各种各样的安全措施，其中最重要的便是身份验证机制，包括账户验证、数字签名、手机验证等。据有关数据统计，当交易发生可能的异常时，每增加一层身份验证，即可使交易产生风险的概率降低为原来的1%。但是从用户体验的角度出发，身份验证越多、越繁杂，也越可能损害用户体验，给网民带来操作上的麻烦。

百付宝推出的"手机锁"服务很好地平衡了这一矛盾。据了解，用户开通这一服务时会被要求设置一个"单笔提醒额度"，如果在交易支付过程中，支付金额超过设置的额度，将需要提交手机验证码方可继续交易。"在保障交易安全大幅增长的同时，手机接收一个验证码并不复杂，并且额度可以随时调整，不会对交易产生任何不便。" 百付宝相关负责人表示，除了增强安全性，"手机锁"也是交易发生的最佳监控手段，手机短信将对交易的金额做出警示。

百度电子商务事业部总经理李明远表示，百付宝一直在致力于打造最安全、最方便快捷的电子支付平台,"手机锁"的发布让百付宝的安全保障大大提升。

(资料来源:人民网. http://it.people.com.cn/GB/42891/42898/9534421.html)

问题:

根据以上实例,列出至少三种网上支付的安全措施,并对比百付宝的"手机锁"服务,说明各安全措施的优缺点。

自测题

一、判断题

1. 电子支付就是网上支付。(   )
2. 电子钱包是一个用来携带信用卡或借记卡的可在计算机上独立运行的软件。(   )
3. 电子商务发展最迅速的国家是美国,但移动支付发展最迅速的国家是日本。(   )
4. 世界上首家网上银行诞生于1985年10月18日,名称为安全第一网上银行。(   )
5. 第三方支付平台是银行为网上交易提供保障的机构。(   )

二、单选题

1. (   )年,美国西部联盟建立世界第一个利用电报进行账户间资金转移的EFT,标志着货币电子化的开始。
   A. 1880   B. 1960
   C. 1860   D. 1870

2. 电子现金最主要的特点是(   )。
   A. 安全   B. 透支使用
   C. 流通性广   D. 完全匿名

3. 电子支付的特点不包括(   )。
   A. 电子支付使用的是最先进的通信手段(如互联网、企业外部网),对软、硬件设施的要求很高
   B. 电子支付的工作环境是基于一个封闭安全的系统平台即互联网之中
   C. 电子支付是采用先进的技术通过数字流转来完成信息传输的,其各种支付方式都是采用数字化的方式进行款项支付的
   D. 电子支付具有方便、快捷、高效、经济的优势

4. 网上银行,又称(   ),它实际上是银行业务在网络上的延伸。
   A. 电话银行   B. 移动银行
   C. 商业银行   D. 虚拟银行

三、简答题

1．简述电子支付的发展阶段。
2．什么是移动支付，移动支付的付款方式有哪几种？
3．试述网上银行的安全需求。
4．简述第三方支付的优点与缺点。

实训题

1．访问支付宝网站（https://www.alipay.com/），通过"帮助中心"了解支付宝注册、支付等过程，并注册支付宝账号，写出支付宝的使用方法。

步骤一：进入支付宝网站，如图 5.4 所示。

图 5.4　支付宝网站

步骤二：单击界面底端的"新手须知"，如图 5.5 所示。

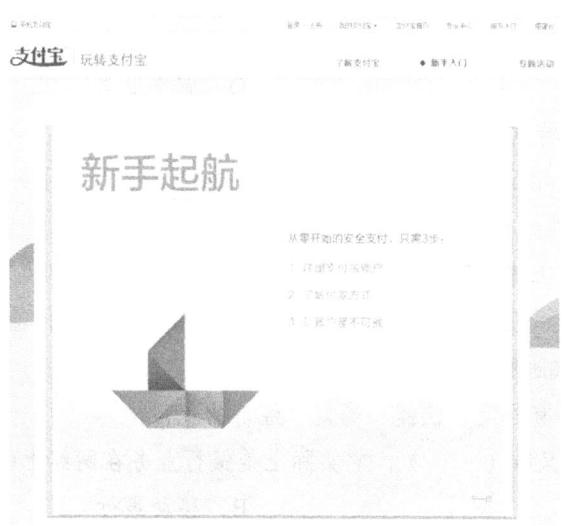

图 5.5　新手起航界面

步骤三：单击"新手入门"，学习支付宝的注册、付款、淘宝、快捷支付等功能，如图 5.6 所示。

图 5.6　新手入门界面

步骤四：在支付宝的首页，单击"注册"按钮，选择邮箱注册，如图 5.7 所示。

图 5.7　选择邮箱注册

步骤五：填写注册信息，如图 5.8 所示。

图 5.8　填写注册信息

2．进入百付宝（https://www.baifubao.com/）网站，通过"新手帮助"了解百付宝，并与支付宝进行对比，了解它们的相同点和不同点。

第 6 章

电子支付安全保障

 引导案例

【典型案例一】关注支付安全,慎设账户密码

王先生接到银行客服的交易核实电话,称其名下的银行卡发生了多笔大额消费,而王先生并未操作这些交易,便立即报了案。警方根据交易资金流向的线索破案后发现,不法分子是通过黑客技术入侵了某网站,窃取了王先生在该网站的用户名和密码,随后不法分子尝试用于网络支付,由于王先生在支付网站也设置了相同的用户名和密码,因此银行卡被盗刷。

【专家解读】

由于目前某些中小网站的安全防护能力较弱,容易遭到黑客攻击,从而导致注册用户的信息泄露。同时,如客户的支付账户设置了相同的用户名和密码,则极易发生盗用。

【小贴士】

(1)对于支付账户的登录密码、消费密码应与一般网站登录密码区别设置,并养成定期更改密码的习惯,防止因其他网站信息泄露而造成支付账户的资金损失。

(2)网络支付相对 POS 消费等传统用卡渠道,存在交易场景虚拟化,验证强度相对较弱等特点,因此主要定位于小额支付。建议客户根据自身情况设置合理的单笔与单日交易限额,防止发生大额盗刷。

(3)开通短信提醒服务,可及时掌握账户动态信息,避免发生连续盗刷。

【典型案例二】慎用公用 WiFi,保护账户安全

李先生为了上网方便,便在手机里设置了自动连接 WiFi 的功能。某晚李先生在外吃饭,

搜寻到一个不用输入密码直接登录的免费WiFi，李先生就登录了手机网银，并输入了自己的卡号和密码查询银行卡账户余额。次日凌晨时分，李先生被短信声吵醒了，通知他的银行卡被消费了2 000元；随后半小时内，又接连收到银行卡被转账或消费的信息。

【专家解读】

不法分子会在公共场所提供一个免费WiFi，持卡人使用后极易被植入木马病毒，被盗取移动终端内的银行卡信息；除此之外，不法分子会把正规网站的网址绑到自己的非法网站上，当持卡人使用其WiFi网络并输入正确网址时，会跳转到一个高度仿真的假网站，如进行网络支付，就会导致卡片信息泄露。

【小贴士】

（1）在连接公用免费WiFi前，最好与工作人员确定哪个才是真正的WiFi。此外，目前国内运营商提供的免费WiFi热点安全性相对较高，可通过电话或短信获取免费的WiFi账号、密码。

（2）及时为各类移动终端安装安全防护软件，可以有效降低在使用公用网络时遭受病毒侵害的风险。

（3）不要打开WiFi自动连接功能，减少连接上"钓鱼"WiFi的风险。

（4）切勿在连接公用WiFi时使用一些重要账号，包括银行卡信息、网银账号、支付宝账号、微信账号等。

以上案例是典型的网上支付安全问题。在电子商务中，由于支付是在公开的网上进行的，支付信息很容易遭到网上黑客的袭击。那么，如何确保在线支付信息的安全机密（信息存取及在传输过程中不被非法窃取）？如何确认交易双方的身份是否真实？如何确保交易信息的不可否认性及交易文件的不可修改性？如何保证银行支付网站本身的安全？在下面的章节中，将对电子支付风险及安全保障等问题进行详细介绍，通过学习，可使读者明晰上述问题。

 本章学习目标

1. 理解电子支付有哪些风险；
2. 掌握电子支付安全的技术保障；
3. 掌握电子支付安全的管理保障；
4. 掌握电子支付安全的法律保障。

学习导航

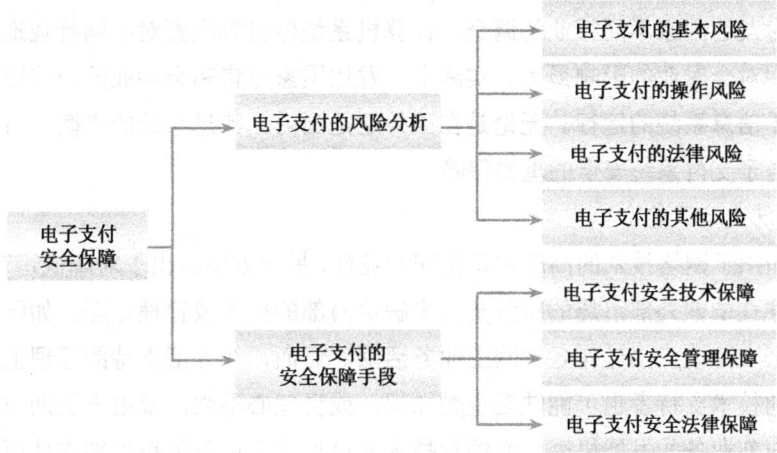

6.1 电子支付的风险分析

支付电子化既给消费者带来了便利,也为银行业带来了新的机遇,同时对相关主体提出了挑战。电子支付面临多种风险,主要包括经济波动及电子支付本身的技术风险,也包括交易风险、信用风险等。金融系统中传统意义上的风险在电子支付中表现得尤为突出。

6.1.1 电子支付的基本风险

1. 经济波动的风险

电子支付系统与传统金融活动同样面临着经济周期性波动的风险。不过,由于电子支付具有信息化、国际化、网络化、无形化的特点,因此电子支付所面临的风险扩散更快、危害更大。一旦风险出现,将通过互联网迅速地在整个金融体系中传播,引起连锁反应,引发全局性、系统性的金融风险,进而导致经济秩序发生混乱,甚至可能引发严重的全球性经济危机。

2. 电子支付系统的风险

1)软硬件系统风险

全球电子信息系统的技术和管理中的缺陷或问题成为电子支付最为主要的系统风险。从整体看,电子支付的业务操作和大量的风险控制都是由计算机软硬件系统完成的。例如,在与客户的信息传输中,如果系统与客户端的软件互不兼容或出现故障时,就存在传输中断或速度降低的可能,从而形成系统风险。此外,系统漏洞、系统停机、磁盘阵列破坏等不确定性因素也会形成系统风险。事实上,计算机硬件核心技术掌握于 IBM、英特尔等国际大公司，软件核心技术掌握于微软、苹果等国际大公司，我国尚未在上述领域研发出自己的核心技术，这无疑是我国电子支付的风险隐患。

根据对发达国家不同行业的调查，计算机系统停机等因素对不同行业造成的损失各不相同，其中对金融业的影响最大。实际上，发达国家零售和金融业的经营服务已在相当程度上依赖于信息系统的运行。无论是在国外还是国内，信息系统的平衡、可靠和安全运行已经成为电子支付系统安全的重要保障。

2）外部支持风险

一方面由于网络技术的高度知识化和专业性，另一方面是出于对降低运营成本的考虑，金融机构往往依赖外部市场的服务支持来解决内部的技术或管理难题，如聘请金融机构之外的专家来支持或直接操作各种网上业务活动。然而，在外部支持的管理上可能缺少规范性，外部的技术支持者也可能缺乏金融知识，或责任心不强，或由于长期做技术支持而掌握了银行内部业务的发展机密，而银行技术人员也由于过分依赖外部支持而逐渐丧失了对系统的维护能力等。这一切无疑会对金融机构造成威胁。很显然，依赖外部技术支持这种做法虽然适应了电子支付发展的要求，却也使电子支付自身暴露在可能出现的操作风险之中。值得注意的是：在所有的操作风险中，最具有技术性的系统风险是电子支付信息技术选择的失误。如今各种网上业务的解决方案层出不穷，这些方案的系统兼容性出现问题的可能性非常大，如果解决方案选择不当，不但不利于系统与网络的有效连接，还会造成巨大的技术机会损失，甚至蒙受巨大的商业机会损失。

3. 交易风险

电子支付主要是服务于电子商务的，由于电子商务在线交易制度设计缺陷、技术路线设计缺陷、技术安全缺陷等因素，可能导致电子交易中出现风险。这种风险是电子商务活动与电子支付独有的风险，它并不仅局限于交易中的各方、支付中的各方，还可能导致整个支付系统的系统性风险。

6.1.2 电子支付的操作风险

银行的业务风险由来已久，巴塞尔银行监管委员会就曾经组织各国监管机构较系统地归纳出几种常见风险，如操作风险、声誉风险、法律风险等。在传统业务中，这些风险表现形式有所不同。在操作风险中，可能是信贷员没有对借款人进行认真细致的资信调查，或者是没有要求借款人提供合格的担保，没有认真审查就盲目提供担保等。这些风险可以通过现有的一系列管理措施加以防范，如双人临柜，制定和严格执行一整套贷款操作的规程等。传统业务中的风险大多与技术没有直接的联系，某个环节存在的风险虽然对其他环节有影响，但影响限定在一定范围内。

电子支付则加大了操作风险，也使其影响范围扩大了，某个环节存在的风险对整个机构,甚至金融系统都可能有潜在的影响。互联网和其他信息技术领域的进步所带来的潜在损失已经远远超过了受害的个体所能承受的范围,已经影响经济安全。这种情况与技术有着直接的关系,其中表现最为突出的就是操作风险,电子货币的许多风险都可以归纳为操作风险。一些从事电子货币业务的犯罪分子伪造电子货币,给银行带来直接的经济损失。这些罪犯不仅来自银行外部,有时还来自银行内部,对银行造成的威胁更大。

1. 电子扒手

电子扒手多数为解读密码的高手,作案手段隐蔽,不易被抓获,他们或因商业利益,或因对所在银行或企业不满,甚至因好奇而盗取银行和企业密码,浏览企业核心机密,甚至将盗取的秘密卖给竞争对手。这些"电子扒手"其实是另类银行偷窃者,这类盗窃案近年呈迅速上升趋势。美国的银行每年在网络上被偷窃的资金达 6 000 万美元,而每年在网络上企图电子盗窃作案的总数高达 5 亿~100 亿美元,持枪抢劫银行的平均作案值是 7 500 美元,而"电子扒手"平均作案值是 25 万美元。

2. 网上诈骗

网上诈骗包括市场操纵、知情人交易、无照经纪人、投资顾问活动、欺骗性或不正当销售活动、误导进行高科技投资等互联网诈骗,表现为如下一些形式:网上交易、购物诈骗、网络中奖诈骗和网上彩票幸运号码预测诈骗等。据北美证券管理者协会调查,网上诈骗每年估计使投资者损失 100 亿美元。

3. 网上黑客攻击

"黑客"一词源于英文 Hacker,原指热心于计算机技术,专门寻找系统的漏洞并找出修补方法的计算机技术痴迷者,他们都是水平高超的计算机专家,尤其是程序设计人员。但是还有一部分是喜欢攻击系统、入侵系统、破坏系统和盗窃系统中有用数据的人,这部分人有时被称为"Cracker",他们的攻击行为对国家金融安全的潜在危害极大。目前,黑客的入侵手段主要有木马入侵、漏洞入侵,他们利用网上的任何漏洞和缺陷修改网页,非法进入他人主机,进入银行盗取和转移资金、窃取信息、发送假冒的电子邮件。黑客常用的攻击手段有协议欺骗攻击、口令攻击、缓冲区溢出攻击、拒绝服务攻击等;除了上述这些主要的攻击入侵方式,黑客还有很多其他的攻击方式,如网络钓鱼、邮件炸弹等;还有很多非技术性攻击方式,如通过人际交往手段欺骗盗取,在计算机系统垃圾箱中清理寻找到相关机密信息等。随着网络的普及、技术的进一步发展,各种新的攻击方式层出不穷,而且攻击手段也变得越来越先进,黑客工具也越来越复杂、自动化。正如光明必将伴着黑暗一样,从网络出现的那一天开始,它就注定和黑客攻击分不开了。但是也可以看出,黑客并不十分可怕,只要加强安全意识,并采用适当的防护手段和安全产品,就可以将绝大部分黑客攻击拒之门外。

4. 计算机网络病毒破坏

计算机网络病毒具有如下三个特点。

1) 感染速度快

在单机环境下，病毒只能通过移动存储设备从一台计算机带到另一台计算机；而在网络中，则可以通过网络通信机制进行迅速扩散。根据测定，在一个正常使用的 PCI 网络中，只要有一台工作站有病毒，就可在几十分钟内将网上的数百台计算机全部感染。

2) 扩散面广

由于病毒在网络中扩散非常迅速，扩散范围很大，不但能迅速传染局域网内的所有计算机，还能通过远程工作站将病毒在一瞬间传播到千里之外。传播的形式也复杂多样。计算机病毒在网络上一般是通过"工作站→服务器→工作站"的途径进行传播的，但传播的形式复杂多样，难以彻底清除。单机上的计算机病毒，有时可通过删除染毒文件和低级格式化硬盘等措施将病毒彻底清除，而网络中只要有一台工作站未能将病毒消除干净，就可以使整个网络重新被病毒感染，甚至刚刚完成清除工作的一台工作站，就有可能被网上另一台带毒工作站所感染。因此，仅对工作站进行病毒杀除，并不能解决病毒对网络造成的危害。

3) 破坏性大

网络病毒将直接影响网络的正常工作，轻则降低运行速度，影响工作效率；重则使网络崩溃，破坏服务器信息，使多年工作成果毁于一旦，带来不可弥补的重大损失，令人痛心疾首。以 NOVELL 网为例，一旦文件服务器的硬盘被病毒感染，就可能造成 NetWare 分区中的某些区域中的内容被损坏，使网络服务器无法启动，导致整个网络瘫痪，这对电子支付系统来说无疑是灭顶之灾。

鉴于计算机网络病毒破坏性极强、再生机制十分发达、扩散面非常广的特点，如何解决计算机网络病毒是目前电子支付监管要解决的首要问题之一。

5. 信息污染

正如在工业革命时期存在工业污染，信息时代也有信息污染和信息爆炸问题。大量与问题无关的或失真的信息不是资源而是灾难。在网络环境下信息激增，出现了信息污染或称信息障碍，它包括以下两种。

1) 信息超载（或信息过剩）

信息超载是指个人或系统所接受的信息超过其处理能力或有效应用的情况。这往往使信息用户无所适从。信息本来是用以消除不确定性的，过量的信息却增加了人们的不确定性和不安全感。每个人或结构的信息负载量是有一定限度的，当人们接收的信息超过其所能消化的信息量时，往往会患上"信息超载焦虑症"，带来财力、物力和人力的浪费。而且，信息超载又使人们面临新的信息匮乏，这是由于信息量太大，身处信息的海洋却找不到自己所需要的信息，致使社会信息吸收利用率反而下降。在网络信息技术十分发达的美国和日本，近年来的信息吸收利用率仅为10%左右。

2）信息垃圾

根据资料分析，在全球信息系统中，文献中信息垃圾（包括冗余信息、盗版信息、虚假信息、过时老化信息、污秽信息等）所占的比例不少于50%，在个别学科领域甚至高达80%，严重污染了互联网中的信息源和信息环境，干扰了对有效信息的开发和利用。冗余信息即多余的、重复的、无价值的信息；虚假信息是传播者有意识地传递的虚假错误信息，误导、诱骗他人；过时老化信息，即失去时效、老化无用信息；污秽信息是指带有巫术、迷信等内容的信息，还有无从证实的传闻、流言、诽谤等恶意传递的污垢信息。

信息超载和信息垃圾加重了互联网的负担，影响了电子支付发送和接收网络信息的效率，更严重的是信息堵塞及其他附带风险也随之增加。

此外，由于技术更新很快，内部雇员和管理人员可能不熟悉电子货币的新技术，不能有效地使用电子支付业务系统，有时，客户操作不当也会给银行带来风险。如客户没有遵守操作规程，在不安全的环境下使用一些个人的信息，罪犯可以由此获得客户的信息，从而使用这些信息从事有关的犯罪活动，银行可能就要对所造成的损失承担赔偿责任。此外，有的客户虽然已经完成了某一交易，但事后反悔否认，而银行的技术措施可能无法证明客户已经完成过该交易，由此造成的损失也可能需由银行承担。

这些风险都跟技术有着直接或间接的关系，都可归纳为操作风险。所以，巴塞尔委员会认为，操作风险来源于"系统在可靠性和完整性方面的重大缺陷带来的潜在损失"，电子支付机构操作风险包括电子货币犯罪带来的安全风险，内部雇员欺诈带来的风险，系统设计、实施和维护带来的风险，以及客户操作不当带来的风险。其他组织，如欧洲中央银行、美国通货管制局、联邦存款委员会等对电子支付机构的操作风险也做出类似或相近的描述。

6.1.3　电子支付的法律风险

电子支付业务常涉及《合同法》《银行法》《证券法》《消费者权益保护法》《财务披露制度》《隐私保护法》《知识产权法》《货币银行制度》等，这些法律都是适用于传统金融业务形式的。在全球范围内，对于电子支付的立法相对滞后，导致在电子支付业务中出现了许多新的问题，如发行电子货币的主体资格、电子货币发行量的控制、电子支付业务资格的确定、电子支付活动的监管、客户应负的义务与银行应承担的责任，等等。世界各国都普遍缺乏相应的对这些问题加以规范的法律法规。以网上贷款为例，就连网上贷款业务发展较早的中国台湾金融监管部门也没有相关法令规范这一新兴业务，其监管机构目前能做的只是对银行提交的契约范本进行核准。缺乏法律规范调整的后果表现在两个方面：司法者或仲裁者要么必须用传统的法律规则和法律工具来分析网上业务产生的争议，要么不得不放弃受理这类纠纷。由于网络纠纷的特殊性，用传统法律规则来解决显然是非常吃力的，但是，如果消极地拒绝受理有关争议，不但无助于问题的解决，甚至会引发其他问题的发生。可见，法律规定的欠缺使得金融机构面临着巨大的法律风险。

如果没有健全的法律法规来规范电子支付业务及各方关系，或者只是使用一些传统的法律法规来管理电子支付业务的个别方面，其是否应该被使用，它的适用范围如何，当事人都不太清楚，有的时候监管机构也未必明白。在这种情况下，当事人一方面可能不愿意从事这样的活动，另一方面可能在出现争执以后，谁也说服不了谁，解决不了问题。例如，在处理银行与客户的关系方面，现有的法律总是更倾向于保护客户，为银行规定了更严格的义务，美国早在1978年就在《电子资金转移法》中做出了相关规定，即银行在向客户提供ATM卡等借记卡服务时，必须向客户披露一系列信息，否则，银行要面临潜在的风险。而电子货币，特别是智能卡出现以后，智能卡是否需要披露同样的信息，即便是监管机构也无法立刻做出决定。因为两种卡的性能完全不一样，要求借记卡业务披露的信息可能对智能卡没有任何意义，而且，有时要求过于严格，造成发卡银行成本过大，又会阻碍业务的发展。在这种情况下，开展此项业务的银行就会处于两难的境地，以后一旦出现争议或诉讼，谁也无法预料会出现什么样的后果。

类似的情况在电子支付的其他许多新业务中同样存在。例如，有的银行在互联网上建立自己的主页，并做了许多链接点，把自己的网址链接到其他机构的网址上。如果黑客利用这些链接点来欺诈银行的客户，客户有可能会提起诉讼，要求银行赔偿损失。又如，一些银行可能会承担认证机构的职能，并以此作为自己的一项新业务，通过提供认证服务收取相应的服务费用。那么，作为认证机构的银行和申请认证的机构或个人及接受认证证书的机构之间就可能存在潜在的争议，一旦出现争执，银行的权利义务如何，尤其是在没有相关立法调整数字签名和认证机构的国家，银行面临的风险更大。

此外，电子支付还面临洗钱、客户隐私权、网上交易等其他方面的法律风险，这就要求银行在从事新的电子支付业务时必须对其面临的法律风险进行认真分析与研究。

6.1.4 电子支付的其他风险

除了基本风险、操作风险和法律风险以外，电子支付还面临市场风险、信用风险、流动性风险、声誉风险和结算风险等。

1. 市场风险

电子支付机构的各个资产项目面临因市场价格波动而蒙受损失的可能性，外汇汇率变动带来的汇率风险即是市场风险的一种。此外，国际市场主要商品价格的变动及主要国际结算货币银行国家的经济状况等因素也会间接引发市场波动，构成电子支付的市场风险。

2. 信用风险

信用风险就是交易方在到期日不完全履行其义务的风险。电子支付拓展金融服务业务的方式与传统金融不同，其虚拟化服务业务形成了突破地理国界限制的无边界金融服务特征，对金融交易的信用结构要求更高、更趋合理，金融机构可能会面临更大的信用风险。以网上银行为例，网上银行通过远程通信手段，借助信用确认程序对借款者的信用等级进行评估，这样的评估有可能增加网上银行的信用风险。因为借款人很可能不履行对电子货币的借贷应承担的义务，或者由于借贷人网络上运行的金融信用评估系统不健全造成信用评估失误。此外，从电子货币发行者处购买电子货币并用于转卖的国际银行，也会由于发行者不兑现电子货币而承担信用风险。有时，电子货币发行机构将出售电子货币所获得的资金进行投资，如果被投资方不履行业务，就可能为发行人带来信用风险。总之，只要同电子支付机构交易的另外一方不履行义务，就会给电子支付机构带来信用风险。因信用保障体系的不健全，目前网上出现了各种交易问题，如开玩笑的、恶性交易的，甚至专门在网上进行诈骗的，都有发生的案例。

市场经济不能没有信用，信用可以减少市场交易费用。只有交易双方有足够的信用度，交易才有可能完成，否则任何交易都需要面对面、以货易货地进行。缺乏信用最典型的交易案例便是物物交易。面对面交易或物物交易不仅增加交易费用，而且将交易的规模限制在一个很小的范围内。社会信用体系的不健全是信用风险存在的根本原因，也是制约电子支付业务甚至电子商务发展的重要因素。

3．流动性风险

当电子支付机构没有足够的资金满足客户兑现电子货币或结算需求时，就会面临流动性风险。一般情况下，电子支付机构常常会因为流动性风险而恶性循环地陷入声誉风险中，只要电子支付机构某一时刻无法以合理的成本迅速增加负债或变现资产，以获得足够的资金来偿还债务，就存在流动性风险，这种风险主要发生在电子货币的发行人身上。发行人将出售电子货币的资金进行投资，当客户要求赎回电子货币时，投资的资产可能无法迅速变现，或者会造成重大损失，从而使发行人遭受流动性风险，同时引发声誉风险。流动性风险与声誉风险往往连在一起，成为相互关联的风险共同体。

电子货币的流动性风险同电子货币的发行规模和余额有关，发行规模越大，用于结算的余额就越大，发行者不能等值赎回其发行的电子货币或缺乏足够的清算资金等流动性问题就越严重。由于电子货币的流动性强，电子支付机构面临比传统金融机构更大的流动性风险。

4．声誉风险

与传统风险比较，电子支付机构面临的声誉风险显得更为严重。以网上银行为例，在传统业务中，最常见的声誉风险表现为一家银行出了财务问题以后，导致大量的储户挤兑。网上银行产生声誉风险的原因与传统业务有时候一样，有时候也不一样。其不一样的是，网上银行可能由于技术设备的故障或系统的缺陷，导致客户失去对该银行的信心。重大的安全事故等会引起电子支付机构产生声誉风险，如新闻媒体报道某家银行被黑客入侵，尽管可能没有造成任何损失,但是客户会立刻对该银行的安全性产生怀疑。

由于网上银行业务尚处在发展初期,客户对安全存在潜在的不信任导致声誉风险的出现,这对网上银行业务的影响特别大。

5. 结算风险

清算系统的国际化,大大提高了国际结算风险。基于电子化支付清算系统的各类金融交易,发达国家国内每日汇划的日处理件数可以达到几百万件甚至上千万件。

6.2 电子支付的安全保障手段

电子支付的诸多风险给电子支付带来一系列的安全问题,要想全面解决,必须从法律、技术和管理等几个方面全盘考虑、综合治理。法律法规是保障电子支付安全的前提条件,在法律体系中,应建立一套完整的电子商务法律框架,制定和完善各项具体的法律法规。管理制度是电子支付系统运行安全的必要保证,通过制定严密的管理制度,规范电子商务交易活动中的各种行为,使电子商务交易标准化、制度化和规范化。技术方案是电子商务各种安全问题得以解决的重要手段,需要建立一套有效的计算机网络安全与保密体系,包括硬件系统和软件系统的全面防范措施。技术、管理和法律三者相辅相成、缺一不可,共同保证电子支付系统的可靠安全运行。

6.2.1 电子支付安全技术保障

1. 电子支付安全保障体系

电子支付的安全要依赖许多技术措施,尤其在线电子支付的安全更是如此。为此,有人提出了三维"动态、纵深防御"安全保障体系,如图 6.1 所示。

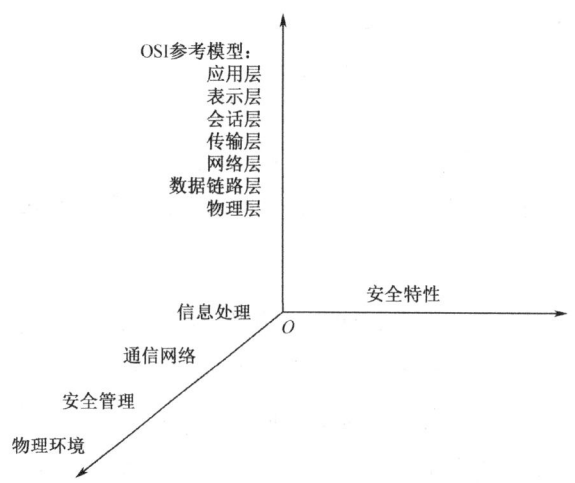

图 6.1 三维安全保障体系模型框架结构

1）三维安全保障体系的设计原则

三维安全保障体系的设计原则包括七个方面，依据这些原则进行全方位的安全技术设计，能够有效地保证电子支付的安全性。

（1）分布性：安全部件分层次、全方位、立体防御。

（2）主动性：采用安全漏洞扫描、入侵检测等主动防御技术。

（3）动态性：动态控制、动态调整，漏洞数据库、病毒特征库等能动态升级。

（4）实时性：实时检测、实时响应、实时恢复。

（5）协同性：同类安全组件之间协同联动，不同安全组件之间相互协同，安全体系之间相互协同。

（6）可管理性：通过统一界面可随时掌握组件状态、攻击行为。

（7）开放性：可扩展、可集成。

2）三维安全保障体系涉及的五个方面

（1）信息保护：信源加密、信道加密、密级管理、数字签名、密钥管理等。

（2）网络保护：访问控制、身份认证、访问代理、地址过滤、地址转换、状态检测等。

（3）系统层次（控制点分层）：物理级、网络级、系统级、平台级、应用级、数据级和管理级。

（4）时间域（动态性）：入侵检测、风险分析、应急响应等。

（5）空域（按空间划分安全域）：如保密信息域、专有信息域、公用信息域等，各域又可分为网络与基础设施保护、安全域边界保护、计算环境保护等。

可见，电子支付的三维安全保障体系覆盖了各个层面的安全保障技术，其中部分技术在前面相关章节已经进行了详细介绍，此处不再赘述。下面的内容是从风险控制的角度对其中的部分技术加以简单介绍。

2．电子支付安全保障技术

电子支付安全保障技术主要包括安全管理、防火墙、包过滤路由器、安全审计、防病毒、加密、安全操作系统、安全数据库管理系统、认证鉴别、物理安全、入侵检测、脆弱性分析、应急响应、备份与恢复等。各种安全技术的安全等级均可分为三级（其中第三级的安全保障级别最高），如表6.1所示。

表6.1 安全技术分级

技 术	分 级		
	第一级（SPL1）	第二级（SPL2）	第三级（SPL3）
安全管理	用户自主保护级	系统审计保护级	安全标记保护级
防火墙	包过滤、防火墙	屏蔽主机	屏蔽子网
安全审计	用户自主选择	生成实时报警信息	实时报警，进程终止，取消当前服务

续表

技　术	分　级		
	第一级（SPL1）	第二级（SPL2）	第三级（SPL3）
防病毒系统	先杀毒，后使用；病毒扫描、拦截；使用合格防病毒产品	在第一级基础上进行整体防御	在第二级基础上进行防管结合，多层防御
加密系统	一级密码配置、密码支持系统	二级密码配置	三级密码配置
认证鉴别系统	同步标识，同步鉴别，同步失败处理	动作前标识、鉴别	在第二级基础上进行基本数据鉴别、不可伪造鉴别、一次使用鉴别
物理安全 ● 环境安全 ● 设备安全	符合机房场地 GB 2887—2000 标准 C 级 设备部件标记、机房防盗报警、安全可用、故障恢复能力	符合机房场地 GB 2887—2000 标准 B 级 在第一级基础上加强机房外部网络安全、故障容错能力	符合机房场地 GB 2887—2000 标准 A 级 在第二级基础上支持不间断运行
入侵检测	用户自主选择	应急响应、潜在侵害分析、升级	自动升级、简单攻击探测
脆弱性分析	用户自主选择	定期进行潜在侵害分析	基于异常检测进行简单攻击探测
应急响应	用户自主选择	具有各种安全措施、备份机制、被动响应系统	具有安全管理机制、主动响应系统
备份恢复	自我备份、手动恢复	设备备份、手动恢复	热备份、自动备份（服务中断）

主要的安全技术简介如下。

1）防火墙技术

防火墙是一系列硬件和软件的总称。采用防火墙可以将银行的内部网络和外部网络分割，使外部人员无法随意地进入内部网络。有时候还可以采用同样的技术将内部网络加以分割。这样，不同级别、不同岗位的人就无法随意进入其他部门，不同保密程度的信息可以放置在不同的位置。有时候不仅需要将网络分割，而且需要将实际的设备分开放置，集中保护。例如，将所有支持内部网络的关键设备、辅助设备（键盘、控制服务器的计算机）、防火墙等集中放在玻璃室（Glass Houses）里，限制外来人员进入这些地方，同时设置 24 小时警卫。如果由于地域和经营的需要，必须将一些设备分开放置，则可以设立几个玻璃室，采取同样的安全措施。

2）密码技术

一些监管机构要求银行首先要对资料进行分类，分成"高度机密"、"机密"和"公开"信息三类，不同种类的信息采取的保密措施不同。对于高度机密信息，在储存和通过内部网络传送时必须加密。在技术和资金允许的情况下，可以尽量采用更强一些的密钥。同时，要强化密钥的管理，建立有效的密钥管理方式，如保护密钥不受篡改和违法使用，根据资料的秘密程度，定期更换密钥。通过公开网络（如互联网）传递的信息，都必须进行加密。口令（Password）有时也称密码，为了与密码技术相区别而把它称为口令。口令实际上是控制机器设备、防止无关人员随意进入和使用设备的技术措施。使用口令容易造成口令的遗失（使用者忘记自己的口令），更为重要的是容易被犯罪分子盗取。有时候对于一些关键设备，可以采用一次性口令，也就是只使用一次的口令，每次进入计算机系统时，口令都不同，通过对口令的管理来保护设备的安全。除了一次性口令这样简单的管理措施之外，还有其他一些比较系统化的措施来管理口令。口令的管理需要遵循一些基本的原则，如银行的计算机系统自动促使使用者定期修改口令，使用者之间不要相互合用口令，不要使用一些很容易被猜到的口令，等等。具体的措施有很多：如果口令被多次使用或通过网络传递，必须对口令进行加密才能存储或传送；使用安全子系统和应用程序建立口令的历史档案，防止重复使用不久前才使用过的口令；为了防止犯罪分子使用一些自动的程序软件猜测口令，必须规定一个界限，如多少次输入错误则停止其进入，并通知系统管理员；为了防止犯罪分子盗用他人的合法口令进入内部网络，应该随时将上次使用口令的时间等情况通知合法的使用者，便于发现自己的口令是否已经被人盗用。

同口令的功能相似的还有其他一些常用的手段，如使用智能卡作为进入系统的"身份证"，采用生物技术如指纹、声音、面部特征和眼部特征等措施来识别有关当事人。这些措施采用之后，仍然需要有配套的措施，如智能卡虽然安全，但仍然需要定期更换内部程序或密码，以便保证其安全性能。

具体的技术防范细节还有很多，如防病毒的技术措施、对主服务器的管理等。这些措施技术成分比较大，需要银行管理部门加以格外注意。同时，光有技术措施还是不够的，同样需要辅以相应的管理和内控措施。例如，对银行内部职员进行严格审查，特别是系统管理员、程序设计人员、后勤人员及其他可以获得机密信息的人员，都要进行严格审查，审查的内容包括聘请专家审查其专业技能、家庭背景、有无犯罪前科、有无债务历史等。而一些重要人物，如系统管理员，由于他们可以毫无障碍地进入任何计算机和数据库，也可能产生潜在的风险，对于这样的人则必须采用类似于双人临柜式的责任分离、相互监督等手段来进行控制。

3）数据库及数据仓库技术

通过数据库技术或数据仓库技术存储和处理信息来支持银行决策，以决策的科学化及正确性来防范各类可能的金融风险。要防范电子支付的信用风险，必须从解决信息对称、充分、透明和正确性着手，依靠数据库技术储存、管理和分析处理数据，是现代化管理必须要完成的基础工作。电子支付数据库的设计可从社会化思路考虑信息资源的采集、加工和分析，以客户为中心进行资产、负债和中间业务的科学管理。不同银行可实行借款人信用信息共享制度，建立不良借款人的预警名单和"黑名单"制度。对有一定比例的资产控制关系、业务控制关系、人事关联关系的企业或企业集团，通过数据库进行归类整理、分析、统计，实行统一授信的监控。

4）加速金融工程学科的研究、开发和利用

金融工程是在金融创新和金融高科技基础上产生的，是指运用各种有关理论和知识，设计和开发金融创新工具或技术，以期在一定风险度内获得最佳收益。目前，急需加强电子技术创新对新的电子支付模式、技术的影响，以及由此引起的法制、监管的调整。

总之，要不断采用新的安全技术来确保电子支付的信息流通和操作安全，如防火墙、滤波、加密技术、认证技术、安全协议等。要加快发展更安全的信息安全技术，包括更强的加密技术、网络使用的记录检查评定技术、人体特征识别技术等。使正确的信息及时、准确地在客户和银行之间传递，同时又防止非授权用户（如黑客）对电子支付所存储的信息的非法访问和干扰。其主要目的是在充分分析网络脆弱性的基础上，对网络系统进行事前防护，主要通过采取物理安全策略、访问控制策略、构筑防火墙、安全接口、数字签名等高新网络技术的拓展来实现。

6.2.2 电子支付安全管理保障

电子支付的安全管理，实质上就是电子支付的风险管理，做好管理工作，可以防患于未然，避免损失。

1. 电子支付风险管理的步骤

电子支付风险管理与传统金融风险管理的基本步骤和原理几乎是一样的，但是，不同的国家、不同的监管机构可能会根据不同的情况，制定出不同的电子支付风险管理要求。

目前，最常见、最通俗易懂的是巴塞尔委员会采用的风险管理步骤。以网上银行为例，巴塞尔委员会把电子支付风险管理分为三个步骤：评估风险、管理和控制风险，以及监控风险。评估风险实际包含了风险识别过程，不过，识别风险只是最基本的步骤，识别之后，还需要将风险尽可能地量化；经过量化以后，银行的管理层就能够知道银行所面临的风险究竟有多大，对银行会有什么样的影响，这些风险发生的概率有多大，等等；在此基础上，银行的管理层要做出决定，确定本银行究竟能够承受多大程度的风险，换句话讲，如果出现这些风险，造成了相应的损失，银行的管理层能不能接受，到了这一步，风险的评估才算完成。管理和控制风险的过程比较复杂，简单地说，就是各种各样相应的控制措施、制度的采用。最后一个步骤即风险的监控是建立在前两个步骤基础上的，实际上是在系统投入运行、各种措施相继采用之后，通过机器设备的监控，通过人员的内部或外部稽核，来检测、监控上述措施是否有效，并及时发现潜在的问题，加以解决。

许多国家都接受巴塞尔委员会电子支付风险管理的步骤，并加以本土化，即针对本国银行的特点，制定出本国电子支付风险管理的基本程序。例如，美国通货监管局负责监管美国的国民银行，随着大量国民银行采用各种各样的电子技术向客户提供电子支付的服务，国民银行将与技术有关的风险管理分成三个步骤：计划、实施、检测和监控。计划阶段在一定程度上包括风险的识别、量化等，但主要是针对某一个具体项目的采用而言的；实施阶段实际上类似于巴塞尔委员会的管理和控制风险这一步骤，将各种相应风险控制和防范措施加以实际运用，以控制项目运行后造成的风险；检测和监控阶段则同巴塞尔委员会的风险监控大同小异。

因此，简单地说，风险的管理过程是技术措施同管理控制措施相结合而形成的一系列制度、措施的总和。整个过程同传统银行业务的风险管理差别并不是很大，但电子支付采用的新的风险管理措施需要同银行原有的内控制度相配合，同传统业务的风险管理措施相融合。

2．电子支付风险管理控制措施

技术安全措施在电子支付的风险管理中占有很重要的位置，这也是电子支付风险管理的一个比较明显的特点，但电子支付的风险管理并不仅仅限于技术安全措施的采用，而是一系列风险管理控制措施的总和。通常包括下面一些措施。

1）管理外部资源

目前，电子支付的一个趋势是，越来越多的外部技术厂商参与到银行的电子化业务中来了，可能是一次性提供机器设备，也可能是长期提供技术支持。外部厂商的参与使银行能够减少成本、提高技术水平，却加重了银行所承担的风险。为此，银行应该采取有关措施，对外部资源进行有效的管理。例如，要求有权对外部厂商的运作和财务状况进行检查和监控，通过合同明确双方的权利和义务，包括出现技术故障或消费者不满意时，技术厂商应该承担的责任。同时，还要考虑并准备一旦某一技术厂商出现问题时的其他可替代资源。作为监管机构，也需要保持对与银行有联系的技术厂商的监管。

2）建立健全金融网络内部管理体系

要确保网络系统的安全与保密，除了对工作环境建立一系列的安全保密措施外，还要建立健全金融网络的各项内部管理制度，这是目前保障金融网络系统安全的有效手段。其中，建立健全计算机机房的各项管理制度并加以严格执行尤其重要。机房管理制度不仅包括机房工作人员的管理，而且还包括对机房内数据信息的管理、计算机系统运行的管理等，要求操作人员按照规定的流程进行操作，保证信息资料的保密性和安全性达到要求。

3）建立应急计划

电子支付给客户带来了便利，但也可能会瞬间出现故障，让银行和客户无所适从。因此，建立相应的应急计划和容错容灾系统非常重要。应急计划包括一系列措施和安排。例如,资料的恢复措施、替代的业务处理设备、负责应急措施的人员安排、支援客户的措施等。这些应急的设施必须定期加以检测,保证一旦出事确实能够在最短的时间内运作起来。

3. 加强电子支付从业人员的管理与培训

电子支付是技术发展的产物,许多风险管理的措施都离不开技术的应用。不过这些技术措施实际上也不是单纯的技术措施,毕竟技术措施仍然需要人来贯彻实施,因此通过管理、培训手段提高从业人员素质是防范金融风险的重要途径。《中华人民共和国电脑系统安全保护条例》《中华人民共和国电脑信息网络国际互联网管理暂行规定》对计算机信息系统的安全和计算机信息网络的管理使用做出了规定,严格要求电子支付等金融业从业人员依照国家法律规定操作和完善管理,提高安全防范意识和责任感,确保电子支付业务的安全操作和良好运行。

为此,要完善各类人员管理和技术培训工作。要通过各种方法加强对各级工作人员的培训教育,使其从根本上认识到金融网络系统安全的重要性;要加强各有关人员的法纪和安全保密教育,提高电子支付安全防护意识;要做好下列人员的培训。

1)银行内部员工

由于电子支付是技术的产物,使内部员工具有相应的技术水平也是风险管理的重要方面。这些培训包括各种各样的方式,如要求员工参加专门的技术课程、业内的研讨会及工作小组。同时,保证相应的技术人员能够有时间进行研究、学习,跟踪市场和技术的发展状况。

2)客户

教会他们如何使用银行的设备,出现问题怎么办,并通过培训向客户披露有关的信息,如银行主页上建立的链接点的性质、消费者保护的措施、资料保密的要求等,以此减少相应的法律风险。

4. 加强对电子支付的监管

为确保金融秩序的安全,维护银行业公平有效的竞争,保护存款人和社会公众的利益及中央银行货币政策的顺利实施,必须加强金融的监管。

为了实现金融监管的多重目标,在金融监管中应坚持"分类管理、公平对待、公开监管"三条基本原则。分类管理原则,是指将金融机构分门别类,突出重点,分别管理;公平对待原则,是指在进行金融监管的过程中,不分监管对象,一视同仁,适用统一监管标准,这一原则与分类管理原则并不矛盾,分类管理是为了突出重点,加强监测,但并不降低监管标准;公开监管原则,是指加强金融监管的透明度,中央银行在实施金融监管时需明确适用的金融机构法规、政策和监管要求,这也便于社会公众的监督。

目前,网络条件下的监管规避现象较为严重,从而改变了金融监管部门与金融机构的力量对比,增加了金融监管的难度。国际差别给电子支付监管带来不便,适用于电子商务条件下的国际金融监管法规体系尚待建立和完善。电子商务发展加快了金融创新的步伐,金融监管的法律法规和监管手段有可能越来越落后于电子支付业务的创新与发展,也就是金融监管的滞后性增强了。另外,金融业的不稳定性对电子支付监管提出了新的要求,国际金融环境的变化,从汇率风险防范到金融动荡,从全球性金融系统的风险防范到金融证券市场的规范化、制度化等,都反映了国际金融监管协调是网络性、国际性金融深化发展的必然要求。

电子支付监管的具体措施包括国内监管措施和国际金融监管的协调。

1) 国内监管措施

国内监管措施包括:金融监管手段要具有前瞻性、预见性,以解决现有的滞后性问题;建立以风险性监管为主导的监管体系;将行业自律与金融监管有效结合;建立健全电子支付监管法律、法规、制度;建立健全金融信息披露制度,增强金融监管的透明度;加强对金融中介机构的监管,形成"中央银行—中介机构—金融自律组织"的有效监管体系;采用现场检查与非现场检查等主要监管手段。现场检查主要是指监管机关亲临现场所开展的监管;非现场检查主要是指监管机关不在现场,而是通过报表和收集的各方面信息等对监管对象开展的监管。

电子支付的监管属于金融监管的重要内容,现场检查在银行监管中占有重要的地位。通过现场检查,监管机构可以获得第二手的资料和情况,以此贯彻现有的法律和监管规章。电子支付虽然在很大程度上实现了虚拟化,但都离不开人的操作,总需要一定的设施,需要人员的维护和管理。因此,对电子支付进行现场检查不仅是必要的,而且是可行的。现场检查的第一层次主要检查银行是否采取了相关的措施来遵守有关的法律和法规,同时确保在为非存款性投资金融工具做广告时,进行了必要的披露。第二层次主要检查三个方面:首先要检查银行同客户、技术厂商等当事人的协议是否充分规定了各方的权利和义务,确保这些法律文件中规定银行有权监测、存储和追踪电子交易;其次要检查银行是否考虑了关于数字签名、认证机构的法律,包括地方法和中央法;最后要检查银行同第三方签订的协议是否也包含在银行保护客户和遵守纪律的文件中。第三层次主要检查的内容有:一要检查银行是否采取了有关的措施确保网上业务遵守资料保存和客户保密的法律;二要对于银行卡之类的电子货币产品,确保有关的协议明确了银行、客户和第三方之间关于银行卡遗失和被盗的责任分担。进行上述检查时,虽然是针对电子支付业务进行的,但与对传统业务的其他检查可能也会发生重合,有时候也需要将对传统业务的检查同电子支付业务的检查进行协调。如果必要,监管机构官员在检查时应该咨询其他相关的官员。检查完之后,进行检查的官员必须制作一份完整的报告,这个报告应该包括对电子支付业务的描述、检查的结果,并含有相关的评论。为了支持检查所得出的结论,检查官员还必须附上相关的文件。对电子支付进行现场检查的结果提交给监管机构之后,这一结果将直接影响被检查银行的评级。

2）国际金融监管的协调

国际金融监管的协调包括：建立电子支付条件下的汇率协调机制和国际统一的信息披露与市场约束制度；协调控制网络国际短期资本的流动；防止国际性金融犯罪的监管协调；加强市场准入与金融风险监管的协调；协调对对冲基金之类高杠杆、高风险金融机构的监管机制；进行国际统一的金融监管立法。

6.2.3 电子支付安全法律保障

在电子支付的发展过程中，为了防范各种可能的风险，不但要提高技术措施、健全管理制度，还要加强立法建设，对电子支付业务操作、电子资金划拨的风险责任进行规范，制定电子支付的犯罪案件管辖、仲裁等规则，以规范电子支付参与者的行为。此外，对电子商务的安全保密也必须有法律保障，对计算机犯罪、计算机泄密、窃取商业和金融机密等也都要有相应的法律制裁，以逐步形成有法律许可、法律保障和法律约束的电子支付环境。

1. 世界各地电子商务立法概况

1）《经济合作与发展组织全球电子商务行动计划》

《经济合作与发展组织全球电子商务行动计划》（*Organization for Economic Cooperation and Development Action Plan for Electronic Commerce*），简称《OECD 电子商务行动计划》。1997 年 7 月，美国政府正式发布"电子商务政策框架"，OECD 于 1998 年 10 月，在加拿大渥太华召开了第一次以电子商务为主题的部长级会议，会议名称为"一个无国界的世界，发挥全球电子商务的潜力"。

OECD 拥有 29 个会员国，经过讨论与会者得出一致结论，达成全球电子商务的共识，形成了一批对于电子商务实际运作具有指导性意义的文件，主要有《OECD 电子商务部长级会议结论》《全球电子商务行动报告》《OECD 国际电子商务行动计划》《国际组织和地区性组织电子商务活动和计划报告》。渥太华会议是迈向全球电子商务的里程碑，推动了电子商务的全面发展，促进了国际政策的进一步协调，为各种经济体充分利用新的电子平台提供了广阔的空间。

2）欧洲地区电子商务立法

俄罗斯是世界上最早进行电子商务立法的国家，1994 年俄罗斯开始建设俄联邦政府网，1995 年俄罗斯国家杜马审议通过了《俄罗斯信息、信息化和信息保护法》；1996 年通过了《国际信息交流法》；2001 年通过了《电子数字签名法》草案，规定了国家机构、法人和自然人在正式文件上用电子密码进行签名的条件，以及电子签名的确认、效力、保存期限和管理办法等。

欧盟于 1997 年提出《欧洲电子商务行动方案》，为规范欧洲电子商务活动制定了框架，

1998 年颁布《关于信息社会服务的透明度机制的指令》。1999 年年末，欧盟制定《电子签名统一框架指令》，该指令由 15 条条款和 4 个附件组成，主要用于指导和协调欧盟各国的电子签名立法。

此外，还有德国 1997 年的《信息与通用服务法》，意大利 1997 年的《数字签名法》，法国 2000 年的《信息技术法》等。

3）北美洲、澳大利亚电子商务立法

1995 年，美国犹他州制定了世界上第一个《数字签名法》，1997 年在《统一商法典》中增加了两章：电子合同法和计算机信息交易法，1998 年做出进一步的修改；2000 年颁布《国际与国内商务电子签章法》。20 世纪末，美国已有 44 个州制定了与电子商务有关的法律。近 10 年来，美国出台了一系列的法律和文件，从而构成了电子商务的法律框架。

1999 年，加拿大制定了《统一电子商务法》，正式承认数字签名和电子文件的法律效力。此后，通过制定具体的政策、法规，实现电子商务的发展，通过及时更新法律法规，消除电子商务的障碍。与此同时，加拿大创立了世界上第一个全国性研发高速光纤网络，率先实现了国家所有的学校与图书馆全部联机。

1999 年，澳大利亚颁布了《电子交易法》，确定了电子交易的有效性，并对适用范围进行了适当限制，对"书面形式""签署""文件之公示""书面信息的保留""电子通信发出、接收的时间和地点""电子信息的归属"进行了规定。

4）亚洲地区电子商务立法

新加坡是世界上积极推广电子商务的国家。早在 1986 年新加坡政府就宣布了国家贸易网络开发计划，1991 年全面投入使用 EDI 办理和申报外贸业务，1998 年制定了《电子交易法》并逐步建立起完整的法律和技术框架。

马来西亚是亚洲最早进行电子商务立法的国家。20 世纪 90 年代中期提出建设"信息走廊"的计划，1997 年颁布了《数字签名法》，该法采用了以公共密钥技术为基础，并建立配套认证机制的技术模式，极大地促进了电子商务发展。

韩国 1999 年的《电子商务基本法》是最典型的综合性电子商务立法，该法包括：关于电子信息和数字签名的一般规定，电子信息，电子商务的安全，促进电子商务的发展，消费者保护及其他，对电子商务的各方面做出了基础性的规范。日本 2000 年制定的《电子签名与认证服务法》，主要的篇幅用于规范认证服务，从几个方面对认证服务进行了全面细致的规定。该法还明确指定了调查机构的权利与义务，形成了独特的监管模式。

印度 1998 年推出《电子商务支持法》，并在 2000 年针对电子商务的免税提出实施方案，促进了信息产业和相关产业的持续增长。

中国香港 2000 年颁布了《电子交易条例》；中国台湾 2001 年制定了《电子签章法》。

2. 当今世界电子商务立法的特点

信息技术革命所引起的电子商务立法在一定程度上与以往传统的立法形式有所不同，其特点有以下四个。

1）立法的速度快，周期短

从 1995 年俄罗斯的《俄罗斯信息、信息化和信息保护法》、美国犹他州的《数字签名法》开始，在短短 10 年间，已有几十个国家和地区及国际组织制定了相关的电子商务法。电子商务的变化速度、尚未成熟的现实状态及难以预测的未来风险，使其立法出现了高效的奇迹，这在世界立法史上都是极为罕见的。

2）立法的范围广，跨度大

电子商务的关键性问题，涉及了多个法学部门和学科领域，其实质是把某一层次的技术全面地应用到社会生产和生活的各个层面，在总体上将这种互联网上的革命认知为一项社会系统工程，并为推进这一工程建立起可靠的保障，由此使得立法的范围、立法的模式发生了巨大的变化。

3）立法的实践性强

行业互联网向社会互联网的转变，促使互联网的发展正在从技术推动变为应用推动，迫使电子商务的立法侧重于法律的适用性、衔接性和实践性。这种转变又加速了电子商务全球规则的问世，由此造就了国际立法先于各国国内立法的奇特现象。

4）立法不平衡，差距大

发达国家和发展中国家的电子商务鸿沟，显示出世界电子商务发展的不平衡。目前，已形成以美国为首、欧洲和亚洲国家为主的国际电子商务格局，使得非洲、拉丁美洲地区处于落后的地位，由此加剧南北差距。为此，只有全球合作，投资发展中国家的 IT 基础设施，才能使其从电子商务中受益。

3. 中国的电子商务法律法规

《电子签名法》的实施为我国电子商务法制环境的完善奠定了基础，也使网络虚拟世界与现实世界可以对应。

1）《电子签名法》

本书中的《电子签名法》全称为《中华人民共和国电子签名法》，是在 2004 年 8 月 28 日十届全国人大常委会第十一次会议上表决通过，并于 2005 年 4 月 1 日起实行的。该法赋予电子签名与手写签名或盖章具有同等的法律效力，明确了电子认证服务的市场准入制度，对中国电子商务的发展产生了重大的影响。

《电子签名法》共五章三十六条，重点解决五个方面的问题：明确了电子签名的法律效力；明确了电子签名所需要的技术和法理条件；对电子商务认证机构和行为做出了规定；明确了电子商务交易双方和认证机构在电子签名活动中的权利、义务和行为规范；对有关政府监管部门的法律责任做出了规定。

电子签名法律地位的确定，有力地推动了电子政务和电子商务的发展，促进了现代信息技术在社会各领域中的应用。《中华人民共和国电子签名法》的出台是我国电子商务发展的里程碑，它的颁布和实施必将扫除电子签名在电子商务、电子政务和其他领域中应用的法律障碍，极大地改善了我国电子签名应用的法制环境，从而大大推动了我国信息化的发展。从目前情况看，《中华人民共和国电子签名法》实施后触动最大的莫过于那些认证服务机构，它们有了可以依据的法律，有了明确的主管部门，有了一整套完整的管理规范，取得了正式的许可证书，这些不仅规范了它们的业务，为其取得了强大的法律保障。更重要的是，在这些因素的推动下，电子认证机构的业务开始全面开发，证书的申请量呈大幅增长的态势。

2)《电子支付指引（第一号）》

2005年10月26日，中国人民银行向社会公布了《电子支付指引（第一号）》（见以下"相关链接"，简称《指引》），旨在给电子支付业务的创新和发展创造较为宽松的制度环境，其基本指导思想是在发展中规范，以规范促进发展。《指引》总计六章四十九条，主要包括五个方面的内容：一是界定了电子支付的概念、类型和业务原则；二是统一了电子支付业务申请的条件和程序；三是规范了电子支付指令的发起和接收；四是强调了电子支付风险的防范与控制；五是明确了电子支付业务差错处理的原则和要求。

那么，该《指引》将怎样影响我国电子支付的发展？网上支付所面临的一系列法律与安全问题能否通过该《指引》得到解决？第三方支付服务平台该如何得到规范和发展？电子支付法律环境的建设从该《指引》开始又将怎样陆续得到完善？

(1) 对《指引》的总体印象。《指引》的发布对银行从事电子支付业务提出了指导性要求，对规范和引导电子支付的发展提供了基础。

《指引》以银行与客户关系为主线，以规范电子支付、强化电子支付安全性为主要内容，将"以规范促发展、在规范中发展"作为基本原则，以指引相对灵活的形式全面规范电子支付行为；涉及电子支付各方权利义务、责任、安全保障、信息披露、差错处理等多个关键环节。《指引》的出台和实施，无疑有利于以下几个方面：推动电子银行业务和电子商务的健康、有序发展；明确电子支付活动参与各方的权利义务，防范支付风险；推动支付工具创新，提升支付服务质量；防范和打击洗钱及其他金融违法犯罪活动。此外，《指引》是中国人民银行通过规范性文件的方式来引导和规范电子支付的，在未来有可能再上升至相应的规章或法律法规。可以说，《指引》开启了我国电子支付法制化建设的大门。

(2)《指引》的适用范围。《指引》所称的电子支付是指单位、个人直接或授权他人通过电子终端发出支付指令，实现货币支付与资金转移的行为。电子支付的类型按电子支付指令发起方式分为网上支付、电话支付、移动支付、销售点终端交易、自动柜员机交易和其他电子支付。

《指引》的规范主体主要是银行及接受其电子支付服务的客户。根据参与主体的不同，电子支付至少可以区分为几类：银行之间、银行与其客户之间，以及其他支付服务组织与其客户之间的电子支付。随着电子商务的发展，作为银行向客户提供的新型金融服务产品，大量的电子支付服务面对的是个人消费者和商业企业在经济交往中产生的一般性支付需求——服务对象数量众多，支付需求千差万别，与人们日常生活息息相关，社会影响广泛。因此，保证这类电子支付系统的独立性和效率非常重要。这类电子支付参与主体众多，涉及银行、客户、商家、系统开发商、网络运营服务商、认证服务提供机构等，其中银行与客户之间的关系是这类电子支付赖以存在的基础和前提。因此，《指引》以调整银行和客户之间的关系为主线，引导和规范境内发生的银行为客户提供的电子支付业务。在商业银行、第三方电子支付公司、安全认证机构、商户及用户等组成的电子支付产业生态圈中，《指引》解决的是银行与支付公司这一核心纽带。而对于更多的第三方电子支付平台而言，"是技术公司还是金融公司"的争议将告一段落。与此同时，商业银行与支付公司之间的关系也在经历悄然调整的过程，过去的合作伙伴也许就是明日强劲的竞争对手，谁能在市场角逐中成为最大赢家，尚待在第二号和第三号指引出台后方能一窥端倪。

（3）《指引》所体现的七个基本原则。

第一，循序渐进原则。由于电子支付活动中支付工具和支付方式的复杂性、参与主体的多样性及其不断而快速的创新，通过一个《指引》进行全面规范的难度较大。因此，针对电子支付业务的特点、模式和参与主体的不同，综合不同发展阶段的管理要求，陆续出台相应的"指引"，以对电子支付进行更为全面的规范，这就是循序渐进的原则。目前，中国人民银行已经着手研究电子支付过程中涉及的虚拟电子货币、非银行支付服务组织的电子支付业务规范等问题。这些可能就是我们即将看到的电子支付指引第二号、第三号。从远期的立法计划而言，我们还需要与电子支票、电子发票的合法性直至电子资金划拨法有关的规定。

第二，安全第一原则。有鉴于电子支付的高技术性、虚拟性、无国界性，以及网络世界种种黑客纵横、病毒频出、欺诈肆虐的现实，高度的安全风险无疑是我们开展电子支付最大的敌人。《指引》通篇突显了一个焦点问题，那就是电子支付的安全性。从《指引》要求银行采用符合有关规定的信息安全标准、技术标准、业务标准；建立针对电子支付业务的管理制度，采取适当的内部制约机制；保证电子支付业务处理系统的安全性，以及数据信息资料的完整性、可靠性、安全性、不可否认性；提倡使用第三方认证，并应妥善保管密码、密钥等认证数据等一系列规定和制度设计来看，都是围绕着安全性出发的。

第三，以规范促发展原则。目前，我国电子支付业务处于创新发展时期，涉及电子支付业务的许多法律问题仍处于研究和探索阶段。尤其令人关注的是第三方支付平台的合法性问题，究竟应按照金融机构的要求来规范它们，抑或按照一种第三方中介服务的模式对其进行管理？这不但直接关系着第三方支付业的生存和发展，也是我国进一步发展电子支付所面临的最为棘手的问题之一。

为了给电子支付业务的创新和发展创造较为宽松的制度环境，以促进电子支付效率的提高，保障电子支付安全，我国监管部门通过先以"指引"这种规范性文件的方式引导和规范电子支付行为，待条件成熟后再上升至相应的部门规章或法律法规，体现了监管部门审慎负责的态度和"在发展中规范，以规范促进发展"的指导思想。

第四，重点突破原则。如前所述，个人和企业在经济交往中产生的一般性支付需求数量众多且与人们日常生活息息相关，对社会影响广泛。电子支付参与主体众多，涉及银行、客户、商家、第三方支付平台、系统开发商、网络运营服务商、认证服务提供机构等，而各个参与者之间都存在着各种各样的复杂关系。要全面理顺这些关系、明确各方的权利义务绝非易事，若不能针对其中的主要矛盾解决问题，就很可能陷入顾此失彼的尴尬局面。在这些复杂的关系中，银行与客户之间的关系是这类电子支付赖以存在的基础和前提，相关的第三方支付平台、系统开发商、网络运营服务商、认证服务提供机构等都是为它们服务的。所以，《指引》以调整银行和客户之间的关系为主线，进而逐步达到明确规范各方关系的目的。

第五，用户至上原则。由于电子支付本身的高技术性、多样性和多环节性，在调整以银行—用户关系为主线的各类关系中，最大的难点无疑在于如何平衡各方的权利义务关系。这种平衡一方面必须能体现法律的公平、合理、权利与义务一致的原则，另一方面应具有可操作性。绝对的平衡一般是不可能的，相对的平衡就在于发生利益冲突时以何者之利益为先。综观《指引》，得出的答案应该是用户。所以《指引》第四十二条规定："因银行自身系统、内控制度或为其提供服务的第三方服务机构的原因，造成电子支付指令无法按约定时间传递、传递不完整或被篡改，并造成客户损失的，银行应按约定予以赔偿。因第三方服务机构的原因造成客户损失的，银行应予赔偿，再根据与第三方服务机构的协议进行追偿。"第四十七条规定："因不可抗力造成电子支付指令未执行、未适当执行、延迟执行的，银行应当采取积极措施防止损失扩大。"第二十七条规定："银行使用客户资料、交易记录等，不得超出法律法规许可和客户授权的范围。银行应依法对客户的资料信息、交易记录等保密。除国家法律、行政法规另有规定外，银行应当拒绝除客户本人以外的任何单位或个人的查询。"

第六，规范技术应用关键环节的原则。在《指引》中，电子支付包括网上支付、电话支付、移动支付、销售点终端交易、自动柜员机交易等各种形式，涉及计算机、电话、销售点终端、自动柜员机、移动通信工具等多种终端设备，可以说，技术性极强。而不同技术应用模式的具体应用环境、安全性要求等也往往存在较大的差别。如果我们把规范的落脚点放在一些技术细节上，就可能导致我们疲于应付的局面，所以唯有抓住各类应用模式普遍具备的一些关键环节进行约束，才能起到事半功倍的效果。因此在该《指引》中明确了诸多要求，如要求银行与客户签订协议，客户终止电子支付协议应提出电子或书面申请；

银行应采取有效措施保证电子支付业务处理系统中的职责分离，应确保对电子支付业务处理系统的操作人员、管理人员及系统服务商有合理的授权控制；应与开展电子支付业务相关的专业化服务机构签订协议，并确立一套综合性、持续性的程序，以管理其外包关系等。这些都是非常关键的环节，确保了对这些环节的有效控制，才能基本上解决支付中的各种主要问题。

第七，贯彻落实电子签名法原则。作为在《电子签名法》实施半年后出台的规定，《指引》在数据电文的有效性、电子签名的应用、电子认证的推广等方面都提出了明确的要求，是到目前为止我们看到的贯彻《电子签名法》最为全面、彻底的一部规定，这尤其体现在《指引》第五条、第九条、第十条、第二十五条和第三十四条中。

（4）《指引》的主要内容——五大基本制度的设计。

① 电子支付活动中客户和银行权利义务的基本规定。《指引》明确要求，客户申请电子支付业务，必须与银行签订相关协议，并对协议的必要事项进行列举。银行有权要求客户提供其身份证明资料，有义务向客户披露有关电子支付业务的初始信息并妥善保管客户资料。

《指引》要求客户应按照其与发起行的协议规定，发起电子支付指令；要求发起行建立必要的安全程序，对客户身份和电子支付指令进行确认，并形成日志文件等记录；要求银行按照协议规定及时发送、接收和执行电子支付指令，并回复确认。同时还明确了电子支付差错处理中，银行和客户应尽的责任。

② 信息披露的制度设计。为维护客户权益，《指引》要求办理电子支付的银行必须公开、充分披露其电子支付业务活动中的基本信息，尤其强调对电子支付业务风险的披露，并对银行做出如下要求：

— 明示特定电子支付交易品种可能存在的全部风险，包括该品种的操作风险、未采取的安全措施、无法采取安全措施的安全漏洞；

— 明示客户使用特定电子支付交易品种可能产生的风险；

— 提醒客户妥善保管、妥善使用、妥善授权他人使用电子支付交易存取工具；

— 建立电子支付业务运作重大事项报告制度，按有关法律法规披露电子支付交易信息，及时向有关部门报告电子支付业务经营过程中发生的危及安全的事项。

③ 电子支付安全性的制度设计。安全性是电子支付的重中之重。《指引》要求银行采用符合有关规定的信息安全标准、技术标准、业务标准；建立针对电子支付业务的管理制度，采取适当的内部制约机制；保证电子支付业务处理系统的安全性，以及数据信息资料的完整性、可靠性、安全性、不可否认性；提倡使用第三方认证，并应妥善保管密码、密钥等认证数据；明确银行对客户的责任不因相关业务的外包关系而转移，并应与开展电子支付业务相关的专业化服务机构签订协议，确立综合性、持续性的程序，以管理其外包关系；同时还要求银行具有一定的业务容量、业务连续性和应急计划等。

《指引》还要求银行根据审慎性原则，针对不同客户，在电子支付类型、单笔支付金额和每日累计支付金额等方面做出合理限制。同时，明确提出了在三种情况下的具体金额限制："银行通过互联网为个人客户办理电子支付业务，除采用数字证书、电子签名等安全认证方式外，单笔金额不应超过 1 000 元人民币，每日累计金额不应超过 5 000 元人民币。""银行为客户办理电子支付业务，单位客户从其银行结算账户支付给个人银行结算账户的款项，其单笔金额不得超过 5 万元人民币，但银行与客户通过协议约定，能够事先提供有效付款依据的除外。""银行应在客户的信用卡授信额度内，设定用于网上支付交易的额度供客户选择，但该额度不得超过信用卡的预借现金额度"等。这些措施对防范电子支付风险，保障客户资金安全将发挥积极作用。

④ 电子证据合法性的制度设计。《指引》以《电子签名法》为法律依据，进一步确认了电子证据的法律效力和实际可采性。比如《指引》第五条规定："电子支付指令与纸质支付凭证可以相互转换，二者具有同等效力。"从原则上确定了电子证据的证据效力。第九条规定："银行应认真审核客户申请办理电子支付业务的基本资料，并以书面或电子方式与客户签订协议。银行应按会计档案的管理要求妥善保存客户的申请资料，保存期限至该客户撤销电子支付业务后五年。"这又从制度上保证了诉讼期间相关证据的可采纳性。此外，《指引》第十条规定："银行为客户办理电子支付业务，应根据客户性质、电子支付类型、支付金额等，与客户约定适当的认证方式，如密码、密钥、数字证书、电子签名等。认证方式的约定和使用应遵循《中华人民共和国电子签名法》等法律法规的规定。"这又进一步从操作的层面保证了电子证据的可采性。

《指引》还从交易和管理的角度鼓励合理保存、采用电子证据。例如，第十八条规定："发起行应采取有效措施，在客户发出电子支付指令前，提示客户对指令的准确性和完整性进行确认。"第十九条规定："发起行应确保正确执行客户的电子支付指令，对电子支付指令进行确认后，应能够向客户提供纸质或电子交易回单。"第二十条规定："发起行、接收行应确保电子支付指令传递的可跟踪稽核和不可篡改。"第二十一条规定："发起行、接收行之间应按照协议规定及时发送、接收和执行电子支付指令，并回复确认。"第三十条规定："银行应采取必要措施为电子支付交易数据保密：（一）对电子支付交易数据的访问须经合理授权和确认；（二）电子支付交易数据须以安全方式保存，并防止其在公共、私人或内部网络上传输时被擅自查看或非法截取；（三）第三方获取电子支付交易数据必须符合有关法律法规的规定以及银行关于数据使用和保护的标准与控制制度；（四）对电子支付交易数据的访问均须登记，并确保该登记不被篡改。"所有这些规定都是围绕电子支付指令与签名的合法、有效性的，如果能够按照这样的程序去操作，再结合电子签名法的相关法律要求，理论上应该可以做到电子支付过程中相关电子证据的合法有效性。

⑤ 防止欺诈的制度设计。目前，在电子支付领域，种种欺诈、"钓鱼"、冒充身份、

非法入侵、篡改信息等现象屡见不鲜，这些欺诈侵权行为一旦得手，往往会给用户带来很大的损失。

电子支付是通过开放的网络来实现的，支付信息很容易受到来自各种途径的攻击和破坏，信息的泄露和受损直接威胁到企业和用户的切身利益，所以信息安全是树立和维护客户对电子交易信心的关键。《指引》要求银行在物理上保证电子支付业务处理系统的设计和运行能够避免电子支付交易数据在传送、处理、存储、使用和修改过程中被泄露和篡改；采取有效的内部控制措施为交易数据保密；在法律法规许可和客户授权的范围内妥善保管和使用各种信息和交易资料；明确规定按会计档案的要求保管电子支付交易数据；提倡由合法的第三方认证机构提供认证服务，以保证认证的公正性。此外，还要求在境内完成境内发生的人民币电子支付交易信息处理及资金清算。还有，《指引》对于应用电子签名、签署书面协议、交易限额、日志记录、指令确认、回单确认、信息披露和及时通知都做出了一系列的规定，这些制度的设计都围绕如何防止欺诈进行的。如果我们能严格贯彻这些要求，应该可以对那些看似无孔不入的欺诈起到一定的防范作用。

⑥ 差错处理的制度设计。在《指引》第四十九条中，关于差错处理的规定就占了十条，应该说是规定得比较全面的。不仅明确了电子支付差错处理应遵守的据实、准确和及时的原则，还充分考虑了用户资料被泄露或篡改，非资金所有人盗取他人存取工具发出电子支付指令，客户自身未按规定操作或由于自身其他原因造成电子支付指令未执行、未适当执行、延迟执行，接收行由于自身系统或内控制度等原因对电子支付指令未执行、未适当执行或迟延执行致使客户款项未准确入账，因银行自身系统、内控制度或为其提供服务的第三方服务机构的原因造成电子支付指令无法按约定时间传递、传递不完整或被篡改等多种实际情况。明确了处理差错的原则和相应的补救措施。

以上信息披露制度、安全保障制度、证据保存制度、防止欺诈制度、差错处理制度可以并称为《指引》的五大基本制度。

（5）《指引》的三点不足。作为一部从体例到内容都很具探索意义的规定，《指引》在某些细节处理上存在某些不足或值得进一步探讨之处，毕竟其中涉及了太多的法律问题、技术问题和管理问题。

第一，电子支付指令的效力等同问题不够细化。《指引》第五条规定："电子支付指令与纸质支付凭证可以相互转换，二者具有同等效力。"可以说，这样的规定十分必要，和《电子签名法》的规定相呼应，赋予电子凭证以法律效力。但在实践中，该条款能产生多大的效力，却可能是一个问号，并且值得我们深思如何能切实地让这个条款在实践中具有可操作性。

第二，不宜将电子签名与数字证书并列。《指引》第十条规定："银行为客户办理电子支付业务，应根据客户性质、电子支付类型、支付金额等，与客户约定适当的认证方式，如密码、密钥、数字证书、电子签名等。"该规定将电子签名与数字证书、密码、密钥等相并列，这一表述同样出现在《指引》第二十五条中。

但是，电子签名与数字证书并非同一层次上的概念。根据《电子签名法》第二条的规定"本法所称电子签名，是指数据电文中以电子形式所含、所附用于识别签名人身份并表明签名人认可其中内容的数据"，这里的电子签名的范围是很广的，包括符合条件的密码、口令、密钥乃至眼虹膜透视识别等，当然也包括数字签名，而数字证书实际上就是用认证机构的私钥对证书申请签名，并形成特定格式的证书。证书以认证机构的私钥签名以后，发送到目录服务器供用户下载和查询。认证机构通过向其用户提供可靠的目录，保证证书上用户名称与公钥是正确的，从而解决可能被欺骗的问题。证书之内容包括用户姓名、公钥密码、电子邮件地址及其他信息的数位化文件。

在该有效期内的证书可以借以推定以下事项：
① 公钥系依据其被指定之目的而有效使用；
② 公钥与其他载于证书内的信息的约束力是有效的。

而就认证机构所签发之证书，申请人必须对任何信赖该证书内所记载之资料之人士承担应负之责任。

因此，数字证书是验证数字签名的工具。也就是说，密码、密钥、数字证书、电子签名之间存在相互依存的关系，它们之间并不是并列的概念。即便将它们并列，那么也应理解，出现在此的应是数字签名而不是数字证书。再者，根据国际上普遍确立的技术中立原则，任何一种达到签名功能的签名技术都不应受到任何限制或任何偏袒，也就是说，数字签名只是目前电子签名技术中相对成熟的手段，并不是唯一或永远最科学的电子签名方式。

第三，银行责任承担问题规定不清。《指引》第四十一条规定："由于银行保管、使用不当，导致客户资料信息被泄露或篡改的，银行应采取有效措施防止因此造成客户损失，并及时通知和协助客户补救。"在这里，我们不得不说，其中回避了一个十分重要的问题，那就是银行是否应做出相应赔偿的问题。

第四十二条规定："因银行自身系统、内控制度或为其提供服务的第三方服务机构的原因，造成电子支付指令无法按约定时间传递、传递不完整或被篡改，并造成客户损失的，银行应按约定予以赔偿。"该条款非常重要，体现了用户至上的原则，有利于保护用户的合法权益。但是美中不足的是"按约定予以赔偿"的问题，因为在实际操作中，相关约定恐怕都是银行方面制定的，大部分消费者恐怕都没有进行这方面约定的意识和能力，这样的保护很可能在实践中就要变成"摆设"了。

从根本上而言，《指引》的不足主要是由先天和后天因素造成的。作为一种规范性文件，《指引》不可能规定任何罚则和强制性措施，它只有上升至相应的法律法规才具有普遍约束力。而且，由于电子支付问题在现实中的复杂性，《指引》采取循序渐进的折中方式，对目前比较成熟的环节单独进行规范，期望能将其他问题留待日后的《指引》第二号或第三号来解决。我们希望，《指引》第二号或第三号能够合理避免类似的问题。

> **相关链接　电子支付指引（第一号）**
>
> 二〇〇五年十月二十六日中国人民银行公告〔2005〕第23号公布
>
> 本公告自公布之日起施行

第一章　总　则

第一条　为规范和引导电子支付的健康发展，保障当事人的合法权益，防范支付风险，确保银行和客户资金的安全，制定本指引。

第二条　电子支付是指单位、个人（以下简称客户）直接或授权他人通过电子终端发出支付指令，实现货币支付与资金转移的行为。

电子支付的类型按电子支付指令发起方式分为网上支付、电话支付、移动支付、销售点终端交易、自动柜员机交易和其他电子支付。

境内银行业金融机构（以下简称银行）开展电子支付业务，适用本指引。

第三条　银行开展电子支付业务应当遵守国家有关法律、行政法规的规定，不得损害客户和社会公共利益。

银行与其他机构合作开展电子支付业务的，其合作机构的资质要求应符合有关法规制度的规定，银行要根据公平交易的原则，签订书面协议并建立相应的监督机制。

第四条　客户办理电子支付业务应在银行开立银行结算账户（以下简称账户），账户的开立和使用应符合《人民币银行结算账户管理办法》《境内外汇账户管理规定》等规定。

第五条　电子支付指令与纸质支付凭证可以相互转换，二者具有同等效力。

第六条　本指引下列用语的含义为：

（一）"发起行"，是指接受客户委托发出电子支付指令的银行。

（二）"接收行"，是指电子支付指令接收人的开户银行；接收人未在银行开立账户的，指电子支付指令确定的资金汇入银行。

（三）"电子终端"，是指客户可用以发起电子支付指令的计算机、电话、销售点终端、自动柜员机、移动通信工具或其他电子设备。

第二章　电子支付业务的申请

第七条　银行应根据审慎性原则，确定办理电子支付业务客户的条件。

第八条　办理电子支付业务的银行应公开披露以下信息：

（一）银行名称、营业地址及联系方式；

（二）客户办理电子支付业务的条件；

（三）所提供的电子支付业务品种、操作程序和收费标准等；

（四）电子支付交易品种可能存在的全部风险，包括该品种的操作风险、未采取的安全措施、无法采取安全措施的安全漏洞等；

（五）客户使用电子支付交易品种可能产生的风险；

（六）提醒客户妥善保管、使用或授权他人使用电子支付交易存取工具（如卡、密码、密钥、电子签名制作数据等）的警示性信息；

（七）争议及差错处理方式。

第九条　银行应认真审核客户申请办理电子支付业务的基本资料，并以书面或电子方式与客户签订协议。

银行应按会计档案的管理要求妥善保存客户的申请资料，保存期限至该客户撤销电子支付业务后5年。

第十条　银行为客户办理电子支付业务，应根据客户性质、电子支付类型、支付金额等，与客户约定适当的认证方式，如密码、密钥、数字证书、电子签名等。

认证方式的约定和使用应遵循《中华人民共和国电子签名法》等法律法规的规定。

第十一条　银行要求客户提供有关资料信息时，应告知客户所提供信息的使用目的和范围、安全保护措施，以及客户未提供或未真实提供相关资料信息的后果。

第十二条　客户可以在其已开立的银行结算账户中指定办理电子支付业务的账户。该账户也可用于办理其他支付结算业务。

客户未指定的银行结算账户不得办理电子支付业务。

第十三条　客户与银行签订的电子支付协议应包括以下内容：

（一）客户指定办理电子支付业务的账户名称和账号；

（二）客户应保证办理电子支付业务账户的支付能力；

（三）双方约定的电子支付类型、交易规则、认证方式等；

（四）银行对客户提供的申请资料和其他信息的保密义务；

（五）银行根据客户要求提供交易记录的时间和方式；

（六）争议、差错处理和损害赔偿责任。

第十四条　有以下情形之一的，客户应及时向银行提出电子或书面申请：

（一）终止电子支付协议的；

（二）客户基本资料发生变更的；

（三）约定的认证方式需要变更的；

（四）有关电子支付业务资料、存取工具被盗或遗失的；

（五）客户与银行约定的其他情形。

第十五条　客户利用电子支付方式从事违反国家法律法规活动的，银行应按照有关部门的要求停止为其办理电子支付业务。

第三章　电子支付指令的发起和接收

第十六条　客户应按照其与发起行的协议规定，发起电子支付指令。

第十七条　电子支付指令的发起行应建立必要的安全程序，对客户身份和电子支付指令进行确认，并形成日志文件等记录，保存至交易后5年。

第十八条　发起行应采取有效措施，在客户发出电子支付指令前，提示客户对指令的准确性和完整性进行确认。

第十九条　发起行应确保正确执行客户的电子支付指令，对电子支付指令进行确认后，应能够向客户提供纸质或电子交易回单。

发起行执行通过安全程序的电子支付指令后，客户不得要求变更或撤销电子支付指令。

第二十条　发起行、接收行应确保电子支付指令传递的可跟踪稽核和不可篡改。

第二十一条　发起行、接收行之间应按照协议规定及时发送、接收和执行电子支付指令，并回复确认。

第二十二条　电子支付指令需转换为纸质支付凭证的，其纸质支付凭证必须记载以下事项（具体格式由银行确定）：

（一）付款人开户行名称和签章；

（二）付款人名称、账号；

（三）接收行名称；

（四）收款人名称、账号；

（五）大写金额和小写金额；

（六）发起日期和交易序列号。

第四章　安全控制

第二十三条　银行开展电子支付业务采用的信息安全标准、技术标准、业务标准等应当符合有关规定。

第二十四条　银行应针对与电子支付业务活动相关的风险，建立有效的管理制度。

第二十五条　银行应根据审慎性原则并针对不同客户，在电子支付类型、单笔支付金额和每日累计支付金额等方面做出合理限制。

银行通过互联网为个人客户办理电子支付业务，除采用数字证书、电子签名等安全认证方式外，单笔金额不应超过1 000元人民币，每日累计金额不应超过5 000元人民币。

银行为客户办理电子支付业务，单位客户从其银行结算账户支付给个人银行结算账户的款项，其单笔金额不得超过5万元人民币，但银行与客户通过协议约定，能够事先提供有效付款依据的除外。

银行应在客户的信用卡授信额度内，设定用于网上支付交易的额度供客户选择，但该额度不得超过信用卡的预借现金额度。

第二十六条　银行应确保电子支付业务处理系统的安全性，保证重要交易数据的不可抵赖性、数据存储的完整性、客户身份的真实性，并妥善管理在电子支付业务处理系统中使用的密码、密钥等认证数据。

第二十七条　银行使用客户资料、交易记录等，不得超出法律法规许可和客户授权的范围。

银行应依法对客户的资料信息、交易记录等保密。除国家法律、行政法规另有规定外，银行应当拒绝除客户本人以外的任何单位或个人的查询。

第二十八条　银行应与客户约定，及时或定期向客户提供交易记录、资金余额和账户状态等信息。

第二十九条　银行应采取必要措施保护电子支付交易数据的完整性和可靠性：

（一）制定相应的风险控制策略，防止电子支付业务处理系统发生有意或无意的危害数据完整性和可靠性的变化，并具备有效的业务容量、业务连续性计划和应急计划；

（二）保证电子支付交易与数据记录程序的设计发生擅自变更时能被有效侦测；

（三）有效防止电子支付交易数据在传送、处理、存储、使用和修改过程中被篡改，任何对电子支付交易数据的篡改能通过交易处理、监测和数据记录功能被侦测；

（四）按照会计档案管理的要求，对电子支付交易数据，以纸介质或磁性介质的方式进行妥善保存，保存期限为5年，并方便调阅。

第三十条　银行应采取必要措施为电子支付交易数据保密：

（一）对电子支付交易数据的访问须经合理授权和确认；

（二）电子支付交易数据须以安全方式保存，并防止其在公共、私人或内部网络上传输时被擅自查看或非法截取；

（三）第三方获取电子支付交易数据必须符合有关法律法规的规定以及银行关于数据使用和保护的标准与控制制度；

（四）对电子支付交易数据的访问均须登记，并确保该登记不被篡改。

第三十一条　银行应确保对电子支付业务处理系统的操作人员、管理人员以及系统服务商有合理的授权控制：

（一）确保进入电子支付业务账户或敏感系统所需的认证数据免遭篡改和破坏。对此类篡改都应是可侦测的，而且审计监督应能恰当地反映出这些篡改的企图。

（二）对认证数据进行的任何查询、添加、删除或更改都应得到必要授权，并具有不可篡改的日志记录。

第三十二条　银行应采取有效措施保证电子支付业务处理系统中的职责分离：

（一）对电子支付业务处理系统进行测试，确保职责分离；

（二）开发和管理经营电子支付业务处理系统的人员维持分离状态；

（三）交易程序和内控制度的设计确保任何单个的雇员和外部服务供应商都无法独立完成一项交易。

第三十三条　银行可以根据有关规定将其部分电子支付业务外包给合法的专业化服务机构，但银行对客户的义务及相应责任不因外包关系的确立而转移。

银行应与开展电子支付业务相关的专业化服务机构签订协议，并确立一套综合性、持续性的程序，以管理其外包关系。

第三十四条　银行采用数字证书或电子签名方式进行客户身份认证和交易授权的，提倡由合法的第三方认证机构提供认证服务。如客户因依据该认证服务进行交易遭受损失，认证服务机构不能证明自己无过错，应依法承担相应责任。

第三十五条　境内发生的人民币电子支付交易信息处理及资金清算应在境内完成。

第三十六条　银行的电子支付业务处理系统应保证对电子支付交易信息进行完整的记录和按有关法律法规进行披露。

第三十七条　银行应建立电子支付业务运作重大事项报告制度，及时向监管部门报告电子支付业务经营过程中发生的危及安全的事项。

第五章　差错处理

第三十八条　电子支付业务的差错处理应遵守据实、准确和及时的原则。

第三十九条　银行应指定相应部门和业务人员负责电子支付业务的差错处理工作，并明确权限和职责。

第四十条　银行应妥善保管电子支付业务的交易记录，对电子支付业务的差错应详细备案登记，记录内容应包括差错时间、差错内容与处理部门及人员姓名、客户资料、差错影响或损失、差错原因、处理结果等。

第四十一条　由于银行保管、使用不当，导致客户资料信息被泄露或篡改的，银行应采取有效措施防止因此造成客户损失，并及时通知和协助客户补救。

第四十二条　因银行自身系统、内控制度或为其提供服务的第三方服务机构的原因，造成电子支付指令无法按约定时间传递、传递不完整或被篡改，并造成客户损失的，银行应按约定予以赔偿。

因第三方服务机构的原因造成客户损失的，银行应予赔偿，再根据与第三方服务机构的协议进行追偿。

第四十三条　接收行由于自身系统或内控制度等原因对电子支付指令未执行、未适当执行或迟延执行致使客户款项未准确入账的，应及时纠正。

第四十四条　客户应妥善保管、使用电子支付交易存取工具。有关电子支付业务资料、存取工具被盗或遗失，应按约定方式和程序及时通知银行。

第四十五条　非资金所有人盗取他人存取工具发出电子支付指令，并且其身份认证和交易授权通过发起行的安全程序的，发起行应积极配合客户查找原因，尽量减少客户损失。

第四十六条　客户发现自身未按规定操作，或由于自身其他原因造成电子支付指令未执行、未适当执行、延迟执行的，应在协议约定的时间内，按照约定程序和方式通知银行。银行应积极调查并告知客户调查结果。

银行发现因客户原因造成电子支付指令未执行、未适当执行、延迟执行的，应主动通知客户改正或配合客户采取补救措施。

第四十七条　因不可抗力造成电子支付指令未执行、未适当执行、延迟执行的，银行应当采取积极措施防止损失扩大。

第六章　附　　则

第四十八条　本指引由中国人民银行负责解释和修改。

第四十九条　本指引自发布之日起施行。

目前，我国亟须制定的有关电子商务的法律法规主要有：买卖双方身份认证办法；电子合同的合法性程序；电子支付；安全保障；其他的如信息保密规定、知识产权侵权处理规定、税收征收办法，以及广告的管制、网络信息内容过滤等。

总之，我们应该高度重视电子支付的安全问题，要采取积极措施，引导建立安全的电子支付机制，降低支付风险，维护公众对这类新型支付方式的信任，按照"规范与发展并重、安全和效率并重"的原则，促进电子支付健康发展。

案例分析题

王先生是某电子有限公司的销售负责人，开有一家电子产品零售店，在某网站上注册了一家店铺，他一般与买家在网上达成交易，买家通过网络支付等方式付款后，他便将货物通过快递方式送到客户手中。2018年3月22日，王先生向一位江苏客户卖出一台价值1900元的机器人扫地机。按照往常惯例，王先生联系某快递公司的一名姓赵的业务员，将货取走并发往江苏。两天后，江苏客户收到货，打开包装盒，却发现里面根本没有什么机器人扫地机，只有一堆泥土。3月24日，江苏的客户打来电话，质问他机器人扫地机怎么变成了泥土。随后，王先生向某网站和该快递公司网站投诉，而对方只称会进行内部调查，从此以后再也没有了回音。

问题：

1．这个案例暴露了电子支付存在哪些风险？

2．如何避免案例中所出现的问题？

自测题

一、判断题

1．支付电子化给消费者带来了便利，同时也面临多种风险。（　　）

2．电子支付的安全要依赖许多技术措施，尤其是在线电子支付的安全更是如此。（　　）

3．防火墙是一系列软件的总称。（　　）

4．目前电子支付的一个趋势是越来越多的外部技术厂商参与到银行的电子化业务中。
（　　）

5．《电子签名法》的实施为我国电子商务法制环境的完善奠定了基础。（　　）

二、单选题

1．电子支付的基本风险不包括（　　）。
A．经济波动的风险　　　　　　　　B．系统漏洞风险
C．外部支持风险　　　　　　　　　D．交易风险

2．除了基本风险、操作风险和法律风险以外，电子支付还面临着（　　）等。
A．信用风险　　　　　　　　　　　B．经济波动风险
C．战争风险　　　　　　　　　　　D．交易风险

3．三维安全保障体系的设计原则包括（　　）个方面。
A．5　　　　　　　　　　　　　　　B．6
C．7　　　　　　　　　　　　　　　D．8

4．电子支付安全技术的各种安全技术的安全等级均可分为3级，其中第（　　）级的安全保障级别最高。
A．1　　　　　　　　　　　　　　　B．2
C．3　　　　　　　　　　　　　　　D．4

三、简答题

1．电子支付中存在哪些基本风险、操作风险、法律风险和其他风险？
2．如何防范电子支付中的操作风险？
3．如何防范电子支付中的法律风险？
4．简述如何从技术、管理和法律三个方面保证电子支付安全。

实训题

1．实训项目

调查各类工作人员使用网上支付的情况。

2．实训要求

（1）5~6人一组，选择某类单位，发放调查表（见表6.2）进行网上支付使用情况调查。
（2）每组只能选择一类单位（如企业单位）进行调查，且各组不得选择同类单位。
（3）有效问卷不得少于15份。
（4）一周内完成调查。

表6.2 网上支付使用情况调查表

被调查人情况	工作单位名称		单位类型	□ 国企 □ 外企 □ 事业 □ 其他	工作岗位	
	姓名		性别		年龄		学历	
网上支付使用情况	□ 否	理由：				
	□ 是	支付方式		使用开始时间（年月）		使用频率（次/月）
		□ 电子信用卡				
		□ 微信				
		□ 支付宝				
		□ 财付通				
		□ 其他				
		使用评价及建议：				

3．实训步骤

（1）分组，确定组长，落实各组调查的单位类别。

（2）开始调查，调查形式可以选择电话调查、电子邮件调查、面对面调查等形式。

（3）调查结束后，认真编写调查分析报告，报告字数不得少于2 000字，调查数据要真实，报告内容要具体，重点指出各类单位工作人员的电子支付使用倾向，分析出各类电子支付手段在安全性上的优劣及改进方向，根据电子支付使用人员的分布情况，给出电子支付的营销建议。

（4）将本组的调查表装订成册提交给实训指导教师。

（5）调查结果交流，实训指导教师从各组中选择典型（也可由各组自荐）进行组间交流与学习。

第 7 章

基于协议的支付技术

 引导案例　支付协议的功能

小张在互联网浏览图书目录,选择了要购买的《电子商务安全技术》一书后,填写了确认购买信息[包括确认收货地址、确认购买信息(购买数量和运送方式等)、确认提交表单],并使用建设银行龙卡进行付款后,发送给商家一个完整的订单。商家接受订单,确认小张已经付款后便发书给小张,小张收到书后,发送了确认信息。到此为止,一个网上电子交易便完成了。在类似的电子交易过程中,如何保障小张——消费者的订单、付款等资料的安全与完整?如何保障店主——商家的利益不受侵害?对持卡人、网上商家、收单银行等如何进行认证?不同厂商开发的应用程序、不同的银行卡应遵循哪些约定才允许在任何软硬件平台上执行,达到相容性目标?本章所介绍的支付协议能够解决这些问题。

 本章学习目标

1. 了解 Digicash、Netbill、S-HTTP 协议;
2. 掌握 SSL 协议的特点、体系结构、工作过程和安全技术;
3. 掌握 SET 协议的特点、体系结构、工作过程和安全技术;
4. 掌握 SSL 协议和 SET 协议的区别;
5. 了解不同电子商务支付手段的安全性;
6. 掌握主要的网上安全支付第三方结算平台的安全性能要素。

学习导航

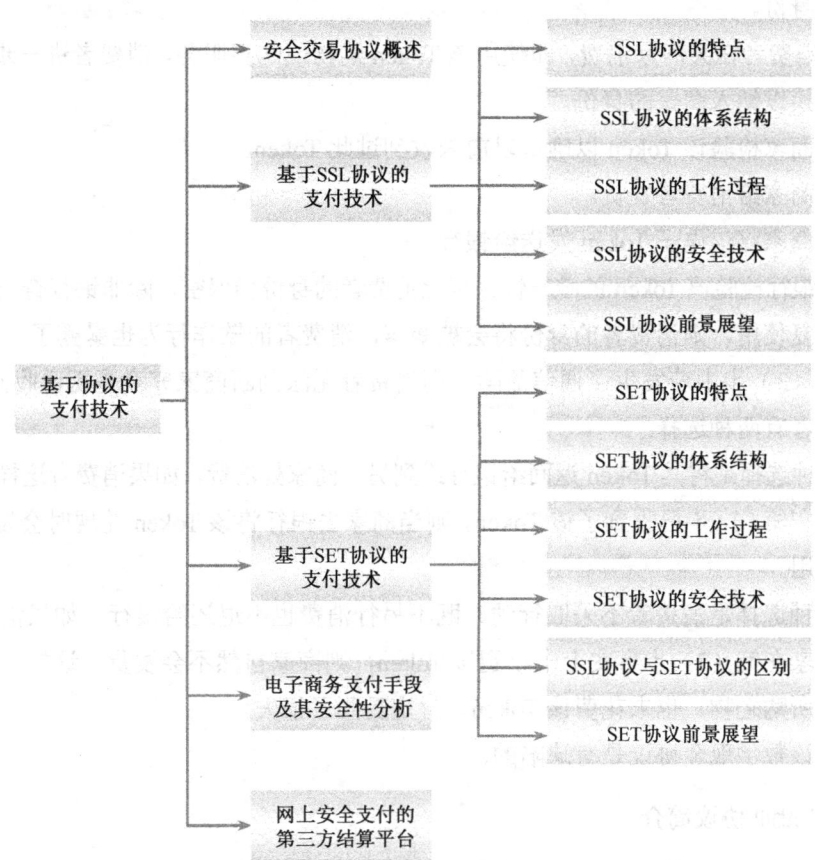

7.1 安全交易协议概述

在电子商务的各个环节中,特别是在在线支付环节,如何保证信息的安全性,是交易顺利完成的关键因素之一。这种安全问题一直是影响电子商务发展的核心。电子商务安全交易协议的提出为安全问题提供了解决方案。

什么是安全交易协议呢?在本书 5.2 节中,我们已经学习了支付工具(如信用卡、电子现金及电子支票等),安全交易协议就是用来支持这些常用工具进行安全支付的,主要有 Digicash、Netbill、S-HTTP、SSL 和 SET 等协议。

1. Digicash 协议简介

Digicash 是一个匿名的数字现金协议。所谓匿名,是指消费者在消费中不会暴露其身份。例如,现金交易虽然钞票有号码,但交易中一般不会加以记录。该协议的步骤如下:

（1）消费者从银行取款，他收到一个加密的数字钱币（Token），此 Token 可当钱用。

（2）消费者对该 Token 进行加密变换，使之仍能被商家检验其有效性，但已不能追踪消费者的身份。

（3）消费者在某商家消费，即使用该 Token 购物或购买服务，消费者进一步对该 Token 用密码变换以纳入商家的身份。

（4）商家检验该 Token 以确认以前未收到过此 Token。

（5）商家给消费者发货。

（6）商家将该电子 Token 发送给银行。

（7）银行检验该 Token 的唯一性。至此消费者的身份仍保密，除非银行查出该 Token 被消费者重复使用，则消费者的身份将会被暴露，消费者的欺诈行为也暴露了。

在第（3）步中若发生了通信故障，则消费者无法判断商家究竟是否已收到该 Token。此时消费者有两种选择：

第一种选择是将其 Token 返回给银行或到另一商家处消费。如果消费者这样做了，而商家事实上在第（3）步已收到了该 Token，则当商家去银行将该 Token 兑现时会发现该 Token 的重复使用。

第二种选择是消费者不采取行动，既不另行消费也不退还给银行。如果消费者这样做了，而商家在第（3）步事实上未收到该 Token，则商家自然不会发货。这样一来，消费者既未收到所购之物，也未花费该 Token，肯定受到了损失。

可见该数字现金协议是有缺陷的。

2．Netbill 协议简介

卡内基梅隆大学的 J. D. Tygar 教授的研究组开发了 Netbill 协议。该协议是关于数字商品的电子商务协议，该协议假定了一个可信赖的第三方，将商品的传送和支付链接到一个原子事务中。

Netbill 协议涉及三方：客户、商家及 Netbill 服务器。客户持有的 Netbill 账号等价于一个虚拟电子信用卡账号。协议步骤如下：

（1）客户向商家查询某商品价格。

（2）商家向该客户报价。

（3）客户告知商家他接受该报价。

（4）商家将所请求的信息商品用密钥 K 加密后发送给客户。

（5）客户准备一份电子采购订单（Electronic Purchase Order，EPO），即三元式（价格、加密商品的密码单据、超时值）的数字签名值，客户将该已数字签名的 EPO 发送给商家。

（6）商家会签该 EPO，同时签上 K 的值，然后将此二者送给 Netbill 服务器。

（7）Netbill 服务器验证 EPO 签名和会签，然后检查客户的账号，保证有足够的资金以便批准该交易,同时检查 EPO 上的超时值是否过期,确认没有问题时,Netbill 服务器即从客户的账号上将相当于商品价格的资金划往商家的账号,并存储密钥 K 和加密商品的密码单据,然后准备一份包含值 K 的签好的收据,并将该收据发送给商家。

(8) 商家记下该收据单传给客户,然后客户将第(4)步收到的加密信息商品解密。

Netbill 协议就这样传送信息商品的加密拷贝,并在 Netbill 服务器的契据中记下解密密钥。

3. S-HTTP 简介

安全超文本传输协议(Secure Hypertext Transfer Protocol,S-HTTP),是一种面向安全信息通信的协议。它可以和 HTTP 结合起来使用,能与 HTTP 信息模型共存并易于与 HTTP 应用程序相整合。

S-HTTP 为 HTTP 客户端和服务器提供了多种安全机制,提供安全服务选项是为了适用于万维网上各类潜在用户。S-HTTP 为客户端和服务器提供了相同的性能(同等对待请求和应答,也同等对待客户端和服务器),同时维持 HTTP 的事务模型和实施特征。

S-HTTP 客户端和服务器能与某些加密信息格式标准相结合。S-HTTP 支持多种兼容方案并且与 HTTP 相兼容。使用 S-HTTP 的客户端能够与没有使用 S-HTTP 的服务器连接,反之亦然,但是这样的通信明显地不会利用 S-HTTP 安全特征。

S-HTTP 不需要客户端公用密钥认证(或公用密钥),但它支持对称密钥的操作模式。这点很重要,因为这意味着即使没有要求用户拥有公用密钥,私人交易也会发生。虽然 S-HTTP 可以利用大多现有的认证系统,但 S-HTTP 的应用并不必依赖这些系统。

S-HTTP 支持端对端的安全事务通信。客户端可能"首先"启动安全传输(使用报头的信息),如它可以用来支持已填表单的加密。使用 S-HTTP,敏感的数据信息不会以明文形式在网络上发送。

S-HTTP 提供了完整且灵活的加密算法、模态及相关参数。选项谈判用来决定客户端和服务器在事务模式、加密算法(用于签名的 RSA 和 DSA、用于加密的 DES 和 RC2 等)及证书选择方面取得一致意见。

虽然 S-HTTP 的设计者承认他有意识地利用了多根分层的信任模型和许多公钥证书系统,但 S-HTTP 仍努力避开对某种特定模型的滥用。S-HTTP 与摘要验证(在(RFC−2617)中有描述)的不同之处在于,它支持公钥加密和数字签名,并具有机密性。HTTPS 作为另一种安全 Web 通信技术,是指 HTTP 运行在 TLS 和 SSL 上面的实现安全 Web 事务的协议。

在语法上,S-HTTP 报文与 HTTP 相同,由请求或状态行组成,后面是信头和主体。显然信头各不相同并且主体密码设置更为精密。

安全的超文本传输协议是基于 SSL 技术的,该协议向 WWW 的应用提供完整性、鉴别、不可抵赖性及机密性等安全措施。

4. SSL 协议简介

安全套接层（Secure Sockets Layer，SSL）协议，向基于 TCP/IP 的客户端/服务器应用程序提供了客户端和服务器的鉴别、数据完整性及信息机密性等安全措施。该协议通过在应用程序进行数据交换前交换 SSL 初始握手信息来实现有关安全特性的审查。在 SSL 握手信息中采用了 DES、MD5 等加密技术来实现机密性和数据完整性，并采用 X.509 的数字证书实现鉴别，被广泛应用于互联网和 Intranet 的服务器产品和客户端产品中。它提供了在互联网上的安全通信服务，是一个使用加密的办法建立安全的通信通道的协议，可以支持简单加密的信用卡支付方式。通过采用 SSL 协议，可以将客户的信用卡信息加密安全地传送给商家。SSL 协议最初是由 Netscape 公司于 1994 年开发的，目前是 3.0 版本。

5. SET 协议简介

安全电子交易（Secure Electronic Transaction，SET）协议，向基于信用卡进行电子化交易的应用提供了实现安全措施的规则，实现了信息的集成、全部金融数据的真实、敏感数据的加密等工作，保护了在互联网上进行交易的各方，包括持卡人、商家、银行等各方的安全。SET 协议是由 VISA 国际组织和 MasterCard 组织于 1996 年共同制定的一个能保证通过开放网络进行安全资金支付的技术标准，参与该标准研究的还有微软公司、IBM 公司、Netscape 公司、RSA 公司等。SET 主要由三个文件组成，分别是 SET 业务描述、SET 程序员指南和 SET 协议描述。

目前最流行的两个安全支付协议是 SSL 和 SET，它们在保障安全电子支付方面各有特点。在本章的 7.2 节和 7.3 节将进行详细介绍。

7.2 基于 SSL 协议的支付技术

随着企业间信息交互的不断增加，任何一种网络应用和增值服务的使用程度都将取决于所使用网络的信息安全有无保障，网络安全已成为现代计算机网络应用的最大障碍，也是亟须解决的难题之一。

由于 Web 上有时要传输重要或敏感的数据，因此网景公司在推出 Web 浏览器首版的同时，提出了安全通信协议 SSL。SSL 协议采用公开密钥技术，是在网络传输层之上提供的一种基于 RSA 和私有密钥的用于浏览器和 Web 服务器之间的安全连接技术。SSL 协议在两个节点间建立安全的 TCP 连接，基于进程对进程的安全服务和加密传输信道，通过数字签名和数字证书可实现浏览器和 Web 服务器双方的身份验证，安全强度高。目前，利用公开密钥技术的 SSL 协议，已成为互联网上保密通信的工业标准，被许多世界知名厂商的企业内部网和互联网产品所支持。其中，包括网景、微软、IBM、Open Market 等公司提供的支持 SSL 的客户端和服务器产品，如 Internet Explorer 和 Netscape 浏览器，IIS、Domino Go

WebServer、Netscape Enterprise Server 和 Apache Web Server 等。

7.2.1　SSL 协议的特点

众所周知，Socket 只是一个编程界面，并不提供任何安全措施。SSL 则不仅提供编程界面，而且还向上层应用提供安全服务。SSL 3.0 通过数字签名和数字证书可实现浏览器和 Web 服务器双方的身份验证。在用数字证书对双方的身份进行验证后，双方就可以用私有密钥进行安全的会话了。SSL 协议提供的安全信道有以下四个特点。

1．机密性

SSL 协议支持各种加密算法：在"握手"过程中，使用 RSA 公开密钥系统；密钥交换后，使用一系列密码，包括 RC2、RC4、IDEA、DES、Triple DES 及 MD5 信息摘要算法；公开密钥认证遵循 X.509 标准。SSL 客户端和服务器之间传送的数据都经过了加密处理，网络中的非法窃听者所获取的信息都将是无意义的密文信息。

2．确认性

尽管会话的客户端认证是可选的，但是服务器端始终是被认证的。利用证书技术和可信的第三方认证，可以让客户端和服务器相互识别对方的身份。为了验证证书持有者是其合法用户（而不是冒名用户），SSL 协议要求证书持有者在握手时相互交换数字证书，通过验证来保证对方身份的合法性。

3．可靠性

传送的消息进行了完整性检查。SSL 协议利用密码算法和散列函数，通过对传输信息特征值的提取来保证信息的完整性，确保要传输的信息全部到达目的地，可以避免服务器和客户端之间的信息受到破坏。

4．简单性

SSL 协议实现简单，独立于应用层协议，且被大部分的浏览器和 Web 服务器所内置，便于在电子交易中应用。国际著名的 CyberCash 信用卡支付系统就支持这种简单加密模式，IBM 等公司也提供这种简单加密模式的支付系统。

7.2.2　SSL 协议的体系结构

SSL 协议位于 TCP/IP 模型的网络层和应用层之间，使用 TCP 来提供一种可靠的端到端的安全服务，它使客户端/服务器应用之间的通信不被攻击窃听，并且始终对服务器进行认证，还可以选择对客户进行认证。SSL 协议在应用层通信之前就已经完成加密算法、通信密钥的协商及服务器认证工作，在此之后，应用层协议所传送的数据都被加密。SSL

实际上由共同工作的两层协议组成,如图 7.1 所示。从该体系结构图可以看出 SSL 安全协议实际是由 SSL 握手协议、SSL 修改密文协议、SSL 警告协议和 SSL 记录协议组成的一个协议栈。

SSL握手协议	SSL修改密文协议	SSL警告协议
SSL记录协议		
TCP		
TP		

图 7.1 SSL 协议体系结构

1. SSL 记录协议

在 SSL 协议中,所有的传输数据都被封装在记录中。记录是由记录头和长度不为 0 的记录数据组成的。所有的 SSL 通信包括握手消息、安全空白记录和应用数据都使用 SSL 记录层。SSL 记录协议包括了记录头和记录数据格式的规定。SSL 记录层首先把上层的数据划分成 16 384 字节的段,然后进行无损压缩(任选)、计算 MAC(消息校验码)并且进行加密,最后才发送出去。

1) SSL 记录头的格式

SSL 记录头可以是 2 个或 3 个字节长的编码。SSL 记录头包含的信息包括记录头的长度、记录数据的长度、记录数据中是否有粘贴数据。其中,粘贴数据是在使用块加密算法时,填充实际数据,使其长度恰好是块的整数倍。最高位为 1 时,不含有粘贴数据,记录头的长度为 2 个字节,记录数据的最大长度为 32 767 个字节;最高位为 0 时,含有粘贴数据,记录头的长度为 3 个字节,记录数据的最大长度为 16 383 个字节。

当数据头长度为 3 个字节时,次高位有特殊的含义。次高位为 1 时,标识所传输的记录是普通的数据记录;次高位为 0 时,标识所传输的记录是安全空白记录(被保留用于将来协议的扩展)。

记录头中数据长度编码不包括数据头所占用的字节长度。

2) SSL 记录数据的格式

SSL 记录数据包含三个部分:MAC 数据、实际数据和粘贴数据。

MAC 数据用于数据完整性检查。计算 MAC 所用的散列函数由握手协议中的 CIPHER-CHOICE 消息确定。若使用 MD2 和 MD5 算法,则 MAC 数据长度是 16 个字节。MAC 的计算公式:

$$MAC 数据 = Hash[密钥,实际数据,粘贴数据,序号]$$

当会话的客户端发送数据时,密钥是客户的写密钥(服务器用读密钥来验证 MAC 数据);而当会话的客户端接收数据时,密钥是客户的读密钥(服务器用写密钥来产生 MAC

数据)。序号是一个可以被发送和接收双方递增的计数器。每个通信方向都会建立一对计数器,分别被发送者和接收者拥有。计数器有 32 位,计数值循环使用,每发送一个记录计数值递增一次,序号的初始值为 0。

3) SSL 记录协议为 SSL 连接提供的两种服务

SSL 记录协议为 SSL 连接提供了两种服务:一是机密性;二是消息完整性。为了实现这两种服务,SSL 记录协议对接收的数据和被接收的数据工作过程是如何实现的呢?SSL 记录协议接收传输的应用报文,将数据分片成可管理的块进行数据压缩(可选),应用 MAC,接着利用 IDEA、DES、Triple DES 或其他加密算法进行数据加密,最后增加由内容类型、主要版本、次要版本和压缩长度组成的首部。被接收的数据刚好与接收数据工作过程相反,依次被解密、验证、解压缩和重新装配,然后交给更高级用户。

2. SSL 修改密文协议

SSL 修改密文协议是使用 SSL 记录协议服务的 SSL 高层协议的三个特定协议之一,也是其中最简单的一个,用于改变安全策略。修改密文报文由客户端或服务器发送,用于通知对方后续记录将采用新的密码列表。协议由单个消息组成,该消息只包含一个值为 1 的单个字节。该消息的唯一作用就是使未决状态复制为当前状态,更新用于当前连接的密码组。为了保障 SSL 传输过程的安全性,双方应该每隔一段时间就改变一次加密规范。

3. SSL 警告协议

SSL 警告协议是用来为对等实体传递 SSL 的相关警告。如果在通信过程中某一方发现任何异常,就需要给对方发送一条警告消息通告,以使得当前的会话失效,避免再产生新的会话。警告报文是经过压缩和加密传送的。警告包括非预期的报文、MAC 出错、解压缩失败、握手协商失败、没有合法的证书、证书损坏、不支持的证书、吊销的证书、过期的证书、未知的证书、无效参数等错误。警告消息有两种:一种是 Fatal 错误,如传递数据过程中,发现错误的 MAC,双方就需要立即中断会话,同时消除自己缓冲区相应的会话记录;另一种是 Warning 消息,在这种情况下,通信双方通常都只是记录日志,而对通信过程不造成任何影响。SSL 握手协议可以使服务器和客户能够相互鉴别对方,协商具体的加密算法和 MAC 算法及私有密钥,用来保护在 SSL 记录中发送的数据。

4. SSL 握手协议

SSL 握手协议允许通信实体在交换应用数据之前就协议版本、加密算法和认证方案,以及产生共享密钥的公钥加密技术进行协商。SSL 握手协议是在任何应用程序数据传输之前使用的。SSL 握手协议包含两个阶段,第一个阶段用于建立私密性通信信道,第二个阶段用于客户认证。

1）第一阶段

第一阶段是通信的初始化阶段，通信双方都发出 HELLO 消息。当双方都接收到 HELLO 消息时，就有足够的信息确定是否需要一个新的密钥。若不需要新的密钥，双方立即进入握手协议的第二阶段。否则，此时服务器方的 SERVER－HELLO 消息将包含足够的信息使客户方产生一个新的密钥。这些信息包括服务器所持有的证书、加密规约和连接标识。若密钥产生成功，客户方发出 CLIENT－MASTER－KEY 消息，否则发出错误消息。最终当密钥确定以后，服务器方向客户方发出 SERVER－VERIFY 消息。因为只有拥有合适的公钥的服务器才能解开密钥。图 7.2 是 SSL 握手协议第一阶段的流程。

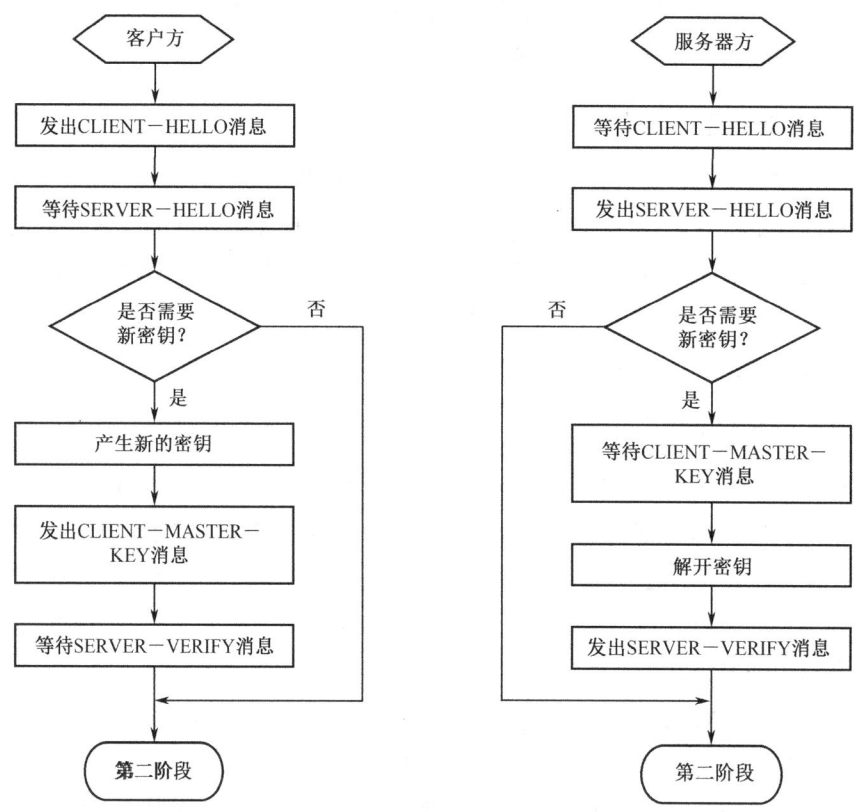

图 7.2　SSL 握手协议第一阶段的流程

需要注意的一点是每一通信方向上都需要一对密钥，所以一个连接需要四个密钥，分别为客户方的读密钥、客户方的写密钥、服务器方的读密钥、服务器方的写密钥。

2）第二阶段

第二阶段的主要任务是对客户进行认证，此时服务器已经被认证了。服务器方向客户发出认证请求消息：REQUEST－CERTIFICATE。当客户收到服务器方的认证请求消息时，便发出自己的证书，并且监听对方回送的认证结果。而当服务器收到客户的认证书后，认证成功则返回 SERVER－FINISH 消息,否则返回错误消息。到此为止,握手协议全部结束。

下面是典型的协议消息流程,如表 7.1、表 7.2、表 7.3 所示。其中,C 表示 Client,S 表示 Server。

表 7.1 不需要更新密钥的协议消息流程

消 息 名	方　　向	内　　容
CLIENT－HELLO	C→S	challenge, session_id, cipher_specs
SERVER－HELLO	S→C	connection_id, session_id_hit
CLIENT－FINISH	C→S	Eclient_write_key[connection_id]
SERVER－VERIFY	S→C	Eserver_write_key[challenge]
SERVER－FINISH	S→C	Eserver_write_key[session_id]

表 7.2 需要新密钥的协议消息流程

消 息 名	方　　向	内　　容
CLIENT－HELLO	C→S	challenge, cipher_specs
SERVER－HELLO	S→C	connection_id, server_certificate, cipher_specs
CLIENT－MASTER－KEY	C→S	Eserver_public_key[master_key]
CLIENT－FINISH	C→S	Eclient_write_key[connection_id]
SERVER－VERIFY	S→C	Eserver_write_key[challenge]
SERVER－FINISH	S→C	Eserver_write_key[new_session_id]

表 7.3 需要客户认证的协议消息流程

消 息 名	方　　向	内　　容
CLIENT－HELLO	C→S	challenge, session_id, cipher_specs
SERVER－HELLO	S→C	connection_id, session_id_hit
CLIENT－FINISH	C→S	Eclient_write_key[connection_id]
SERVER－VERIFY	S→C	Eserver_write_key[challenge]
REQUEST－CERTIFICATE	S→C	Eserver_write_key[auth_type, challenge']
CLIENT－CERTIFICATE	C→S	Eclient_write_key[cert_type, client_cert, response_data]
SERVER－FINISH	S→C	Eserver_write_key[session_id]

7.2.3 SSL 协议的工作过程

这里从两个方面介绍 SSL 协议的工作过程,即通信过程和电子交易过程。

1. SSL 协议的通信过程

（1）接通阶段。客户端呼叫服务器，服务器回应客户。

（2）认证阶段。服务器向客户端发送服务器证书和公钥；如果服务器需要双方认证，还要向对方提出认证请求；客户端用服务器公钥加密向服务器发送自己的公钥，并根据服务器是否需要认证客户身份，向服务器发送客户端证书。

（3）确立会话密钥阶段。客户端和服务器之间协议确立会话密钥。

（4）会话阶段。客户端与服务器使用会话密钥加密交换会话信息。

（5）结束阶段。客户端与服务器交换结束信息，通信结束。

2. SSL 协议的电子交易过程

SSL 协议的电子交易过程如图 7.3 所示。

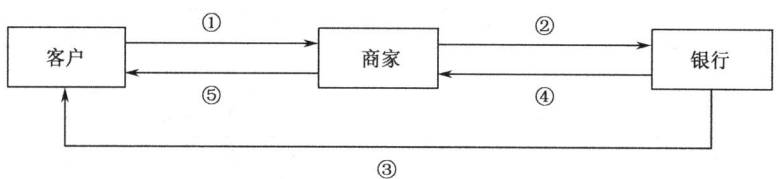

图 7.3 SSL 协议的电子交易过程

说明：① 客户购买的信息首先发往商家。

② 商家再将信息转发银行。

③④ 银行验证客户信息的合法性后，通知客户和商家付款成功。

⑤ 商家再通知客户购买成功。

> **提 示**
>
> 如何判断正在进行的电子交易过程是否有 SSL 协议支持？
>
> 凡是有 SSL 协议支持的网页，都会以 https:// 作为 URL 的开头。客户在与服务器进行 SSL 会话中，如果使用的是微软的 IE 浏览器，可以在右下方状态栏中看到一只金黄色的锁形安全标志，用鼠标双击该标志，就会弹出服务器证书信息。
>
> SSL 协议的安全性服务对终端用户尽可能透明。
>
> 与标准的 HTTP 连接申请不同，支持 SSL 的典型网络主机接收 SSL 连接的默认端口是 443。
>
> 当客户端连接该端口时，首先初始化握手协议，建立一个 SSL 对话时段。握手结束后，将对通信加密，并检查信息完整性，直到这个对话时段结束为止。每个 SSL 对话时段只发生一次握手。

7.2.4 SSL 协议的安全技术

SSL 协议提供三种基本的安全服务。

1．加密算法和会话密钥

加密算法和会话密钥是在握手协议中协商并由 CIPHER－CHOICE 指定的。现有的 SSL 版本中所用到的加密算法包括 RC4、RC2、IDEA 和 DES，而加密算法所用的密钥由消息散列函数 MD5 产生。RC4、RC2 是由 RSA 定义的，其中 RC2 适用于块加密，RC4 适用于流加密。这样就防止了某些用户通过使用 IP Packet Sniffer 等工具进行非法窃听或破译。

2．信息完整

SSL 提供完整信息服务，以建立客户端与服务器之间的安全通道，使所有经过 SSL 协议处理的业务能全部准确无误地到达目的地。

3．相互认证

认证算法采用 X.509 电子证书标准，通过使用 RSA 算法进行数字签名来实现的。客户端和服务器都有各自的识别号，这些识别号由公开密钥进行编号。为了认证用户是否合法，SSL 协议要求在握手交换数据前进行数字认证来确保用户的合法性。

1）服务器的认证

服务器方的写密钥和客户方的读密钥、客户方的写密钥和服务器方的读密钥分别是一对私有、公有密钥。对服务器进行认证时，只有用正确的服务器方写密钥加密 CLIENT－HELLO 消息形成的数字签名才能被客户正确地解密，从而验证服务器的身份。

若通信双方不需要新的密钥，则它们各自所拥有的密钥已经符合上述条件。若通信双方需要新的密钥，首先服务器方在 SERVER－HELLO 消息中的服务器证书中提供了服务器的公有密钥，服务器用其私有密钥才能正确地解密由客户方使用服务器的公有密钥加密的 MASTER－KEY，从而获得服务器方的读密钥和写密钥。

2）客户的认证

同上，只有用正确的客户方写密钥加密的内容才能被服务器方用其读密钥正确地解开。当客户收到服务器方发出的 REQUEST－CERTIFICATE 消息时，客户首先使用 MD5 消息散列函数获得服务器方信息的摘要，服务器方的信息包括 KEY－MATERIAL－0、KEY－MATERIAL－1、KEY－MATERIAL－2、CERTIFICATE－CHALLENGE－DATA（来自 REQUEST－CERTIFICATE 消息）、服务器所赋予的证书（来自 SERVER－HELLO）消息。其中，KEY－MATERIAL－1、KEY－MATERIAL－2 是可选的，与具体的加密算法有关。然后客户使用自己的读密钥加密摘要形成数字签名，从而被服务器认证。

SSL 协议提供的三种服务如表 7.4 所示。

表 7.4 SSL 协议提供的三种服务

服 务 类 型	主 要 技 术	主 要 应 用
信息保密	加密	防止窃听
信息完整性	信息认证码	防止破坏
相互认证	X.509 证明	防止冒名

7.2.5 SSL 协议前景展望

尽管 SSL 协议已经被广泛应用，但也存在着不容忽视的局限性。

（1）客户的信息先到商家，让商家阅读，因此客户资料的安全性就得不到保证。

（2）SSL 协议没有实现电子支付所要求的机密性、完整性，而且多方互相认证也是很困难的。该协议最大的弱点是不能做数字签名，因此不支持不可否认性。此外，它不能对商家进行认证，不能防止网上欺诈行为。

（3）系统不符合国务院颁布的《商用密码管理条例》中对商用密码产品不得使用国外密码算法的规定，要通过国家密码管理委员会的审批会遇到一定困难。

（4）系统安全性差。SSL 协议的数据安全性其实就是建立在 RSA 等算法的安全性上，因此从本质上来讲，攻破 RSA 等算法就等同于攻破此协议。目前已有攻破此协议的例子：1995 年 8 月，一个法国学生用上百台工作站和两台小型机攻破了网景对外出口版本；另外美国加州两个大学生找到了一个"陷门"，只用了一台工作站几分钟就攻破了网景对外出口版本。可见，SSL 协议在全球的大规模使用还有一定的难度。

（5）SSL 产品的出口受到美国国家安全局的限制。美国政府只允许加密密钥为 40 位以下的算法出口，而美国的商家一般都使用 128 位的 SSL，致使美国以外的国家很难真正在电子商务中充分利用 SSL。

另外，SSL 协议在"重传攻击"上有独到的解决办法。SSL 协议为每一次安全连接产生了一个 128 位长的随机数，即"连接序号"。理论上，攻击者提前无法预测此连接序号，因此不能对服务器的请求做出正确的应答。但是计算机产生的随机数是伪随机数，它的实际周期要远比 128 小，更为危险的是有规律性，所以说 SSL 协议并没有从根本上解决"信息重传"这种攻击方法，有效的解决方法是采用"时间戳"，而这需要解决网络上所有节点的时间同步问题。

但是，SSL 协议比较好地解决了逻辑严密性、完整性、正确性等问题，这些问题的解决保证了安全性的实现。SSL 的逻辑性体现在 SSL 握手协议上，SSL 握手协议本身是一个很复杂的过程，情况也比较多，因此我们并不能保证 SSL 握手协议在所有的情况下逻辑上都是正确的，所以研究 SSL 协议的逻辑正确性是一个很有价值的问题。总体来讲，SSL 协议的安全性能是好的，而且随着 SSL 协议的不断改进，更多的安全性能、好的加密算法被采用，逻辑上的缺陷被弥补，SSL 协议的安全性能会不断加强。

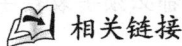 相关链接

SSL 协议在网上银行的应用

网上银行是借助于互联网数字通信技术，向客户提供金融信息发布和金融交易服务的电子银行，它是传统银行业务在互联网上的延伸，是一种电子虚拟世界的银行。网上银行业务和运营模式与传统银行运营模式有很大区别，其服务对象和业务范围涵盖了银行的所有对公业务（B2B）和对私业务（B2C）。此外，它还利用互联网的特点对传统银行业务有所创新。

网上银行基于互联网，采用 SSL 协议将客户与银行连接起来，实现客户端与网银服务器网关的端对端的连接。按上述 SSL 握手协议和记录协议的原理，客户与网上银行之间形成一个安全管道，进行客户与网银之间的证书交换、交易数据的加密，实现身份认证与交易的数字签名。

数字证书是可信的、权威的第三方认证机构 CA 所签发的，它是网上身份、虚拟世界身份的证明。证书的存放介质一定要采用 USB－KEY，它是一种 CPU 智能卡，内存密码算法、公钥证书及其对应的私钥，其内容不可复制。但是，存放在硬盘中的"文件证书"存在被黑客攻击的风险。

首先，利用它实现网上身份认证，根据交易的模式 B2B 或 B2C 进行单向或双向认证。认证时，客户端与服务器端由安全应用软件，按需求分别向第三方认证机构 CA 的目录服务器，利用 LDAP 轻型查询协议去查询证书的有效期或黑名单 CRL，以证明双方身份的真实性，即完成网上身份的识别与鉴别。

其次，利用数字证书完成网上交易数据的加密传输与数字签名。网上交易数据要经过客户与银行的双方数字签名，才能达到交易的不可否认性，符合《电子签名法》的要求。数据电文一旦签名即不可改动，如果被改变，则可被发现。

数字签名的验签是接收方利用发放的公钥，解密用其私钥加密的交易数据电文的杂凑值；然后，收方再利用同样的杂凑算法，对交易原数据做杂凑运算，得出一个新的杂凑值。两个杂凑值做比较运算，比较结果相等，证明签字是可靠的，验证通过。

SSL 协议在电子商务中的应用

国家发展和改革委员会、国务院信息化工作办公室联合发布了我国首部《电子商务发展"十一五"规划》（以下简称《规划》）。《规划》明确提出了"十一五"时期我国电子商务发展的总体目标：到 2010 年，电子商务发展环境、支撑体系、技术服务和推广应用协调发展的格局基本形成。《规划》强调着力完善电子商务支撑环境。支撑环境包括电子

安全认证、在线支付、现代物流、信用服务和标准规范体系。

电子商务与网上银行交易不同,其参加角色包含商户,形成客户—商家—支付平台—银行,需要多次点对点的 SSL 连接。客户、商家、银行与支付平台都必须安装数字证书,需要多次端到端的双向认证,最后完成身份认证和交易支付。

为了支付的安全性,客户、商家、银行与支付平台都必须具有数字证书。其支付流程是:当客户购物时,可先登录商家网站,通过 SSL 建立端到端的连接,客户浏览商品并下订单;商家将支付信息转发至第三方支付平台,经平台识别后,转发至相应客户的开户银行,这其中也是通过 SSL 建立起端到端的连接;银行的网关在接受平台转来的客户付款信息后,进行通信格式转换,传向银行后台核心业务系统进行授权;当授权成功后,即银行将客户买东西的金额从客户的账号划入商家的账号,并回答平台授权完成,平台同时回答商家扣款成功的信息,商家回答客户交易成功。

在这个交易过程中,基于互联网的 SSL 协议起到了端到端的安全连接作用。交易中的身份认证和交易授权的数字签名,与上述网上银行原理基本相同,在此不再赘述。

(资料来源:李晓峰,赵海. SSL 安全协议及在网银中的应用. 东北大学)

7.3 基于 SET 协议的支付技术

SET 安全电子交易协议是一种基于消息流的协议,该协议主要是为了解决用户、商家和银行之间通过信用卡在线支付而设计的,以保证支付信息的机密、支付过程的完整、持卡人的合法身份及可操作性。SET 协议中的核心技术主要有公开密钥加密、数字签名、数字信封、数字证书等。SET 协议得到了 CET、IBM、微软、网景等大公司的支持,获得了长足的发展,进入了实用性阶段。

7.3.1 SET 协议的特点

1. 机密性

SET 协议保护有关支付等敏感信息在互联网上的安全传输,保证网上传输的数据不被网上黑客等窃听。SET 协议的一个重要特点是持卡人的信用卡号码只提供给银行,而商家无法知道信用卡号码。SET 协议利用 DES 密码算法提供信息的机密性。

2. 保护隐私性

SET 协议对客户的订单信息和敏感的支付方式(如信用卡账号、密码等)进行隔离。在将包括消费者支付账号信息的订单送到商家时,商家只能看到订货信息,看不到消费者的账户信息;反过来,银行只能看到相关支付信息,看不到订货信息。

3. 完整性

SET 协议应用目前已有的密钥加密算法和产生数字摘要的 Hash 算法，借助数字信封技术，保证传输信息的完整性。从持卡人发往商家的支付信息包括订购信息、个人数据及支付指令。SET 协议引入 RSA 数字签名及 SHA-1 杂凑函数确保这些消息的内容在传输过程中不被非法更改。SET 协议使持卡人可以鉴别商家真实性，而且可以验证商家能否接受信用卡支付。SET 协议采用 X.509V3 数字证书和 RSA 数字签名实现这一功能。

4. 多方认证性

通过客户与商家的相互认证，以确定通信双方的身份，一般由第三方 CA 机构负责为在线的通信双方提供信用担保与认证，对参与其中的支付网关也要进行认证，以防假冒。SET 协议可以让商家鉴别持卡人是不是有效信用卡账号的合法用户，它采用 X.509V3 数字证书和 RSA 数字签名达到这一目的。

5. 标准性

SET 协议机制的参与各方在交易流程中均有严格的标准可循，主要体现在要求软件遵循相同的协议和消息格式，包括加密算法的应用协商、数字证书信息和对象格式、订货信息和对象格式、认可信息和对象格式、资金转账和对象格式、对话实体之间消息的传输协议等。

7.3.2 SET 协议的体系结构

SET 的实现不需要对现有的银行支付网络进行大的改造，基于 SET 协议构造的电子交易系统由六个部分组成：持卡人、商家、发卡银行、收单银行、支付网关和认证中心（CA）。SET 协议的系统结构如图 7.4 所示。

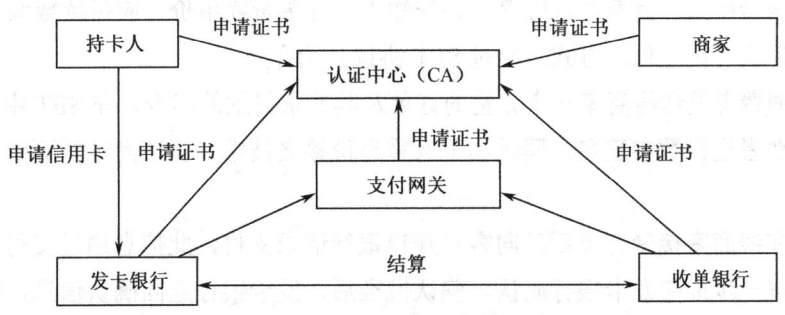

图 7.4 SET 协议的系统结构

（1）持卡人。持卡人是电子商务中的一般消费者，包括个人和团体消费者。持卡人通过计算机网络与商家交易，并通过由发卡机构颁发的付款卡（如信用卡、借记卡）进行结算。在持卡人和商家的交易会话中，SET 协议可以保证持卡人的个人账号信息的真实性，并保证其不被泄露给商家。

（2）商家。商家指出售商品或服务的个人或机构。使用 SET 协议可以保证持卡人个人信息的安全。商家必须与收单银行建立业务联系，以接受支付卡这种付款方式。

（3）发卡银行。发卡银行指向持卡人提供支付卡的金融机构，为每个建立了账号的顾客颁发付款卡，发卡银行根据不同品牌卡的规定和政策，保证对每笔认证交易的付款。在线交易的商家在发卡银行开设账号，并且处理支付卡的认证和支付。在交易过程中，发卡银行与收单银行之间进行付款授权和账号结算。

（4）收单银行。收单银行指与商家建立业务联系的金融机构，负责授权和管理参与交易的商家，并处理交易的付款卡授权申请和交易款项。

（5）支付网关。支付网关是由银行操作的、将互联网上的传输数据转换为金融机构内部数据的设备，或者由指派的第三方处理商家支付信息和顾客的支付指令，实现对支付信息从互联网到银行内部网络的转换，并对商家和持卡人进行认证。

（6）认证中心（CA）。认证中心在基于 SET 协议的电子商务体系中起着重要作用。它可以为持卡人、商家和支付网关签发 X.509V3 数字证书，让持卡人、商家和支付网关通过数字证书进行认证。CA 同时要对证书进行管理，为持卡人、商家和支付网关发行 X.509V3 公共密码证书的第三方可信实体，并负责管理电子证书的认证。

7.3.3　SET 协议的工作过程

使用 SET 协议的交易流程如下。

（1）客户通过网络浏览器浏览在线商家的商品目录。

（2）选择要购买的商品。

（3）填写订单，包括预购商品名称、规格、数量、交货时间及地点等信息，订单通过互联网发送给商家，商家进行应答，并告知以上订单货物单价、应付款数额和交货方式。

（4）消费者选择付款方式，此时 SET 协议开始介入。

（5）消费者发送给商家一个完整的订单及其要求付款的指令，在 SET 中，订单和付款指令由消费者进行数字签名；同时利用双重身份签名技术，保证商家看不到消费者的账号信息。

（6）在线商家接受订单后，向客户开户银行请求支付，此信息通过支付网关送达收单银行，并进一步提交发卡银行确认，确认批准后，发卡银行返回确认信息，经收单银行通过支付网关发给在线商家。

（7）在线商家发送订单确认信息给客户，客户端记录交易日志，以备日后查考。

（8）在线商家发送商品或提供服务，并通知收单银行将货款从客户账号转移到商家账号，或者通知发卡银行请求支付。

上述八个步骤，可以概括为三个阶段：

一是购买请求阶段，包括上面的（1）～（4），在这个阶段中，客户与商家确定所用支付方式的细节。

二是支付的认定阶段，包括上面的（5）和（6），在这个阶段中，商家会与银行核实，随着交易的进展，它们将得到付款。

三是收款阶段，包括上面的（7）和（8），在这个阶段中，商家向银行出示所有交易的细节，然后银行以适当方式转移货款。

客户如果不是使用借记卡，而直接支付现金，商家在第二阶段完成以后的任何时间即可供货支付。第三阶段将紧接着第二阶段进行。客户只和第一阶段交易有关，银行与第二、第三阶段有关，而商家与三个阶段都要发生关系。每个阶段都涉及 RSA 对数据加密，以及 RSA 数字签名。使用 SET 协议，在一次交易中要完成多次加密与解密操作，因而要求商家的服务器有很高的处理能力。

7.3.4　SET 协议的安全技术

SET 协议是在一些早期协议如万事达的 SEPP 及维萨和微软的 STT 的基础上合并而成的。它定义了交易数据在卡用户、商家、发卡银行、收单银行之间的流通过程，也定义了各种支持这些交易的安全功能，如数字签名、Hash 算法、加密等。

为了进一步加强安全性，SET 协议使用两组密钥对分别用于加密和签名。SET 协议不希望商家得到顾客的账户信息，同时也不希望银行了解到交易内容，但又要求能对每笔单独的交易进行授权。通过双重签名（Dual Signature）机制将订购信息同账户信息连在一起签名，SET 协议巧妙地解决了这一矛盾。

SET 协议将对称密钥的快速、低成本和非对称密钥的有效性完美地结合在一起。考虑网上商店的情况，对于成千上万的消费者和商家在互联网交换信息，要对每个消费者通过某个渠道发放一个密钥，在现实中是不可取的。而用公开密钥，商家生成一个公共密钥对，任何一个消费者都可用商家公开发布的公钥与商家进行保密通信，具体介绍如下。

1. 数字信封

SET 协议依靠密码系统保证消息的可靠传输，在 SET 协议中，使用 DES 算法产生的对称密钥来加密数据，然后将此对称密钥用接收者的公钥加密，称为消息的"数字信封"，将其和数据一起发送给接收者，接收者先用他的私钥解密数字信封，得到对称密钥，然后使用对称密钥解开数据。

2. 数字签名

由于公开密钥和私有密钥之间存在的数学关系，使用其中一个密钥加密的数据只能用另一个密钥解开。SET 协议中使用 RSA 算法来实现。发送者用自己的私有密钥加密数据传给接收者，接收者用发送者的公钥解开数据后就可确定消息来自谁，这就保证了发送者对所发信息不能抵赖。

3. 双重签名

为了保证消费者的账号等重要信息对商家隐蔽，SET 协议中采用了双重签名技术。在交易中，持卡人发往银行的支付指令是通过商家转发的，为了避免在交易的过程中商家窃取持卡人的信用卡信息，以及避免银行跟踪持卡人的行为，侵犯消费者隐私，但同时又不能影响商家和银行对持卡人所发信息的合理的验证，只有当商家同意持卡人的购买请求后，才会让银行给商家付费，SET 协议采用双重签名来解决这一问题。

SET 协议主要通过使用密码技术和数字证书方式来保证信息的机密性和安全性，它实现了电子交易的数据完整性、机密性、身份的合法性和不可否认性。

① 数据完整性（Data Integrity）。SET 协议通过使用 Hash 函数来保证数据完整性，报文发送后，Hash 函数将为之产生一个唯一的报文摘要值，一旦报文中包含的数据被篡改，该值就会改变，从而被检测到，这样就保证了信息的完整性。

② 机密性（Confidentiality）。在 SET 协议下，客户将支付信息 PI 和订单信息 OI 进行双重签名，商家解密后得到 OI，银行解密后得到 PI，从而避免了商家访问客户的支付信息。

③ 身份的合法性（Verification of Identity）。身份认证是电子商务中非常重要的环节，SET 协议使用数字证书来确认商家、持卡客户、受卡行和支付网关的身份，为网上交易提供了一个完整的可信赖的环境。

④ 不可否认性（Non-repudiation of Disputed Charges）。SET 协议中数字证书的发布过程也包含了商家和客户在交易中存在的信息，因此，如果客户发出了一个商品的订单，在收到货物后它不能否认已发出了这个订单，同样，商家以后也不能否认收到过这个订单。

7.3.5 SSL 协议与 SET 协议的区别

SSL 协议与 SET 协议都能应用于电子商务中，通过认证进行身份识别，通过对传输数据的加密实现保密性，但两者也有明显的区别，如表 7.5 所示。

表 7.5 SSL 协议与 SET 协议的区别

项　　目	SSL 协议	SET 协议
工作层次	传输层与应用层之间	应用层
是否透明	透明	不透明
过程	简单	复杂
效率	高	低
安全性	商家掌握消费者	消费者对商家保密
认证机制	双方认证	多方认证
是否专为电子商务设计	否	是

SSL 协议位于传输层与应用层之间，因此 SSL 可以很好地封装应用层数据，不用改变位于应用层的应用程序，对用户是透明的。同时，SSL 协议只需要通过一次"握手"过程就可以建立客户与服务器之间的一条安全通信通道，保证传输数据的安全。因此，SSL 被广泛地应用于电子商务领域中。但是，SSL 协议并不是专为支持电子商务而设计的，只支持双方认证，商家完全掌握消费者的账户信息。

SET 协议是专为电子商务系统设计的，位于应用层，其认证体系十分完善，可以实现多方认证，SET 协议中消费者账户信息对商家来说是保密的。但是 SET 协议十分复杂，交易数据需要进行多次验证，用到多个密钥及多次加密解密，而且除消费者与商家外，还有发卡银行、收单银行、认证中心、支付网关等其他参与者。

因此，在复杂的电子商务应用中，往往采用 SET 协议和 SSL 协议相结合的方法。例如，在银行和商家间采用 SET 协议，而在商家与客户间采用 SSL 协议。

7.3.6 SET 协议前景展望

安全可靠是 SET 协议最大的优点。SET 协议位于网络的应用层中，安全性较好，是实现安全电子交易的重要保障，它规范了整个商务活动的流程，制定了严格的加密和认证标准，已经成为网上交易安全通信协定的产业标准。在实际应用中，SET 协议依然存在以下不足。

（1）协议没有说明收单银行给商家付款前，是否必须收到客户的货物接受证书，一旦客户对货物的质量标准提出疑义，而收单银行已把货款付给了商家，谁承担责任将无法定义。

（2）协议没有担保"非拒绝行为"，这意味着在线商店没有办法证明订购是不是由签署证书的客户发出的。

（3）SET 技术规范没有提及在事务处理完成后如何安全地保存或销毁此类数据。

（4）利用 SET 协议实施电子支付，交易参与主体较多，交易过程复杂，使用成本高。

上述不足都是 SET 协议有待改进的地方。但 SET 协议确实解决了客户资料的安全性问题；解决了网上交易存在的客户与银行之间、客户与商家之间、商家与银行之间的多方认证问题；保证了网上交易的实时性问题等，这些都是 SSL 协议所无法解决的。事实上，无论是使用 SSL 协议，还是使用 SET 协议进行在线支付，它们总有不尽如人意之处。结合我国的具体情况，可以预见，电子商务安全措施在我国的发展趋势将是 SET 协议与 SSL 协议共存，优势互补，即在商家与银行之间采用 SET 协议，而与客户连接时仍然使用 SSL 协议。这种方案既回避了在客户端机器上安装软件，同时又获得了 SET 协议提供的很多优点。从世界范围来看，SET 协议是进行电子商务的最佳协议标准。

7.4 电子商务支付手段及其安全性分析

随着我国互联网和电子商务的快速发展,中国电子支付的市场规模发展非常迅速。2018年,银行业金融机构共处理电子支付业务1 751.92亿笔,金额2 539.70万亿元。其中,网上支付业务570.13亿笔,金额2 126.30万亿元,同比分别增长17.36%和2.47%;移动支付业务605.31亿笔,金额277.39万亿元,同比分别增长61.19%和36.69%。2018年,非银行支付机构发生网络支付业务105 306.10亿笔,金额208.07万亿元,同比分别增长85.05%和45.23%。在电子支付市场规模扩大的同时,电子商务交易的信用危机也悄然来袭,虚假交易、假冒行为、合同诈骗、侵犯消费者合法权益等各种违法违规行为屡屡发生,这些现象在很大程度上制约了我国电子商务乃至全球电子商务的快速、健康发展。限制电子商务发展的主要因素就是电子支付手段的安全性。

1. 电子信用卡

1)支付方式

信用卡支付是电子支付中最常用的工具,方法是在互联网环境下通过标准的SET协议进行网上支付,用户在网上发送信用卡号和密码,加密后发送到银行进行支付。支付过程中要进行用户、商家及付款要求的合法性验证。中国建设银行龙卡信用卡网上支付操作流程如图7.5所示。

2)安全策略

正如图7.5所示,电子信用卡是通过用户在网上输入账号/密码+数字签名,这些信息都是通过SET协议或SSL协议的支付网关平台直接与银行进行相关支付信息的安全交互,进行网上支付,这种支付方式的安全性是可以得到保证的。

3)安全隐患

单纯从技术上来说,无安全隐患问题。最典型的是易趣采用的PayPal支付工具。PayPal对全世界近40个国家开放,是现在网络上最流行的免费信用卡工具,是网上收钱的一个主要方式。

2. 电子支票

1)支付方式

电子支票(Electronic Check)是利用数字化手段进行网上支付,支付过程与传统支票的支付过程相似,只是电子支票完全抛开了纸质的媒介,其支票的形式是通过网络传播,并用数字签名代替了传统的签名方式。同行电子支票支付交易流程如图7.6所示,异行电子支票支付交易流程如图7.7所示。

第7章 基于协议的支付技术 205

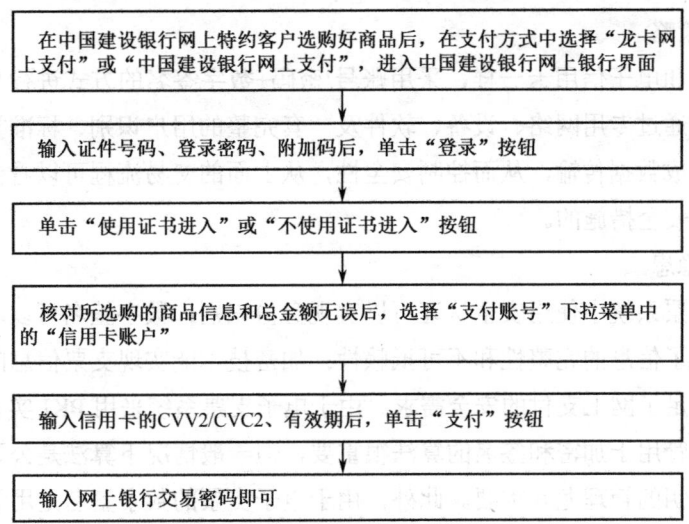

在中国建设银行网上特约客户选购好商品后，在支付方式中选择"龙卡网上支付"或"中国建设银行网上支付"，进入中国建设银行网上银行界面

输入证件号码、登录密码、附加码后，单击"登录"按钮

单击"使用证书进入"或"不使用证书进入"按钮

核对所选购的商品信息和总金额无误后，选择"支付账号"下拉菜单中的"信用卡账户"

输入信用卡的CVV2/CVC2、有效期后，单击"支付"按钮

输入网上银行交易密码即可

图 7.5　中国建设银行龙卡信用卡网上支付操作流程

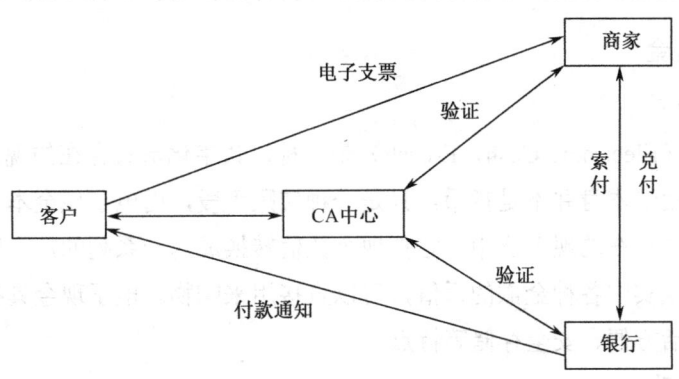

图 7.6　同行电子支票支付交易流程

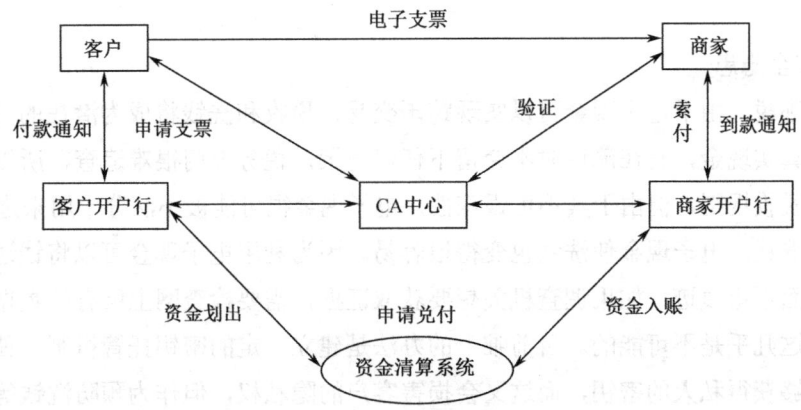

图 7.7　异行电子支票支付交易流程

2)安全策略

电子支票和电子信用卡一样,采用账号/密码+数字签名的方式进行身份验证。目前,其支付一般是通过专用网络、设备、软件及一套完整的用户识别、标准报文、数据验证等规范化协议完成数据传输,从而控制安全性,从上面的交易流程可以看到,电子支票的支付是有可靠的安全措施的。

3)安全隐患

在电子支票系统中使用安全认证可以实现身份识别;数字签名可以取代手写签名和签章,而且实现了信息的完整性和不可抵赖性;加密技术能实现支票信息的保密性,这些技术手段同样满足了网上支付的安全需求。由于电子支票系统采用 PKI 实现其加密、解密和数字签名,尽管用于加密和签名的算法很重要,但一般情况下算法是公开的,秘密全在密钥中,所以密钥的管理尤其重要。此外,由于电子支票的数字签名是用签发人的私钥生成的,一旦私钥被窃取,任何人都可以签发和使用电子支票,系统必须确保签名私钥的安全性。所以,实现电子支票安全支付的关键是密钥管理和签名私钥的保护。

3. 电子现金

1)支付方式

电子现金(Electronic Cash,E-cash)是一种以数字化形式存在的现金货币。它同信用卡不一样。信用卡本身并不是货币,只是一种转账手段,而电子现金本身是一种货币,是一种以数据形式存在的现金货币。它把现金数值转换成为一系列的加密序列数,通过这些序列数来表示现实中各种金额的币值,可以直接用来购物。电子现金具有匿名、节省交易费用、支付灵活方便、安全存储等特点。

2)安全策略

没有适当的身份认证机制,是匿名的,为防止被伪造,电子现金在传输时进行了数字签名。

3)安全隐患

(1)逃税。由于电子现金可以实现跨国交易,税收和洗钱将成为潜在的问题。电子现金不同于真实现金,它在流通时不会留下任何记录,税务部门很难追查,所以即使将来调整了国际税收规则,但由于其不可跟踪性,电子现金很可能被不法分子用来逃税。

(2)洗钱。电子现金使洗钱也变得很容易。因为利用电子现金可以将钱送到世界上的任何地方而不留痕迹,如果调查机关想要获取证据,需要检查网上所有的数据并破译所有的密码,这几乎是不可能的。目前唯一的办法是建立一定的密钥托管机制,使政府在一定条件下能够获得私人的密钥,而这又会损害客户的隐私权,但作为预防洗钱等违法行为的措施,许多国家已经开始了这种做法。

(3)扰乱金融秩序。电子现金的法律地位一直难以确定。这是因为按照货币的实质和网络无国界性来推断,各国中央银行的地位都将受到挑战,因为任何一个有实力、有信誉的全球性公司,都可以发行购买其产品或服务的数字化等价物,从而避开银行的烦琐手续和税收。而这会扰乱一国的金融秩序,任何国家都不会允许。

(4) 重复消费。由于电子序列号可以被复制,因此需要一个大型的数据库存储用户完成的交易和 E-cash 序列号以防止重复消费,这对于软件和硬件的要求都很高,因此很多银行都不支持电子现金业务。

4. 移动支付

1) 支付方式

移动支付系统为每个移动用户建立一个与其手机号码关联的支付账户,为移动用户提供了一个通过手机进行交易支付和身份认证的途径。用户通过拨打电话、发送短信或使用 WAP 功能接入移动支付系统,移动支付系统将此次交易的要求传送给移动应用服务提供商(Mobile Application Service Provider,MASP),由 MASP 确定此次交易的金额,并通过移动支付系统通知用户。在用户确认后,付费方式可通过多种途径实现,如直接转入银行、用户电话账单或实时在专用预付账户上借记,这些都将由移动支付系统来完成。

2) 安全措施

身份验证方式采用个人账号/密码的方式。对交易中的部分敏感信息进行了加密。

3) 安全隐患

(1) 抵赖行为。移动支付的加密方式只是加密了交易过程的部分内容,没有考虑交易双方相互的身份认证和交易的不可否认性,必须把 SET 协议数据加密模型引入移动支付中。

(2) 手机本身的安全性。大部分手机不具有用户身份认证模块,运算能力低,速度慢,不适合使用数字水印,由于不能进行很好的加密,而且手机信息传输是无线的,所以目前移动支付就存在比较大的安全隐患。

相关链接　第三方移动支付市场发展迅猛

根据中商产业研究院发布的《2018—2023 年中国网上支付行业市场前景及投资机会研究报告》显示,截至 2017 年 12 月,我国使用网上支付的用户规模达到 5.31 亿人,较 2016 年年底增加 5 661 万人,年增长率为 11.9%,使用率达 68.8%。在手机支付方面,手机支付用户规模增长迅速,达到 5.27 亿人,较 2016 年年底增加 5 783 万人,年增长率为 12.3%,使用比例达 70.0%。据中商产业研究院大数据库整理,2011—2017 年手机网上支付用户快速发展。随着智能手机的推广和普及,PC 端用户逐渐向移动端倾斜,预计手机网上用户将进一步增长。2017 年,我国移动支付用户规模持续扩大,用户使用习惯进一步巩固。调查显示,网民在线下消费使用手机进行网上支付的比例由 2016 年年底的 50.3%提高至 65.5%,其中城镇网民使用比例为 73.9%,农村地区网民使用比例为 47.1%。在线下消费使用手机网上支付的用户中,更多使用手机网上支付的比例为 39.1%,更多使用现金、银行卡支付等传统方式的比例为 31.1%,使用两种方式相近的比例为 29.8%。

2017 年,网络支付应用发展呈现出三个特点:第一,移动支付深入绑定个人生活。继打车、外卖、购物等个人消费服务场景之后,移动支付进一步向公共服务领域延伸,已由早期水、电等生活类缴费逐步扩展到公共交通、高速收费、医疗等领域;第二,线上支付加速向农村地区网民和老龄网民渗透。调查显示,农村地区网民使用线上支付的比例已由 2016 年年底的 31.7%提高至 47.1%;50 岁以上网民中使用率从 14.8%提高至 32.1%;第三,技术进一步提升移动支付的安全和便捷性。生物识别技术日趋成熟,指纹识别已被大规模使用,面部识别也得到初步商用。

(资料来源:http://www.askci.com/news/chanye/20180201/155612117419.shtml,2018)

尽管电子支付还存在很多问题,但作为电子商务的中心环节,其发展趋势是不可阻挡的,关键是从立法和技术两方面进行逐步完善。为了更进一步地加强支付的安全性,必须提供更好的中介服务——第三方结算平台的支持。

7.5 网上安全支付的第三方结算平台

在实际应用中所采用的电子支付方式主要有五种:银行卡直接转账模式、第三方结算平台支付模式、电子现金支付模式、信用卡 SSL 支付模式、信用卡 SET 支付模式。以上电子支付模式有它们各自的特点及其适用范围。其中,第三方结算平台支付模式以其安全、快捷等优势发展成为目前电子商务中广泛采用的一种支付模式。

第三方支付平台属于第三方的服务型中介机构,主要面向开展电子商务业务的企业提供电子商务基础支撑与应用支撑的服务,不直接从事具体的电子商务活动。第三方支付平台独立于银行、网站及商家来做职能清晰的支付。它的主要目的是使用一定手段对交易双方的信用提供担保从而化解网上交易风险的不确定性,增加网上交易成交的可能性,并为后续可能出现的问题提供相应的其他服务。第三方支付平台以其良好的兼容性、信用中介、安全、方便、快捷等特点进入电子商务的支付领域,并迅速占有了网上支付的大部分市场份额。第三方支付平台具有以下优势。

(1)第三方支付平台采用与众多银行合作的方式,同时提供多种银行卡的网关接口,从而大大地方便了网上交易的进行,对于商家来说,不用安装各个银行的认证软件,从一定程度上简化了费用和操作。

(2)第三方支付平台作为中介方,可以促成商家和银行的合作。对于商家,第三方支付平台可以降低企业运营成本;对于银行,其可以直接利用第三方的服务系统提供服务,帮助银行节省网关开发成本。

(3)第三方支付平台能够提供增值服务,帮助商家网站解决实时交易查询和交易系统分析，提供方便及时的退款服务。

（4）第三方支付平台可以对交易双方的交易进行详细记录，从而防止交易双方对交易行为可能的抵赖及为在后续交易中可能出现的纠纷问题提供相应的证据，虽没有使用较先进的 SET 协议却可起到同样的效果。

目前，第三方支付平台除了最大、最具影响力的支付宝外，还有网付通、快钱、财付通、安付通等。这些中间支付平台主体功能一致，细化的附属功能各异，到底哪个支付平台最安全且最适合做网络交易的支付工具呢？

1. 支付宝

为解决电子商务支付环节的安全问题，2003 年 10 月，阿里巴巴首先在淘宝网推出了独立的第三方支付平台——支付宝，正式进军电子支付领域。

支付宝的运作流程是：买家在确定购物后，先将货款汇到支付宝，支付宝确认收款后通知卖家发货，买家收货并确认满意后，支付宝汇款给卖家完成交易。买卖双方通过支付宝进行交易不收取任何费用，在交易过程中，支付宝作为诚信、中立的第三方机构，起到了保障货款安全及维护买卖双方利益的作用。

支付宝在支付安全性能方面，除了采用独立的支付密码、网站 SSL 加密技术等安全措施外，还采用了目前最为安全的安全技术手段——数字证书技术，使用了数字证书技术后，即使用户发送的信息在网上被他人截获，甚至丢失了个人的账户、密码等信息，仍可以保证自己的账户、资金安全。可以说，使用数字证书技术可以有效地保证账户及支付的安全。另外，支付宝还提供了手机绑定功能，可以使用手机短信来及时关闭或开启余额支付功能，当账户余额发生大额变动时系统会发短信提醒。

2. 财付通

财付通是腾讯公司创办的中国领先的在线支付平台，致力于为互联网用户和企业提供安全、便捷、专业的在线支付服务。财付通构建全新的综合支付平台，业务覆盖 B2B、B2C 和 C2C 各领域，提供卓越的网上支付及清算服务。针对个人用户，财付通提供了包括在线充值、提现、支付、交易管理等丰富的功能；针对企业用户，财付通提供了安全可靠的支付清算服务和极富特色的 QQ 营销资源支持。

财付通的运作流程与支付宝的运作流程类似，不再赘述。

财付通的交易支付采用独立支付密码，交易页面采用 128 位 SSL 加密技术，密码输入达到指定次数时系统自动锁定账户，支持手机绑定功能，并能通过手机短信提醒账户密码修改、申请提现成功等。

📖 相关链接 "财付通账户" 安全吗？

① 为确保用户在财付通页面上输入的任何信息可以安全传送到财付通，财付通网站采

用了先进的 128 位 SSL 加密技术（参照国内银行网站的普遍做法），消除了有人会通过网络窃取用户的敏感信息的可能。

②"财付通账户"有两个密码，一个是用于登录账户的 QQ 登录密码，可执行账户查询等一般性操作；另一个是牵涉资金流转过程时需要使用的支付密码。缺少任何一个密码都不能使资金发生流转。另外，一天内系统只允许支付密码输入出错五次，若第六次支付密码输入出错，系统将自动锁定该账户，三小时后才会自动解除锁定。

③"财付通账户"提现时，系统将会自动检查用户登记的银行账户姓名与用户的认证姓名是否一致，若不符将不予办理。

④"财付通账户"设置手机短信通知功能。在进行修改支付密码、取回支付密码、修改通过 E-mail、创建或修改银行账号信息、修改或设置密码保护问题、修改或设置自动提醒功能、申请提现成功等操作时，用户会收到手机短信通知。如果用户收到的操作提示短信非用户本人的操作，请及时检查账户并联系财付通，以确保账户安全。

⑤ 作为协议的一部分，用户"财付通账户"中的资金，将不会用于用户指定的用途以外的任何用途。

⑥ 若用户"财付通账户"中的资金来源合理合法，则除非有用户的指示或生效法律文书的指示，否则用户的"财付通账户"中的资金将是不可逆流的。故当资金已经进入用户的"财付通账户"，买家将不能向财付通申请退款。

（资料来源：腾讯财付通 https://www.tenpay.com）

3．安付通

安付通是由易趣联合 PayPal（贝宝）向买卖双方提供的一种促进网上安全交易的支付手段，作为值得信赖的交易第三方，安付通会监控整个交易流程。在交易过程中，买家在确认购买之后可放心地汇款给安付通，并在一定时限内收货及查验，此后可通过安付通确认将货款实际发放给卖家。安付通目前集成了包括中国工商银行、中国建设银行、招商银行、中国农业银行在内的全国 14 家商业银行在线支付渠道，买家可以极为便捷地通过网上银行实时支付安付通货款。安付通被集成到了易趣账号中，不像支付宝那样独立，除非用户单独开启贝宝账户才能像支付宝那样独立使用，并设定独立支付密码。

4．网付通

银联网络于 2000 年 2 月建成开通的统一支付网关系统，开创了在网上为电子商务活动提供多种银行卡支付的先河。目前，该系统为国内各大电子商务网站提供多达 18 家银行的 20 多种类型银行卡的网上实时支付服务。网付通的网站界面也采用了 SSL 加密技术，在支付时一律采用安全控件来保障支付安全。

5. 快钱

快钱总部位于上海，在北京、广州等地设有分公司。公司拥有由互联网行业资深创业者、优秀金融界人士和顶尖技术人员所组成的国际化管理团队，在产品开发、技术创新、市场开拓、企业管理和资本运作等方面都具有丰富的经验。出众的执行力和快速的发展使快钱获得了硅谷大型风险投资基金的风险投资，并于 2006 年荣获"第三届中国国际金融论坛十佳中国成长金融机构"殊荣。快钱致力于为电子商务服务提供商、互联网内容提供商、中小商户及个人用户等提供安全、便捷的第三方交易平台，其以"快钱"为品牌的产品和服务内容广泛，涵盖了账户管理、网上充值、网上结算、网上付款、网上催款等基本功能和支付网关、快钱钮、捐赠钮、快钱保等多种工具。快钱已同中国工商银行、中国建设银行等多家银行结成战略合作并推出网上交易的收付费服务，并且开通国际 VISA 卡在线交易功能。

快钱平台不仅采用国际领先应用平台和数据库技术，还在支付信息的传输过程中采用了 128 位的 SSL 加密算法，尤其是快钱盾硬件加密技术采用动态密码算法确保账户安全，外形类似于普通的小型计算器，携带方便，安全性相当高。

在支付安全性方面，支付宝的数字证书、快钱的快钱盾两项安全技术应该是安全级别最高、效果最理想的。另外，支付宝还开通手机绑定功能，利用余额支付开启与关闭功能，用户可以在不进行支付时关闭余额支付功能，更能保证账户资金的安全，只有在账户登录密码、支付密码、持有绑定手机、数字证书（如果申请了数字证书）等几项条件全部具备时才能进行账户资金操作，全方位地保证了用户账户的安全。

第三方支付平台对比如表 7.6 所示。

表 7.6 第三方支付平台对比

对 比 项	支付宝	财付通	安付通	网付通	快 钱
SSL 加密	√	√	√	√	√
数字证书	√	×	×	×	×
登录验证码	√	√	×	×	√
手机绑定	√	√	×	×	√
安全控件	√	√	×	√	×
登录、支付密码是否独立	√	√	√	√	√
安全性能指数	★★★★★	★★★★	★★	★★★	★

备注："√"表示具备对应的对比项；"×"表示不具备对应的对比项；"★"个数越多，表示安全性能越好

通过表 7.6 的对比，读者能够发现，支付宝是最安全的，也是最适合做支付工具的。

> **相关链接　电子商务大众支付服务平台——支付宝**

网上支付，安全快速！支付宝公司以其提供的"安全、简单、快捷"的支付服务，持续位居行业内各项关键性指标第一位，目前已经成为中国最大的第三方电子支付服务提供商。支付宝交易是互联网发展过程中的一个创举，也是电子商务发展的一个里程碑。支付宝品牌以安全、诚信赢得了用户和业界的一致好评。

2005年2月，支付宝首次提出"你敢用，我就敢赔"的理念，开创中国网上支付全额赔付先例。支付宝拥有强大的服务团队，实行7×24小时不间断客户服务热线；支付宝拥有先进的反欺诈和风险监控系统，有效降低了交易风险。支付宝已经成为电子商务行业的网上支付标准。为提升支付宝账号的安全性，防止账号密码被木马程序或病毒窃取，支付宝公司隆重推出支付宝安全控件，该安全控件是反欺诈和风险监控系统的组成部分，它实现了对关键数据进行SSL加密，可以有效防止木马截取键盘记录。支付宝已与多家知名银行合作。

来自中国工商银行、中国建设银行、招商银行的报告，支付宝在2005年交易量占第三方支付市场55%的份额，交易量在全部合作银行的排名均列在第三方支付市场的首位。在由《21世纪经济报道》和《21世纪商业评论》联合发起，国内众多权威机构参与评选的2005年"中国创造奖"中，支付宝荣获IT技术领域的"2005年中国最具创造力产品"称号。2008年，支付宝荣获由中国互联网协会主办的中国互联网大会"中国互联网行业自律贡献奖"。2009年，支付宝荣获赛迪顾问股份有限公司评出的"2008—2009中国第三方支付年度成功企业"称号。2011年5月26日，支付宝获得央行认证的"非金融机构电子支付牌照"认证。支付宝公布的最新用户数显示，当前支付宝及其合作伙伴全球活跃用户数已经超过10亿人，仅在国内，支付宝用户数维持年均50%以上的增长。App Annie的数据显示，支付宝是全球最大的非社交类App之一。Trustdata发布的最新数据显示，2018年12月的App月活（MAU）排行中，支付宝首次超越手机QQ，成为国内第二大App。

第三方支付平台是当前所有可能的突破支付安全和交易信用双重问题中较理想的解决方案，有款项收付的便利性、功能的可拓展性、信用中介的信誉保证等优势，较好地解决了长期困扰电子商务的诚信、物流、现金流问题，由此引来电子商务网站和商家的追捧。有人甚至说，如果把电子商务看成未来经济发展的发动机，那么，第三方网上支付就是这部发动机的主力助推器。

当前，第三方支付商正在积极探索赢利模式，重点集中在以下六个方面。

1. 核心竞争力在于拥有用户平台

目前，国内第三方支付商拥有自主开发业务系统的并不多，一般企业所做的业务只是银行业务的一部分，往往只在价格层面参与竞争，没有核心的业务系统。第三方支付商的核心竞争力在于拥有用户平台，这样可以长期与其他商户合作，所有的业务逻辑和实施方法都可以在平台内完成，新业务在平台上推出也相对比较容易。一个支付企业必须有用户平台才能黏住用户，才能保证功能和其他业务增值在平台上顺利延伸。

2．发掘突出的业务模式

如果不能发掘出足够突出的业务模式，第三方支付行业是没有前途的。

3．丰富产品类型并开展企业合作

市场状态决定企业的类型。如果丰富产品和支付手段并据此开展企业合作，会减少与其他企业的直接利益冲突。

4．需要技术先进的费率架构

在一系列战略的背后，还需要一个具有技术优势的费率架构。根据每个合作伙伴的具体需求，可以套用其中已有的支付模式，或者重新制定新的方式。

5．掘金传统行业上线潮

近年来，传统行业不断从线下走向线上，电子客票就是一个典型的例子，因此第三方支付与传统行业紧密合作不可避免。与传统行业合作使拥有完全自主开发的业务系统及开发创新型业务模式能力的企业拥有大展身手的机会。独立的第三方支付商的业务模式依托银行，专注做好增值业务，让银行和用户都能获得降低成本、提高效率和开拓业务的全新体验。

6．紧跟合作伙伴的业务发展走

要吃定传统行业的上线潮，必须紧跟合作伙伴的业务发展走。像国美这样的传统企业走到线上会有特殊的需求，但是让银行专门为国美设计一个业务是不太现实的，这正是第三方支付的最大优势。凭借这一点就能让真正掌握用户需求的支付企业积累用户，增强用户黏性。如果说过去两年可以以互联网服务为主，现在的增量可以以传统行业为主。因为有些甚至看起来和网络没有关系的业务，如渠道业务、渠道分销业务，它们提高支付清算的效率非常高。在模式上，与传统行业的结合越紧，呈现的机会就越大。

总之，现今的第三方支付平台依托于中国银联，背靠金卡工程，得到了各大商业银行的大力支持，接入后就可以同时接通众多的银行、网关甚至国际卡，全面推动了网上交易渠道的畅通。国内银行信用卡跨行、跨区域的壁垒正在被逐渐打破，全面应用第三方支付平台已经成为开展电子商务、增加传统企业竞争力的新趋势。在长期困扰电子商务的诚信、物流、现金流问题通过应用在线支付工具得到解决后，应用第三方支付平台提升网站的形象和竞争力、提高消费者忠诚度、降低交易风险，将是一举多得的事情。在第三方支付平台的启示下，电子商务领域将会有更合理、更有效的支付模式出现，从而促进和适应电子商务的飞速发展，更好地服务于人们的网络生活。

案例分析题

李小姐在某网站上浏览时发现了一家名为"免费数码"的商店。由于自己正在考虑买一台笔记本电脑，于是她就对索尼的笔记本电脑特别关注，市场价为 1 800 美元的笔记本电脑，在这家网上商店的售价仅为 6 000 多元。李小姐对这个低价心存疑虑，于是在汇款之前，特意打电话给店主"Free"。"Free"告诉李小姐，自己的货是海关弄来的，质量没问题，价钱比较便宜。几次讨价还价后，李小姐将 5 600 元汇入了卖家的账户。汇款后的第三天，李小姐见笔记本电脑还没有邮寄到家中，又上网看了一下，竟然发现已经有不少用户汇款后没有收到货物。此时，"Free"的电话已经打不通了。据李小姐介绍，由于被"Free"骗的人数众多，大家为此特意开了一个 QQ 群，群中现在有 20 多人都声称自己被"Free"骗了钱，汇款的数额也从 5 000 元到 10 000 元不等，涉案金额在 10 多万元，其中还包括一些自称是在海外通过网络购买的买家。

问题：

1．案例中导致李小姐被骗的是她的哪个错误做法？

2．请为李小姐推荐一个安全可靠的支付工具，并说明你的理由。

自测题

一、判断题

1．S-HTTP 能与 HTTP 信息模型共存并易于与 HTTP 应用程序相整合。（   ）

2．SET 协议的特点有机密性、保护隐私性、完整性、多方认证性、标准性。（   ）

3．SSL 与 SET 两种协议都能应用于电子商务中，通过认证进行身份识别，通过对传输数据的加密实现保密性，但两者区别不大。（   ）

4．第三方结算平台支付模式以其安全、快捷等优势正逐渐发展成为目前电子商务中广为采用的一种支付模式。（   ）

5．第三方支付平台中财付通的安全性能指数最高。（   ）

二、单选题

1．安全套接层（Secure Sockets Layer，SSL）协议最初是由（   ）公司于 1994 年开发的。

A．网易　　　　　　B．微软　　　　　　C．IBM　　　　　　D．RSA

2．安全电子交易（Secure Electronic Transaction，SET）协议主要由（   ）个文件组成。

A．1 B．2 C．3 D．4

3．SSL 协议提供的安全信道的特点不包括（　　）。

A．机密性 B．确认性 C．可靠性 D．复杂性

4．SET 协议的实现不需要对现有的银行支付网络进行大的改造，基于 SET 协议构造的电子交易系统由（　　）个部分组成。

A．4 B．5 C．6 D．7

三、简答题

1．简述 SET 协议的特点、工作过程和主要的安全技术。

2．SSL 协议和 SET 协议的区别有哪些？

3．简述电子信用卡、电子支票、电子现金、移动支付的安全性。

4．网上安全支付第三方结算平台有哪些？其安全性如何？

实训题

1．实训项目

请登录淘宝网尝试着购买一本书（可以不是真正购买），请将购书的操作过程记录下来，并分析在购书过程中得到了哪些安全保障。

2．实训要求

详细记录购书步骤，重点是付款环节。

3．实训步骤

（1）下载并安装"阿里旺旺（淘宝版）"。

（2）注册阿里旺旺账号。

（3）注册支付宝账号并充入适当数额的现金。

（4）用阿里旺旺账号登录，浏览书目，选择某书后，按照系统提示，完成购书过程。

（5）分析购书各个环节中的安全保障措施，完成 1 500 字的实训报告。注意要在报告中写清购书过程及各个环节的安全保障措施，重点指出支付宝作为第三方支付平台的优势。

第 8 章

移动电子商务

 引导案例　移动电子商务发展迅猛

　　随着移动互联网的迅猛发展，在移动端进行购物、支付已成为人们不可或缺的生活方式。根据权威数据统计，2017 年中国移动互联网月度活跃设备总数稳定在 10 亿以上，同年移动购物市场在网络零售市场的占比达到了 70.6%。2017 年，第三方移动支付规模达到 120 万亿元，年增速 100%。

　　在移动互联网领域最热门的创业项目排名前三的分别是共享单车、人工智能和新零售。在共享单车领域，从公开披露的融资信息来看，摩拜单车累计获得约 12 亿美元融资，ofo 融资额约为 14.5 亿美元，永安行旗下的 hellobike 宣布获得蚂蚁金服领投的 3.5 亿美元 D1 轮融资。在人工智能领域，商汤科技继 2017 年 7 月完成 4.1 亿美元 B 轮融资后，11 月获得了阿里巴巴投资的 15 亿元，此轮融资后，商汤科技估值将超过 30 亿美元（约 198 亿元人民币）。在新零售领域，阿里将投入 224 亿港元（约 190.02 亿元人民币），直接和间接持有高鑫零售 36.16%的股份，从而成为后者第二大股东。腾讯斥资 42 亿元入股永辉超市，获 5%的股权。

　　消费者对于移动电子商务存在需求，这将是一片广阔的"蓝海"，移动电子商务公司需要做的就是满足这些需求，实现"蓝海"掘金。移动电子商务到底有哪些优势？其发展前景究竟如何？如何保证移动电子商务成为"蓝海"并实现"掘金"？通过对本章的学习，你将会认识移动电子商务并获得上述问题的答案。

第 8 章　移动电子商务

 本章学习目标

1. 了解移动电子商务发展的发展过程、具体应用；
2. 掌握移动电子商务的特点、主要技术、服务；
3. 掌握移动电子商务的安全问题和策略；
4. 了解移动电子商务尚需解决的问题。

 学习导航

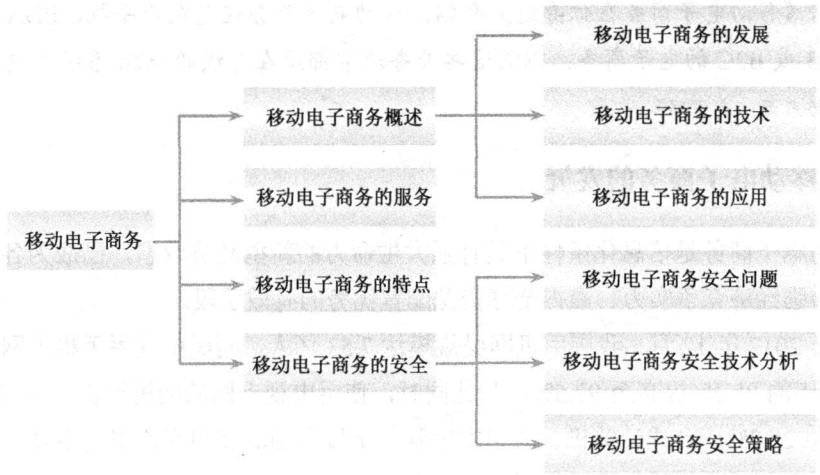

8.1 移动电子商务概述

移动电子商务（M-commerce）是利用移动设备和移动通信技术，随时随地存储、传输和交流各种商业信息，进行商业活动的创新业务模式。目前，常见的移动设备有手机、掌上电脑、个人数字助理（PDA）等。

 相关链接

学者们给移动电子商务下的定义：

移动电子商务是通过无线通信网络来进行现金流交易的活动。

Durlacher Research（1999）

移动电子商务是一种新形态的电子商务交易方式，它经由移动通信设备来进行，然后再配合无线通信网络及其他有线电子商务科技的使用，整合之后称为移动电子商务。

Siau et al.（2001）

移动电子商务是电子商务的自然延伸,与其拥有同样的企业运作机能,都是通过网络协助电子商务进行的,然而移动电子商务就是通过增值的无线电子商务程序,扮演着另一种形式的通路。

Coursaris and Hassanein(2002)

移动电子商务(M-commerce),由电子商务(E-commerce)的概念衍生出来。现在的电子商务以 PC 为主要界面,是"有线的电子商务";而移动电子商务则是通过手机、PDA(个人数字助理)这些可以装在口袋里的终端与我们谋面,无论何时、何地都可以使用。有人预言,移动电子商务将决定 21 世纪新企业的风貌,也将改变生活与旧商业的"地形地貌"。据《移动电子商务在你身边》介绍,移动电子商务就是利用手机、PDA 等无线设备进行 B2B 或 B2C 的电子商务,以前这些业务通常都是在有线的 Web 系统上进行的。

(资料来源:南方网)

8.1.1 移动电子商务的发展

移动电子商务是信息化条件下具有强大生命力的新型经济业态,已成为各国特别是发达国家增强经济竞争实力、赢得全球资源配置优势的有效手段。

截至 2017 年 12 月,我国手机网民规模达 7.53 亿人,网民中使用手机上网人群的占比由 2016 年的 95.1%提高至 97.5%;与此同时,使用电视上网的网民比例也提高了 3.2 个百分点,达 28.2%;台式计算机、笔记本电脑、平板电脑的使用率均出现下降,手机不断挤占其他个人上网设备的使用,如图 8.1 所示。

来源:CNNIC 中国互联网络发展状况统计调查。   2007.12

图 8.1 中国手机网民规模及其占网民比例

移动支付的使用不断深入,互联网理财用户规模增长明显。我国移动支付用户规模持续扩大,用户使用习惯进一步巩固,网民在线下消费使用手机网上支付比例由 2016 年年底的 50.3%提高至 65.5%，线下支付加速向农村地区网民渗透，农村地区网民使用线下支付的比例已由 2016 年年底的 31.7%提高至 47.1%；我国购买互联网理财产品的网民规模达到 1.29 亿人，同比增长 30.2%，货币基金在线理财规模保持高速增长。同时，P2P 行业政策密集出台与强监管大力推动行业走向规范化发展。

2017 年，移动互联网主要呈现三个特点：服务场景不断丰富、移动终端规模加速提升、移动数据量持续扩大。首先，各类综合移动应用平台不断融合社交、信息服务、金融、交通出行及民生服务等功能，打造一体化服务平台，扩大服务范围和影响力；其次，以手机为中心的智能设备，成为"万物互联"的基础，车联网、智能家电促进"住行"体验升级，构筑个性化、智能化应用场景；最后，在人口红利逐渐消失、网民规模趋于稳定的同时，海量移动数据成为新的价值挖掘点，庞大的数据量与"大数据"处理技术深度结合，为移动互联网产业创造更多价值挖掘空间。

近年来，中国移动购物市场交易额稳定增长，占整体网络零售市场交易额的比例不断上升，2018 年，移动端交易额在网络零售市场中交易占比超过 75%，如图 8.2 所示。

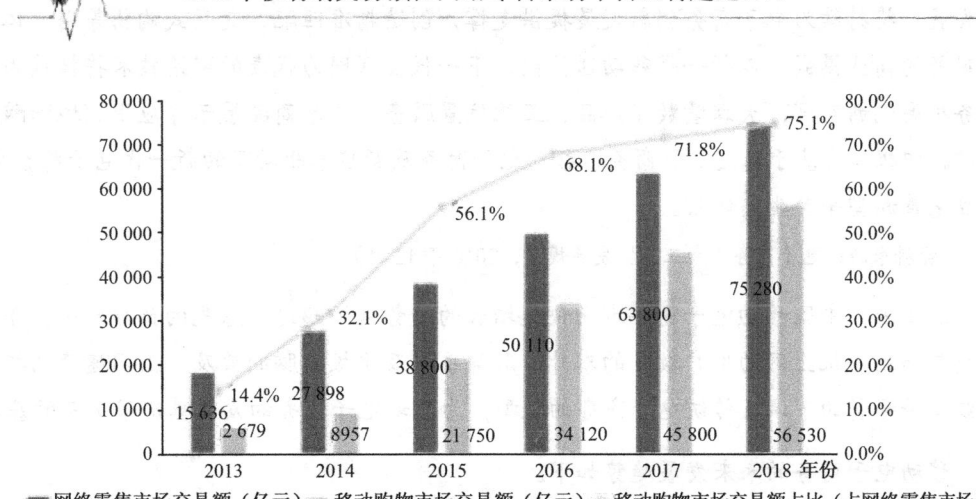

图 8.2　2013—2018 年中国移动购物市场规模及预测

另外，在我国，以下原因也推动了移动电子商务的发展。

（1）社会化大生产和市场经济及全球经济一体化的发展，需要电子商务尤其是不受地点和时间、不受气候和环境限制的移动电子商务。

（2）中国经济持续稳定增长，人们收入水平提高，智能移动电话的普及。

（3）国家的扶植政策，使移动电子商务迅速发展成为可能。

（4）复杂的自然地理环境使我国发展移动电子商务比发展有线的电子商务更有意义。

我国地域辽阔，地质条件复杂，2/3为山地、丘陵和高原，在这样的地区，尤其在人员稀少的地方，架设有线线路和铺设光缆成本高、组网难，形成规模经营更难。而这些地区经济正在发展，资源有待开发，产品需要外销，因而比较适用移动电子商务。

此外，移动技术的不断进步及有线电子商务面临的困难都是促进我国移动电子商务发展的原因。

相关链接

由总部设在中国香港的赛博研究机构（Cyber Labs Research）耗时3个月完成的一份题为"中国移动电子商务的现状及未来发展"专题研究报告指出，预计中国移动电子商务的发展速度可能会比中国电子商务的发展速度更快。该报告强调，与传统电子商务整体发展水平偏低的状况相比，中国移动电子商务的前景要乐观得多，中国庞大的手机用户群及其仍然保持的高速增长是移动电子商务在中国发展的良好基础。

（资料来源：刘鹤. 我国移动电子商务发展现状及对策研究，2007年12月）

以大数据、云计算、虚拟现实、人工智能等为代表的新一代信息技术在全球范围内快速发展，将持续为电子商务创新发展提供支撑，创造精准匹配、交互式购物等用户体验，构建新的商业模式。以新一代移动通信网、下一代互联网为代表的网络技术将持续为电子商务扩展创新空间，大容量数字产品、三维位置服务、全息商品展示等应用领域酝酿新的突破。积极培育基于社交电子商务、移动电子商务及新技术驱动下的新一代电子商务平台，建立完善新型平台生态体系。

（资料来源：电子商务"十三五"发展规划，2016年12月）

近年来，中国移动电子商务市场快速增长的趋势远远超过了原先的预期水平。手机用户数量和用手机上网的用户数量的攀升、触屏手机及平板电脑的普及、上网速度的提升、无线宽带资费的下调及传统电子商务的转型，为移动电子商务的发展奠定了优良的基础。

移动电子商务的未来发展趋势如下。

一、移动金融

移动互联网全民化时代必将有金融资本的介入，今后将会形成线上的移动金融，从存储、贷款、出款等形成完整的线上移动金融体系。

二、社交购物

移动互联网的出世，社交依赖性高，他们购物更容易受到身边亲戚朋友的影响，或者受到意见领袖的影响，电子商务也更能够借助社交进行更精准的推广。

三、平台化

电商将会持续走向平台化,让已打造的系统、流程、流量的效率价值最大化,使得平台化变得更完善。

四、云服务及电子商务解决服务

将来人人皆可电商,只要人手一个手机就可以创业,借助云端的大数据,就可以精准推广与营销,同时也将势必产生周边提供电子商务解决服务的中小型公司。

五、大数据应用

大数据时代,有效提升电子商务企业的运营效率,借助大数据可以更精准锁定客户群体,最大程度提升企业品牌的商业价值。

总而言之,随着现代移动通信技术的不断发展和电子商务实践的不断深入,移动电子商务正在形成并展现出广阔前景。在无线网的高速推动下,移动端的发展与应用也被延伸到一个新高度。

(资料来源:互联网,2017年11月2日)

8.1.2 移动电子商务的技术

移动电子商务的生存和发展很大程度上靠技术,移动电子商务技术经历了以下相关技术,有无线应用协议、移动IP、蓝牙技术、移动通信技术、移动支付技术等。

1. 无线应用协议

无线应用协议(Wireless Application Protocol,WAP)是一种向移动终端提供互联网内容和先进增值服务的全球统一的开放式协议标准,是简化了的无线互联网协议。

2. 移动IP

移动IP通过在网络层改变IP协议,使得节点在两条链路间切换时无须改变它的IP地址,也不必中断正在进行的通信。移动IP技术在一定程度上能够很好地支持移动电子商务的应用。

3. 蓝牙技术

蓝牙(Bluetooth)技术是一项基于低成本、低功率、小范围的短程无线连接标准,实现数字设备间的无线互联。它支持64Kbps实时话音传输和数据传输,传输距离为10~100m。

4. 移动通信技术

移动通信技术经历了第一代、2G、3G,目前正处于第四代移动通信技术阶段,能够传输高质量的数据信息，现如今，4G 之后的延伸 5G 正处在发展阶段，根据目前各国研究，5G 技术相比目前 4G 技术，其峰值速率将增长数十倍以上，从 4G 的 100MB/s 提高到每秒几十吉字节。5G 带宽更宽，将从根本上改变人们的通信和生活方式。

5．移动支付技术

移动支付技术是指使用手机等通信设备完成支付或确认支付，而不是用现金、支票或银行卡支付。买方可以使用移动电话等购买一系列的服务、数字产品或实体商品。单位或个人通过直接或间接向银行金融机构发送支付指令产生货币支付与资金转移行为，从而实现移动支付功能。

1G 流量都能干什么？

一般而言，1G 流量大约可以满足收发 1 000 封邮件，或者浏览普通网页 10 个小时，或者观看 200 分钟 FLV 视频文件，或者下载 200 个 MP3 音乐文件。

8.1.3　移动电子商务的应用

与传统通过计算机（台式计算机、笔记本电脑）平台开展的电子商务相比，移动电子商务拥有更为广泛的用户基础。移动互联网应用和无线数据通信技术的发展，为移动电子商务的发展提供了坚实的基础，移动电子商务具有更为广阔的市场前景。有人预言，移动电子商务将决定 21 世纪新企业的风貌，也将改变生活与旧商业的"地形地貌"。

移动电子商务能够满足消费者在手机支付、指纹识别、医疗、旅游、订票等方面的应用需求，提供其所需的各种服务，同时可以为企业提供用户业务与管理移动化服务。移动电子商务不仅提供电子购物环境，还提供一种全新的销售和信息发布渠道。从信息流向的角度，移动电子商务提供的业务可分为以下三个方面。

（1）"推"业务：主要用于公共信息发布。应用领域包括时事新闻、天气预报、股票行情、彩票中奖公布、交通路况信息、招聘信息和广告等。

（2）"拉"业务：主要用于信息的个人定制接收。应用领域包括服务账单、电话号码、旅游信息、航班信息、影院节目安排、列车时刻表、行业产品信息等。

（3）"交互式"业务：包括电子购物、游戏、证券交易、在线竞拍等。

移动电子商务的应用领域非常广泛，主要包括移动盘存管理、产品定位、超前服务管理、交易管理、内容提供服务、视频会议等。

1．移动盘存管理

移动盘存管理可以跟踪货物、服务甚至人员所处位置，以便供应商能够确定送货时间，由此改善用户服务，增强商家的竞争力。例如，就滚动盘存而言，多台送货车满载大量货物，当商店需要某些物品时，它能通过货车内微波装置（芯片）发出的无线电信号，调控附近装有这些物品的运货车辆，实现实时供货，从而减少了库存量和成本。

移动盘存管理的成功取决于成本、无线设施的可靠性和用户使用新技术的能力。潜在的用户包括航运公司、配件厂商、其他大宗物资运输公司等。

另外，通常情况下，用户在某个特定地区寻找特定规格的物品，可能要走访销售物品的多家商店，耗费大量时间和精力。然而，在移动电子商务中，用户使用移动装置访问产品数据库和销售该产品的商店，产品定位服务功能便可向中央数据库发出查询信号，从而在距用户最近的商店内找到所需的物品。

未来移动通信将向宽带化、数据化、多应用化发展，移动通信和网络互联技术将融合在一起。

2．产品定位

在产品定位中主要考虑两个因素：一是数据库持有人要制定合适的价格，二是要保证物品的可用性和价格信息的精确性。只要这两个因素满足要求，服务提供商就能够利用多种协作和协商软件，在不同的地区从事各种交易。

3．超前服务管理

超前服务管理是指通过各种应用程序收集用户的需求信息，然后通知商家提供服务。例如，某种应用程序可以收集汽车部件老化的信息，即汽车上的智能传感器连续跟踪部件的磨损和破裂信息，并通过无线电、微波或卫星系统把该信息送给供应商，从而使供应商为用户提供即时服务。同时，汽车制造商还可以利用这些信息改进汽车设计和制造技术，从而提供超前服务管理，当部件需要更换时及时提示车主。甚至在未来，警察部门也可以使用这种服务管理功能，保证执行执法任务时的交通安全。

4．交易管理

随着电子商务的发展，用户将会越来越多地凭借移动装置从事各种移动交易，一是适合移动电话和 PDA 的网上购物业务，包括浏览、选择、购买、付费和递送等，而购物网站能够提供购物所必需的所有功能；二是使用无线装置实时进行采购、服务和付费服务，此类业务有可能迅速增多；三是微交易，即当用户使用装有电子现金的移动电话或 PDA 时，广泛利用数字现金的商务交易即可实现。

5．内容提供服务

此功能是利用无线信道的分发特性来提供数字内容，其中包括信息浏览、即时查询天气、远程调度、体育比赛记分、机票、市场价格等动态信息及目录服务等。

6. 视频会议

目前，视频会议市场呈现爆炸性发展态势，许多大中型企业的需求迅速上升，移动、电信、联通等公司也都推出了自己的视讯运营方案并开始逐步进行宣传推广。

从全球著名的市场调查公司美国 Frost & Sullivan 的报告显示，未来的移动电子商务市场将主要集中在以下几个不同领域：自动支付系统，包括自动售货机、停车场计时器、自动售票机等；半自动支付系统，包括商店的收银柜机、出租车计费器等；移动互联网接入支付系统，包括商业的 WAP 站点等；手机代替信用卡类支付及私人之间账务结算。当前的移动电子商务已初具规模，对于网络运营商、银行、信用卡结算单位及相关设备开发商来说，未来移动电子商务市场的前景颇为广阔。

相关链接 移动支付人群达 77%中国或先迈入无现金社会

2017 年 7 月 26 日讯，据艾瑞咨询最新统计称，中国第三方手机支付的商品总值比 2016 年同期增长了 200%，达到 38 万亿元人民币（约合 5.6 万亿美元）。

据全球研究项目 ConnectedLife（数字化时代生活研究）最新数据显示，中国是全球第一大移动支付市场。中国互联消费者中有 40%的人每周都使用移动支付，而过去曾使用过移动支付的互联消费者人数比例高达 77%。移动支付的增长率和中国消费者的网上消费和支付习惯有着密切的关系，中国快速扩张的市场助力无现金制度的增长。

早在 1000 多年前的丝绸之路上，宋朝人就开始用桑树皮和叶子制作纸币并流通使用，中国成了世界上第一个使用纸币的国家。但到了几个世纪后的今天，移动支付遍布全球，现金流通速度已经不能满足当下人们日常生活需求，伴随中国移动支付的飙升，作为第一个发明并使用纸币的中国，或率先迈入无现金社会。

二维码无处不在 日常生活已离不开移动支付

以往水费、电费、燃气费、话费、短途或长途出行票据等都要去相应的地点办理，现在手机上网一键交纳，现在的医院挂号、日常购物也都采用移动支付，"移动支付"以井喷之势席卷中国，以极高渗透率进入中国老百姓的生活。

当你漫步在中国的大街小巷，各种醒目的二维码摆放在店里店外，用手机扫一扫就可以满足自己的消费需求，拿出手机扫一扫似乎已成为一种司空见惯的生活模式。

移动支付为何飙升？便捷性支付平台形成消费习惯

eMarketer 副总裁 Martin Utreras 表示，中国使用银行卡的历史相对较短，也使消费者更容易接受银行卡后的移动支付新技术，但仍然有些群体一直不情愿"无现金社会"的到来，如年迈的老人。

据企鹅智酷公布报告数据显示，截至 2016 年 12 月，微信全球共计 8.89 亿月活用户。据余额宝公布的最新统计数据显示，截至 2017 年 1 月初，余额宝用户数超 3 亿人，其中农村用户超过 1 亿人。支付号和微信支付用户成为中国移动支付两大巨头。

移动支付的最大吸引力在于方便。移动支付满足人们可以携带很少或不带现金，可以避免由于商店销售点终端数量有限，造成的借记卡或信用卡被拒绝的问题。

中国无现金社会不断影响全球 安全性有待加强

据联合国的"现金联盟"组织4月发布的一份报告显示，移动支付在2015年占零售支付总额的8%，预计在2020年将达到12%。该报告预计，到2020年零售支付的现金百分比将下降到30%，2010年为61%。

在中国移动支付飙升的背后，目前，全球众多国家力推无现金社会，现金在交易支付中所占比例不断下降。欧洲首个发行纸币的国家瑞典，整个社会都在推动电子化交易，"无现金化"发展迅速。连教堂都赶时髦主要接受App捐赠，其他地方更不用说。2016年11月，瑞典央行称考虑在两年内做出是否发行"电子克朗"的决定，并对禁止流通实物现金进行评估。丹麦和摩纳哥跟进"无现金化"，丹麦政府公布了一系列动议，允许零售商拒绝现金支付，仅接受移动支付和银行卡支付。在2017年6月，欧洲国家摩纳哥正式宣布：举国接入支付宝，打造全球首个无现金国家。

阿里和腾讯也在积极地布局国外市场和渠道，开拓新的移动支付市场。7月初，腾讯与德国支付公司Wirecard合作在欧洲推出了微信支付。

中国市场研究集团总监Ben Cavender表示："我认为，中国成为未来十年中首个无现金社会之一是非常有可能的。"他还估计称，中国的手机支付市场已经是美国的40～50倍。

当然，中国乃至世界在向无现金社会迈进的同时，对于移动支付在安全性方面的弊端需要积极避免，运用强有力的监管措施来降低移动支付所产生的潜在财务风险势在必行。

（资料来源：人民网，2017年7月）

总的来看，移动电子商务已经引起国内外各行各业的高度重视，作为电子商务的一股新鲜血液，伴随着各种发展条件已经成熟或正在成熟，移动电子商务发展势头良好。

8.2 移动电子商务的服务

参加过通信技术展的人应该对下面场景记忆犹新：顾客按下售货机的按钮，并输入自己的手机号码，随后便接到了移动公司传回的短信提示，再输入密码，一罐可口可乐就从这台售货机中落了下来，整个过程只用了短短几分钟。这套程序正是移动电子商务的一次实现。

随着移动通信技术的普及，移动金融服务的实时数据交换是金融业的业务发展方向，消费行为正日益从固定消费地点模式向各种不限地域、不限时间、不受固定通信线路限制，随时进行交易的模式发展，移动支付方式的出现日新月异地改变着人们的消费习惯。

现有的移动电子商务服务主要有网上采购、网上金融服务、网上银行、转账支付、贷款申请、电子彩票、电子购票、移动股票交易等。

移动电子商务业务为用户提供了操作上的便利，对金融机构、商业机构来说，也降低了成本，提高了效率。它免除了现金交易带来的短款、假币、保管、携带等风险和烦恼，同时加快了收款速度。不仅如此，由于在刷卡交易过程中，由银行验证银行卡持有人的有效身份和交易真实性，交易完成即时打印收款凭证，也保证了商户在交易上的安全性。

下面介绍几种有特色的移动电子商务应用。

1. 银行业务

移动电子商务使用户能随时随地在网上安全地进行个人财务管理，进一步完善网上银行体系。移动银行业务丰富了银行服务的内涵，使人们不仅可以在固定场所享受银行服务，更可以在旅游、出差中高效便利地处理各种金融理财业务，可以核查账户、支付账单、转账及接收付款通知等。

移动银行业务是一项跨行业的服务，是货币电子化与移动通信业务相结合的产物，也是无线通信技术与银行业务结合的产物。它将无线通信技术的3A（任何时间Anytime、任何地点Anywhere、任何方式Anyhow）优势应用到金融业务中，为客户提供在线的、实时的服务。其主要技术模式是以银行服务器作为虚拟的金融服务柜台，客户利用移动支付终端通过移动通信网络与银行建立连接，在银行提供的交互界面上进行操作，完成各种金融交易。目前，国内移动银行业务的主要形式还是手机银行业务，手机银行业务是将银行业务中有关客户端使用平台的某些业务移到了手机上。

与传统的互联网电子商务相似，移动电子商务未来发展的主要瓶颈是用户信息和交易信息的安全问题。

2. 交易

移动电子商务具有即时性，因此非常适用于股票等交易方面的应用。移动设备可用于接收实时财务新闻和信息，也可确认订单并进行安全地在线管理交易。

3. 购物

借助移动电子商务，用户能够通过其移动通信设备进行网上购物。即兴购物会是一大增长点，如订购鲜花、礼物、食品或快餐等。传统购物也可通过移动电子商务得到改进。如今比较流行的手机购物软件（如京东等）实现了手机下单、手机支付，同时也支持货到付款，不用担心没有计算机就会错过限时抢购等促销活动，尽享购物便利。

4. 手机订票

手机订票服务可以通过定位技术将距离手机用户最近的餐馆、电影院或戏院的消息发送到手机上，用户通过手机订电影票或就餐消费。

多数手机订票用于火车或公共汽车票、电影票或戏票，以及汽车泊车票据。

手机订票具有成为大规模市场的潜力，将在商品及票据销售中获得广泛应用，而且成本十分低廉，由于风险很小，有很多消费者愿意尝试。

5. 无线医疗

每秒钟对病人都非常宝贵，尤其是危急病人更是关键，在紧急情况下，救护车可以作为进行治疗的场所，而借助无线技术，救护车可以在移动的情况下同医疗中心和病人家属建立快速、动态、实时的数据交换，这对每秒钟都很宝贵的紧急情况来说至关重要。

无线医疗服务是在时间紧迫的情形下，向专业医疗人员提供关键的医疗信息。在无线医疗的商业模式中，病人、医生、保险公司都可以获益，也乐于为这项服务付费。医疗市场的空间非常巨大，提供该服务的公司为社会创造了巨大的价值，同时，该服务又非常容易扩展到全国乃至世界，因此，有足够的理由相信无线医疗蕴藏着巨大的商机。

> **小资料　这些移动支付 不了解你就 OUT 了**

刷脸购物

随着人类科技的发展，支付手段也越来越简单，从现金到信用卡，从线下到线上。电商网站之前大力宣传无现金日，不用现金、不用信用卡，但是你至少得带着手机。近日业界的几条消息显示，以后出门购物连手机都不需要，有脸就行了！

2017 年 8 月，京东正式推出线下京东之家体验店，体验店内推出了"刷脸支付"功能。用户使用"刷脸支付"前，需要先通过京东 App 或京东金融 App 扫描店内二维码，完成实名认证并上传正面照后，就可开通京东支付中的"刷脸付"。在使用过程中，支付用户只需要在刷脸设备的屏幕中输入手机号后四位，面对摄像头，扫描面部信息，系统就会自动与数据库中的存储信息进行比对，身份信息核实后单击"确认"按钮便可完成支付。无独有偶，2017 年 9 月 1 日，支付宝宣布在肯德基的 KPRO 餐厅上线刷脸支付：不用手机，通过刷脸即可支付。这项新技术"Smile to Pay"在肯德基 KPRO 杭州店上线，是此项技术在全球范围内的首次商业应用。支付宝这一独有支付技术让顾客通过面部识别和输入手机号码的双重验证，即可完成支付。用户首先需要在支付宝 App 上开通此功能，然后在自助点餐机上点餐，进入支付页面，选择"支付宝刷脸付"，人脸识别需要 1~2 秒，再输入与账号绑定的手机号，确认后即可支付。

刷眼支付

民生银行率先试水，推出了基于其手机银行的虹膜支付服务，成为业内首家真正实现了虹膜支付的银行。

戒指支付

手机支付您一定不陌生，掏出手机轻轻一扫码就能支付账单已经成为很多人的日常，但是如果说"动动手指就能买单"，可能很多人就没有见过了。

一家名为 Token 的公司就推出了一款产品——一枚货真价实的"魔戒"。Token ring 应用指纹感知识别技术,其主要预期功能是用来安全解锁并认证一切物品:大至房子、汽车,小到计算机、银行卡。由于这枚戒指对 NFC 和蓝牙技术都有着十分良好的兼容性,因此它在移动支付等领域具有很强的功能。

8.3 移动电子商务的特点

与传统的电子商务活动相比,移动电子商务具有如下几个特点。

1. 更具开放性、包容性

移动电子商务因为接入方式无线化,使得任何人都更容易进入网络世界,从而使网络范围延伸更广阔、更开放;同时,使网络虚拟功能更带有现实性,因而更具有包容性。

2. 无处不在

移动电子商务的最大特点是"自由"和"个性化"。传统电子商务已经使人们感受到了网络所带来的便利和快乐,但它的局限在于它必须有线接入,而移动电子商务则可以弥补传统电子商务的这种缺憾,可以让人们随时随地结账、订票或购物,感受独特的商务体验。

3. 潜在用户规模大

截至 2018 年 6 月 30 日,我国网民规模达 8.02 亿人,普及率为 57.7%。其中,手机网民规模已达 7.88 亿人,网民通过手机接入互联网的比例高达 98.3%。显然,从计算机和手机的普及程度来看,手机远远超过了计算机;而从用户群体来看,手机用户中基本包含了消费市场中的中高端用户,而传统的计算机用户中以缺乏支付能力的年轻人为主。由此我们不难看出,从某种程度上来说,以移动电话为载体的移动电子商务不论在用户规模上,还是在用户消费能力上,都优于传统的电子商务。

4. 能较好确认用户身份

对于传统电子商务而言,用户的消费信用问题是影响其发展的一大"瓶颈",而移动电子商务在这方面显然拥有一定的优势。这是因为手机号码具有唯一性,手机 SIM 卡上存储的用户信息可以确定一个用户的身份。对于移动电子商务而言,这就有了信用认证的基础。

5. 定制化服务

由于手机具有比计算机更高的可连通性与可定位性,因此移动电子商务的生产者可以更好地发挥主动性,为不同客户提供定制化的服务。例如,开展依赖于包含大量活跃客户和潜在客户信息的数据库的个性化短信服务活动,以及利用无线服务提供商提供的人口统计信息和基于移动用户当前位置的信息,商家可以通过具有个性化的短信服务活动进行更有针对性的广告宣传，从而满足客户的需求。

6．移动电子商务更适合大众化的商务应用

由于基于固定网的电子商务与移动电子商务拥有不同的特性，移动电子商务不可能完全替代传统电子商务，两者是相互补充、相辅相成的。移动通信所具有的灵活、便捷的特点，决定了移动电子商务应当定位于大众化的个人消费领域，应当提供大众化的商务应用，因此 B2C 可能成为移动电子商务发展的主要模式。

未来的移动电子商务市场将主要集中在以下几个方面：自动支付系统，包括自动售货机、停车场计时器、自动售票机等；半自动支付系统，包括商店的收银柜机、出租车计费器等；日常费用收缴系统，包括水、电、煤气等费用的收缴等；移动互联网接入支付系统，包括登录商家的 WAP 站点购物等。

7．移动电子商务领域更易于技术创新

移动电子商务领域因涉及 IT、无线通信、无线接入、软件等技术，并且商务方式更具多元化、复杂化，因而在此领域内很容易产生新的技术。随着 5G 网络的研发及应用，这些新兴技术将转化成更好的产品或服务。所以移动电子商务领域将是下一个技术创新的高产地。

8．移动电子商务能够有效规避传统电子商务出现的泡沫

近年来，互联网经济大起大落，电子商务曾跌入低谷。一些电子商务网站之所以在上一轮网络泡沫中悄然倒下，关键是传统电子商务缺乏现实的用户基础，没有良好的赢利模式，搭建起的是一幢没有支撑的空中楼阁。与传统电子商务不同的是，在手机钱包、手机银行等移动电子商务发展进程中，移动运营商发挥着十分重要的作用。移动运营商不仅拥有庞大的用户群，而且拥有稳定的收费关系及收费渠道。更为重要的是，近几年来，国内移动运营商已经构建起了成熟的移动数据业务发展产业价值链及与 SP（Service Provider）进行利润分成的商业运作模式，这为移动电子商务业务的发展创造了良好的条件。此外，移动电子商务发展之初主要面向大众市场，使得移动电子商务的发展从一开始就有了现实的支点。

8.4 移动电子商务的安全

移动电子商务作为信息时代的宠儿已经引起了"高温"效应。但是，由于电子商务本身存在的安全问题及移动设施引发的新的商务安全隐患，使得其安全问题成为"高温"下的炸弹，直接关系到移动电子商务模式的运行前景。事实上，安全问题是移动电子商务的基石，更是移动电子商务能否取得成功最关键的因素。

8.4.1 移动电子商务安全问题

1. 移动终端的安全性

在探讨移动安全的特性时,我们首先要考虑的是移动终端本身的安全性。只有当移动电子商务赖以依存的移动终端安全了,才可能进一步谈其他的移动安全问题。移动终端的安全威胁比较复杂。由于移动终端的移动性,移动终端很容易被破坏或丢失,更由于移动终端的持有者和网络终端的所有者一般情况下分属于不同的实体,因此,它们尽管都属于终端的范畴,但是它们所面临的安全威胁是不尽相同的。概括起来,移动终端的安全威胁主要包括:移动终端设备的物理安全,移动终端被攻击和数据被破坏,SIM 卡被复制,RFID 被解密,在线终端容易被攻击。

保障移动设备本身的安全,以及在使用这些设备时遵循安全操作规范是移动电子商务安全保障的一个前提。

2. 移动电子商务在应用中的安全

当设备安全的前提得以保障后,我们就需要保障移动电子商务在应用中的安全,通常需要保障以下的一些安全问题。

(1) 无线应用软件效能监控与系统效能管理。

(2) 审核和检测针对移动电子商务的存取是否合法或授权。

(3) 网页做到安全性认证的整合,以确保资料安全及人员存取合法与保密。

(4) 数字证书或加密管理,实现不可否认性与完整性。

(5) 无线局域网是否有入侵及数据包中是否隐藏病毒。

无线局域网是指以无线连接至局域网的通信方式,它采用的是 IEEE 802.11 系列标准。在该标准中,无线局域网的安全机制采用的是 WEP 协议(有线对等安全协议)。在数据链路上用 WEP 加密数据,保证了信道上传送数据的安全。另外,无线局域网的网络管理员分配给每个授权用户一个基于 WEP 算法的密钥,这样就有效阻止了非授权用户的访问。尽管如此,恶意入侵和软件病毒的日益推陈出新,仍然是移动电子商务的安全威胁。

(6) 无线网络的效能及对失败或错误预警事件的预测。

(7) PDA 等设备在与计算机连接存取时的安全。

(8) Gateway 主机及所提供的服务加以监控。

(9) 在网络环境中加强防火墙、入侵侦测和弱点扫描,使企业交易内部的主机得到完全的保护。无线通信网络可以实现不受时间和地理环境的限制,给无线用户带来通信自由和灵活性的同时也带来了诸多不安全因素,如通信内容容易被窃听、网络漫游的威胁、针对无线通信标准的攻击、窃取用户的合法身份、对数据完整性的威胁。

上述这些问题针对移动的特性,可通过 VPN(虚拟专用网)来解决移动网络中的安全问题。虚拟专用网就是在公用的互联网上通过隧道协议建立起安全的私有网络,它可以满足以下三个安全的需要。

（1）和用户正在通信的人确实是用户想要通信的人，用户可能遇到的安全性问题是，在通信过程中可能会碰到一个伪装者。

（2）没有人能偷听用户的通信内容，通信信息是保密的。

（3）用户接收到的通信信息在传输过程中没有被篡改。

其实质首先是认证，即确认信息源；其次是信息保密性，即传输的信息是加密的；最后是数据完整性，即确认数据没有被篡改。只有达到了这三点要求，才有可能保证移动电子商务在交易过程中的安全。

3．商家欺诈行为造成的安全威胁

在移动电子商务中，消费者对产品只能通过图片和文字的简单说明去了解、去判断，这就使消费者对商品的产地、规格、原材料来源、成分等真实情况缺乏全面、深入的了解。这种交易双方的信息不对称，现实中消费者购买的商品与广告的信息不符，导致消费者受到虚假广告的欺诈，即便是消费者向商家退货或索赔，也很可能无法挽回损失，因我国移动电子商务中的售后服务滞后，商务网站需要提供该经营者的详细信息资料，但商务网站常常以商业秘密为由拒绝提供。

4．移动电子商务平台运营管理漏洞造成的安全威胁

随着移动电子商务的发展，移动电子商务平台林立。大量移动运营平台如何管理、如何进行安全等级划分、如何确保安全运营，还普遍缺少经验。移动电子商务平台设计和建设中做出的一些技术控制和程序控制的安全思考，亟须在运营实践中进行修正和完善，更需要把技术性安全措施和运营管理中的安全措施、交易中的安全警示和安全思考进行整合，以形成一个增值的移动电子商务安全运营和防御战略，确保使用者免受安全威胁。

5．移动电子商务应用主体缺乏安全意识

移动电子商务应用主体缺乏安全思考，面临的安全威胁随着移动电子商务的发展而变化。大量实测性项目进入试应用或试运营阶段，移动电子商务的应用会更加便捷，应用范围会进一步扩大。但是一部分移动电子商务应用主体缺少安全防范意识和安全使用意识：缺少对移动终端的安全性使用、运营和管理意识；缺少进行移动电子商务运作中的安全性、警示性思考；缺少进行移动电子商务前的系统性安全教育；缺少前瞻性、安全性防范知识和防范措施；缺少对移动电子商务数据安全备份、恢复及对非法入侵者的追踪、取证等法律思考。

8.4.2 移动电子商务安全技术分析

移动电子商务安全技术在移动电子商务中守护着商家和客户的重要机密，维护着商务系统的信誉和财产，同时为服务方和被服务方提供极大的方便，因此只有采取了必要的和恰当的技术手段才能充分提高移动电子商务的可用性和可推广性。移动电子商务的安全技术主要包括 IEEE 802.11 标准、WAP 协议和 WPKI 技术，为使读者从多角度了解这些技术，下面对其进行简要分析。

1．IEEE 802.11 标准

在无线网络中使用的是 IEEE 802.11 标准，该标准规定了 MAC 层的存取控制规范，也定义了加密机制，即前面提到的 WEP。WEP 的目的是通过对信息流加密并利用 WEP 认证节点，使无线通信传输像有线网络一样安全。

WEP 加密使用共享密钥和 RC4 加密算法。访问点（AP）和连接到该访问点的所有工作站必须使用同样的共享密钥。对于向任一方向发送的数据包，传输程序都将数据包的内容与数据包的检验组合在一起。然后，WEP 标准要求传输程序创建一个特定于数据包的初始化向量（IV），后者与密钥组合在一起对数据包进行加密。接收器生成自己的匹配数据包密钥并用它对数据包进行解密。在理论上，这种方法优于单独使用共享私钥的显式策略，应该使对方更难以破解。

但是，IEEE 802.11 中用于安全的 WEP 算法只是提供相当于有线局域网基本安全的安全级别，根本不是一种全面的安全方案。越来越多的安全专家和研究人员发现 IEEE 802.11 存在安全漏洞，有经验的黑客会利用这些漏洞进行攻击。其缺陷主要有：RC4 算法本身就有一个小缺陷；WEP 标准允许 IV 重复使用（平均大约每 5 小时重复一次）；WEP 标准不提供自动修改密钥的方法。

最早的 WEP 实施只提供 40 位加密，这使得它抗暴力攻击能力差。现代的系统提供 128 位的 WEP，128 位的密钥长度减去 24 位的 IV 后，实际上有效的密钥长度为 104 位。尽管如此，128 位的 WEP 版本也不能保证绝对安全。最好的解决办法是把无线网络放在机构防火墙之外，这种防范措施会强制要求将无线连接当作不受信任的连接来看待，就像看待其他任何来自互联网的连接一样。

所以，WEP 应该与其他安全机制一起应用才能提供较强的安全。

2．WAP 协议

WAP 协议的安全特性包括：WTLS 协议、用于存储用户证书的 WAP 身份模块（WIM）和允许 WAP 交易签名的 SignText 功能。

1）WTLS 协议

WTLS 基于 IETF 小组的 SSL/TLS 协议，提供了实体鉴别、数据加密和保护数据完整性的功能，所以可以确保在 WAP 装置和 WAP 网关之间的安全通信。WTLS 有三种不同级别。

第 1 级：执行未经证实的 Diffie-Hellman 密钥交换以建立会话密钥。

第 2 级：使用与 SSL/TLS 协议相类似的公开密钥证书机制进行服务器端鉴别。

第 3 级：客户端和服务器端采用 X.509 格式证书相互进行鉴别。

早期的 WAP 装置仅仅采用了第 1 级别的 WTLS，这种级别的 WTLS 的安全性不够，所以不能用于电子商务。目前，从市场上可以得到支持第 2 和第 3 级别 WTLS 的移动装置，它们可以确保网上银行交易和购物等应用的机密性。

2）WIM

为了便于客户端的鉴别，新一代的 WAP 电话提供了 WIM。WIM 包含了 WTLS 第 3 级的功能，并嵌入了对公开密钥加密技术的支持（RSA 是强制的，而 ECC 是可选的）。生产厂家为 WIM 配备了两套公私密钥对（一套用于签名，另一套用于鉴别）和两个厂商的证书，用配置在 WIM 上的公钥把厂商的证书和厂商名字捆绑在一起，这样通过 WIM 和 WAP 网关建立的所有 WTLS 会话都将使用相同的公钥用作初始会话。每个会话都将包括与此密钥对应的一个不同的证书。WIM 的基本要求是它们要具有抗篡改的能力。

3）SignText 功能

这个功能为 WAP 用户提供了数字签名。同电子签名功能一样，该功能可以被应用于其他无线设备，或者是手持设备，或者是内嵌 SIM 卡。

WAP 的安全分析：由 WAP 提供的最好的安全是 WTLS 第 3 级，多数情况下 WTLS 已足以确保 WAP 的安全。但是，由于 WAP 网关在 WAP 设备和 Web 服务器之间起着翻译的作用，相应地也带来了安全问题：WTLS 安全会话建立在手机与 WAP 网关之间，而与终端服务器无关。这意味着数据只在 WAP 手机与网关之间加密，网关将数据解密后，利用其他方法将数据再次加密，然后经过 TLS 连接发送给终端服务器。由于 WAP 网关可以看见所有的数据明文，而该 WAP 网关可能并不为服务器所有者所拥有，这样，潜在的第三方可能获得所有的传输数据。

目前，针对上述安全性问题，可以采用措施来提高 WAP 的安全性，即尽力确保 WAP 网关的安全。如果 WAP 网关位于 WAP 服务供应商范围之内，可以通过诸如在内存中对加密和解密过程进行最优化以减少数据明文存在的时间、在释放前覆盖加密解密进程使用的内存以确保数据的安全性。对于安全要求较高的公司可以拥有自己的 WAP 网关，从而保障数据端到端的安全性，通过 WIM 实现数据安全性。

3. WPKI 技术

在有线通信中，电子商务交易的一个重要安全保障是 PKI。PKI 的系统概念、安全操作流程、密钥、证书等同样也适用于解决移动电子商务交易的安全问题，但在应用 PKI 的同时要考虑移动通信环境的特点，并据此对 PKI 技术进行改进。

WPKI 技术满足移动电子商务安全的要求，如保密性、完整性、真实性、不可抵赖性，消除了用户在交易中的风险。WPKI 技术主要包含四个方面。

（1）认证机构（CA）。CA 系统是 PKI 的信任基础，负责分发和验证数字证书，规定证书的有效期，发布证书废除列表。

（2）注册机构（RA）。RA 提供用户和 CA 之间的一个接口。作为认证机构的校验者，在数字证书分发给请求者之前对证书进行验证。

（3）智能卡。智能卡将具有存储、加密及数据处理能力的集成电路芯片镶嵌于塑料基片中，具有体积小、难以破解等特点，在生产过程、访问控制方面有很强的安全保障。很多种需要客户端认证的应用都可以使用智能卡来实现，而且智能卡也是存储移动电子商务密钥及相关数字证书的最佳选择。

（4）加密算法。加密算法越复杂、密钥越长，则安全性越高，但执行运算所需的时间也越长（或需要计算能力更强的芯片）。所以，支持 RSA 算法的智能卡通常需要高性能的具有协助处理器的芯片。而 ECC 使用较短的密钥就可以达到和 RSA 算法相同的加密强度。由于智能卡受 CPU 处理能力和 RAM 大小的限制，因而采用一种运算量小但同时能提供高加密强度的公钥密码体制对在智能卡上实现数字签名应用是至关重要的，ECC 在这方面具有很大的优势。

综上所述，在 WPKI 机制下，数字证书非常重要，但是由于无线信道和移动终端的限制，如何安全、便捷地交换用户的数字证书是 WPKI 所必须解决的问题，可以采用以下两种解决办法。

（1）使用 WTLS 证书。WTLS 证书的功能与 X.509 证书相同，但更小、更简化，利于在资源受限的手持终端中处理。但所有证书必须含有与密钥交换算法相一致的密钥，除非特别指定，签名算法必须与证书中密钥的算法相同。

（2）移动证书标识，将一个标准的 X.509 证书与移动证书标识唯一对应，并且在移动终端中嵌入移动证书标识，用户每次只需要将自己的移动证书标识与签名数据一起提交给对方，对方再根据移动证书标识检索相应的数字证书即可。

目前，大多数移动电子商务采用的安全方式是非 PKI 的方式，这种方式主要采用对称加密算法和单向散列函数来提供安全服务，其密钥的管理是由移动运营商建立一套主密钥管理系统，为不同的服务提供商分配不同的密钥，每次交易过程中，服务提供商与用户协商产生会话加密密钥。显然，采用这种方式构建的系统的安全性主要取决于主密钥的安全。

尽管非 PKI 方式对于无线终端有限的处理能力来说尤其适合，而且通过黑名单管理等方法可以使系统的安全得到较好的保障，但是从长远来说，移动电子商务有必要逐步过渡到 PKI 方式。

8.4.3 移动电子商务安全策略

随着移动互联网技术的发展成熟，移动电子商务独特的应用领域使得其安全性问题备受关注。下面从多角度给出移动电子商务的安全策略，只有将这些安全策略有机结合起来加以使用,才能营造一个安全的移动电子商务环境。

1. 端到端策略

端到端在移动电子商务中意味着保护每个薄弱环节,确保数据从传输点到最后目的地之间完全的安全性,包括传输过程中的每个阶段,即找出每个薄弱环节,并采取适当的安全性和私密性措施,以确保整个传输过程中的安全性并保护每条信道。移动电子商务涉及许多设备,它们运行不同的操作系统且采用不同标准,因此安全性已经成为更加复杂的问题。公司需要实用的安全解决方案,这些解决方案应能够被快速简便地修改以便满足所有设备的要求,除此之外还要考虑全局。安全策略将对一系列商业问题产生影响,单独考虑安全性是远远不够的。实施 128 位鉴权码也非理想选择,因为程序太长会影响用户使用的方便。同样,性能、个性化、可扩展性及系统管理等问题都会对安全性产生影响,它们全是制定安全策略时必须考虑的因素。

2. 采用无线公共密钥基础设施技术

可通过部署无线公共密钥基础设施(WPKI)技术来实现数据传输路径真正的端到端安全性、安全的用户鉴权及可信交易。WPKI 使用公共密钥加密及开放标准技术来构建可信的安全性架构,该架构可促使公共无线网络上的交易和安全通信鉴权。可信的 WPKI 不仅能够安全鉴权用户、保护数据在传输中的完整性和保密性,而且能够帮助企业实施非复制功能,使得交易参与各方无法抵赖。

3. 加强交易主体身份识别管理

在移动电子商务的交易过程中,通过强化主体资格的身份认证管理,保证每个用户的访问与授权的准确。实名身份认证解决方案的应用,可以增强移动电子商务交易的安全性,保证交易双方的利益不受到侵害。

4. 加强移动电子商务安全规范管理

为了保证移动电子商务的正常运作,安全运作,必须建立起移动电子商务的安全规范,必须加强移动电子商务的法制建设,必须提升移动电子商务主体的安全意识,必须营造移动电子商务的整体诚信意识、风险营销意识和安全交易意识。通过移动电子商务安全规范的建设,完善管理体制,优化交易环境,加强基础网络设施建设,提高整体的安全交易环境和服务质量,充分发挥法律法规在交易中的规范作用,建立整个交易过程的良性互动机制,促进移动电子商务的健康发展。

5. 完善相关法律和制度

2005 年 4 月 1 日开始正式施行的《中华人民共和国电子签名法》为中国的电子商务活动提供了法律上的保障。该法通过确立电子签名法律效力、规范电子签名行为,在法律制度上保障了电子交易安全,是中国信息化立法的一个突破。

2005年10月26日由中国人民银行制定并颁布实施的《电子支付指引(第一号)》为我国基于网上支付、电话支付、移动支付等电子支付的健康发展提供了规范和引导,在制度上确保了电子支付当事人的合法权益,防范了支付风险,确保了银行和客户资金的安全。

完善相关法律和制度,规范产业发展,能够建构安全的交易环境。移动电子商务是虚拟网络环境中的商务交易模式,较之传统交易模式更需要政策来规范其发展。有了法的保障才能使交易的双方具有安全感,才能逐步转变用户固有的交易习惯,并参与到方便快捷的移动电子商务模式中。国家应完善相关法律和制度,明确行业的发展策略和政策导向,为移动电子商务的发展提供公平竞争的环境,并保障各参与团体间的利益分配,从技术和资金等方面支持广大企业从事移动电子商务的业务开发。移动通信的安全性还应该通过各种方式进一步增强,有效地解决安全问题是移动电子商务所必需的,从而能更好地鼓励交易服务。在我国,电子商务的安全体系已经慢慢发展成型。

随着无线通信技术的发展,移动电子商务也展示出更加亮丽的前景,它创造的是一种"无论何时何地"的新概念。赛博研究机构曾经发布的一份题为"中国移动电子商务的现状及未来发展"专业研究报告称,基于无线互联网的移动电子商务(M-commerce)在国内拥有良好的市场前景,其发展将超过电子商务。在如此热门的领域里,我们还应该清醒地看到移动电子商务中存在的许多安全问题,详细分析其可能出现的情况并加以解决。只有当我们真正解决了移动电子商务中的安全隐患,排除了这枚炸弹,才可能吸引更多的人使用移动电子商务,才能带动移动电子商务的飞速发展。

6. 加强个人信用体系的建设

加强个人信用体系的建设不仅仅是移动电子商务中的问题,而且也是电子商务中的问题,更是一个社会问题。以美国为例,它的电子商务之所以在世界上遥遥领先,完善的个人信用体系居功至伟。其信用框架涵盖了法律、专业信用中介服务机构及政府管理。在多方力量的制约下,缺乏信用记录或信用记录很差的个人在信用消费、求职等诸多方面都会举步维艰。

当然,个人的诚信建设不是一个人的问题,也不是一个企业的问题,而是一个全社会共同参与、共同建设的工程。在我国,信用体系的建立面临很多具体的困难,如信用信息条块分割的问题。我国银行、税务、法律、通信等部门都有各自的信息库,但这些信息很难联网,更不要说与全社会共享了。因此,现实生活中的个人信用体系的建立并不是一个短时期可以解决的问题,但确实是一个可以从根本上来解决移动电子商务中诚信问题的途径。

7. 加快移动电子商务中的网上支付、安全认证等配套系统的完善工作

我们可以自主推出一些解决方案,也可以采用国际上已经比较成熟的解决方案。将移动通信网络、互联网、在线支付和安全技术有机地结合起来,为移动电子商务提供一个完

整的解决方案，将大大推动移动电子商务市场的发展。

8. 移动电子商务服务模式的创新需要结合现有成果和积累经验

目前，大部分移动电子商务服务模式都是从互联网中借鉴过来的，也有部分赢利模式是完全的创新，如移动旅游服务、交通路况信息和交互式彩信等。建议大量培养既懂技术、又懂管理的移动电子商务服务模式创新人才。

综上所述，我们必须清醒地认识到，尽管有了上述这些移动电子商务安全策略，但这些策略并不是万能的，仍然还有很多基础领域、应用领域和执行领域的问题需要进一步完善，随着这些问题的逐步解决，移动电子商务必然成为一片广阔无垠的"蓝海"。

案例分析题

2017年2月，天猫在家装节期间推出AR购物"AR-GO"。2017年3月，阿里巴巴宣布成立VR实验室GM Lab（Gnome Magic Lab），在7月的淘宝造物节上发布Buy$^+$。在Buy$^+$中，用户戴上VR设备就可以VR购物，在虚拟场景中浏览并购买商品。

2017年4月，京东成立VR/AR实验室。10月，推出VR购物星系，戴上VR设备同样可以进入虚拟场景并选购商品。12月，京东上线VR购物应用JD Dream，目前在京东App的百宝箱里面有VR购物、AR购物等功能。

艾媒咨询师认为，VR、AR设备有望为移动电商购物体验带来新变革，但是目前虚拟现实技术发展仍未成熟，难以大规模应用于电商购物。

问题：

1．根据上面的案例，试分析移动电子商务未来的发展趋势有哪些？
2．根据上面的案例，试分析移动电子商务在现阶段有哪些问题需要解决？
3．从上面的案例中，你能得出哪些移动电子商务营销策略？

自测题

一、判断题

1．移动电子商务是利用移动设备和移动通信技术，随时随地存储、传输和交流各种商业信息，进行商业活动的创新业务模式。（   ）

2．移动电子商务的生存和发展很大程度上主要靠移动电子商务技术。（   ）

3．安全问题是电子商务的基石，而非移动电子商务的关键。（   ）

4．移动电子商务安全策略并不是万能的，依然还有很多基础领域、应用领域和执行领域的问题需要进一步完善。（   ）

5．移动电子商务具有即时性，因此非常适用于股票等相关交易应用。（   ）

二、单选题

1．1G 流量大约可以满足下载（　　）个 MP3 音乐文件。
   A．200　　　　　　B．300　　　　　　C．400　　　　　　D．500
2．移动电子商务的特点不包括（　　）。
   A．开放　　　　　　B．延时　　　　　　C．包容　　　　　　D．创新
3．随着移动互联网技术的发展成熟，（　　）的安全探讨很有必要。
   A．安全策略　　　　B．移动业务　　　　C．技术创新　　　　D．规范管理
4．WTLS 协议可以确保在 WAP 装置和 WAP 网关之间的安全通信，有（　　）种不同级别的 WTLS。
   A．1　　　　　　　B．2　　　　　　　C．3　　　　　　　D．4

三、简答题

1．什么是移动电子商务？它有哪些优势？
2．移动电子商务的典型应用有哪些？挑选一个你熟悉的应用，将你的经验介绍给大家。
3．移动电子商务的主要技术有哪些？结合当下 5G 技术，谈谈你对移动电子商务前景的预测。
4．移动电子商务在安全上存在哪些问题？如何解决？

实训题

1．实训项目

调查国内移动电子商务情况。

2．实训要求

查阅互联网资料，写一篇关于移动电子商务发展的文章，题目自拟，要求内容新颖，有个人见解，层次清晰，不少于 2500 字。